Empresas Humanizadas
PESSOAS • PROPÓSITO • PERFORMANCE

RAJ SISODIA
DAVID B. WOLFE
JAG SHETH

Dear reader,

The first edition of this book in 2007 played a key role in the birth of the global Conscious Capitalism movement.

Now, this second edition brings more cases and evidence of the success of caring and purpose-driven organizations.

I hope these examples will inspire you to become a Conscious Capitalist yourself, and to influence others in your community to follow the same path and thus help build a more humanized world.

Enjoy the journey!

Raj Sisodia

FIRMS OF ENDEARMENT 2.0

Empresas Humanizadas
PESSOAS • PROPÓSITO • PERFORMANCE

RAJ SISODIA
DAVID B. WOLFE
JAG SHETH

ALTA BOOKS
E D I T O R A
Rio de Janeiro, 2019

Empresas Humanizadas - Pessoas, Propósito, Performance
Copyright © 2019 da Starlin Alta Editora e Consultoria Eireli. ISBN: 978-85-508-0753-9

Translated from original Firms of Endearment: How World Class Companies Profit From Passion and Purpose. Copyright © 2014 by Pearson Education. Inc. All rights reserved. ISBN 978-0-13-338259-4. This translation is published and sold by permission of Pearson Education. Inc, the owner of all rights to publish and sell the same. PORTUGUESE language edition published by Starlin Alta Editora e Consultoria Eireli, Copyright © 2019 by Starlin Alta Editora e Consultoria Eireli.

Todos os direitos estão reservados e protegidos por Lei. Nenhuma parte deste livro, sem autorização prévia por escrito da editora, poderá ser reproduzida ou transmitida. A violação dos Direitos Autorais é crime estabelecido na Lei nº 9.610/98 e com punição de acordo com o artigo 184 do Código Penal.

A editora não se responsabiliza pelo conteúdo da obra, formulada exclusivamente pelo(s) autor(es).

Marcas Registradas: Todos os termos mencionados e reconhecidos como Marca Registrada e/ou Comercial são de responsabilidade de seus proprietários. A editora informa não estar associada a nenhum produto e/ou fornecedor apresentado no livro.

Impresso no Brasil

Publique seu livro com a Alta Books. Para mais informações envie um e-mail para autoria@altabooks.com.br

Obra disponível para venda corporativa e/ou personalizada. Para mais informações, fale com projetos@altabooks.com.br

Projeto	**Tradução**
Michelle Marcelino de Souza	Moderattus (Silvia Morita)
Revisão	**Diagramação**
Gustavo Akira M. Gagliardi	Ana Grazielle de Sá Almeida
Produção Editorial	**Capa**
Instituto Capitalismo Consciente Brasil - CNPJ: 19.578.100/0001-28	Fernando Naigeboring

Erratas e arquivos de apoio: No site da editora relatamos, com a devida correção, qualquer erro encontrado em nossos livros, bem como disponibilizamos arquivos de apoio se aplicáveis à obra em questão.

Acesse o site www.altabooks.com.br e procure pelo título do livro desejado para ter acesso às erratas, aos arquivos de apoio e/ou a outros conteúdos aplicáveis à obra.

Suporte Técnico: A obra é comercializada na forma em que está, sem direito a suporte técnico ou orientação pessoal/exclusiva ao leitor.

A editora não se responsabiliza pela manutenção, atualização e idioma dos sites referidos pelos autores nesta obra.

Dados Internacionais de Catalogação na Publicação (CIP) de acordo com ISBD

S623e	Sisodia, Raj
	Empresas Humanizadas: Pessoas, Propósito, Performance / Raj Sisodia, David B. Wolfe, Jag Sheth ; traduzido por Silvia Morita. - Rio de Janeiro : Alta Books, 2019. 368 p. : il. ; 16cm x 23cm. Tradução de: Firms of Endearment: How World Class Companies Profit From Passion and Purpose Inclui índice e anexo. ISBN: 978-85-508-0753-9 1. Administração. 2. Empresas. 3. Pessoas. 4. Propósito. 5. Performance. I. Wolfe, David B. II. Sheth, Jag. III. Morita, Silvia. IV. Título.
2019-196	CDD 658 CDU 65

Elaborado por Vagner Rodolfo da Silva - CRB-8/9410

Rua Viúva Cláudio, 291 — Bairro Industrial do Jacaré
CEP: 20970-031 — Rio de Janeiro - RJ
Tels.: (21) 3278-8069 / 3278-8419
www.altabooks.com.br — altabooks@altabooks.com.br
www.facebook.com/altabooks

Agradecimento pela Versão em Português

Agradecemos a Pedro Sirgado, do Instituto EDP; Thomas Eckschmidt, da ResolvJá; Graziela Merlina, da ApoenaRH Consultoria; Gerdau Aços Longos S.A.; Corall Consultoria; e Distribuidora de Medicamentos Santa Cruz Ltda., por reconhecerem o poder das empresas de mudar o mundo para melhor, por acreditarem na possibilidade de um capitalismo mais consciente – que pode gerar prosperidade de forma humanizada – e pelo apoio financeiro que viabilizou a produção e o lançamento deste livro de suma importância para o movimento por um capitalismo mais consciente no Brasil.

Aproveitem a leitura com o coração aberto,

— *André Kaufmann*
Presidente Instituto Capitalismo Consciente Brasil

Dedicatória

Nós dedicamos este livro à memória de nosso querido amigo David Wolfe – profundo pensador, escritor brilhante e um ser humano sábio e carinhoso. Nossas vidas e as de inúmeras outras pessoas foram grandemente enriquecidas por sua presença.

— Raj Sisodia e Jag Sheth

Conteúdo

Prefácio Brasileiro	i
Primeiro Prefácio	v
Segundo Prefácio	ix
Agradecimentos	xi
Sobre os Autores	xiii
Prólogo	xv

1   Construindo o Negócio com Amor e Cuidado   1

- O Poder do Amor... 5
- O que é uma Empresa Humanizada?.................................... 8
- Stakeholders de Empresas Humanizadas............................. 13
- Identificando as Empresas Humanizadas do Estudo Inicial.. 15
- Empresas Humanizadas vs. Empresas Feitas para Vencer..... 17
- Selecionando Empresas para a Segunda Edição.................. 19
- O Contrato Tácito que as Empresas Humanizadas Honram... 23
- O Estilo das Empresas Humanizadas.................................... 26

2   Nova Era, Novas Regras, Novo Capitalismo   29

- A Autorrealização do Capitalismo... 32
- Acionistas versus Stakeholders... 40
- Gestão Emocionalmente Inteligente nas Empresas
Humanizadas.. 44
- Encontrando a Vontade para Mudar...................................... 47

3	*Lidando com a Desordem*	55

 • O Desafio das Comunicações.................................... 59

4	*Empregados – de Recursos a Fonte*	67

 • Empresas Humanizadas dão Sentido à Experiência do
 Trabalho... 71
 • A Vantagem da Parceria na Gestão de Relações com o
 Sindicato.. 75
 • Construindo Confiança... 78
 • O Prazer do Trabalho... 81
 • Treinamento e Desenvolvimento são Prioridades em
 Empresas Humanizadas.. 88
 • Reconhecimento e Celebração têm Alta Prioridade em
 Empresas Humanizadas.. 90
 • Como Empresas Humanizadas veem Empregados de
 Tempo Parcial.. 92
 • Conectando o Topo com a Base................................. 93
 • O Departamento de RH do Futuro............................ 94
 • Benefícios que Fluem aos Acionistas por Fazer o que é Certo 97

5	*Clientes – Cura vs. Oportunismo*	99

 • O Novo Paradigma do Marketing.............................. 99
 • A Nova Consciência.. 106
 • Não é Novidade: Empregados Comprometidos Rendem
 Clientes Comprometidos... 110
 • Como não Criar Confiança... 113
 • Empresas Humanizadas têm Alma............................. 116

6	*Investidores – Colhendo o que Empresas Humanizadas Semeiam*	119

- O Estilo Whole Foods para Riqueza dos Acionistas............. 120
- Quem são os Investidores de Hoje?.. 122
- A Forma Zen de ver a Busca do Lucro................................... 124
- Vinculando Investidores, Empregados e Clientes................. 127
- Resultados para os Acionistas.. 129
- Conclusões.. 133

7 Parceiros – Harmonia Elegante   135

- Indicadores que Importam... 138
- Consonância dos Stakeholders vs. Exploração...................... 143
- Associação com Stakeholders Aumenta o Potencial de Sucesso 144
- Colaboração é mais Lucrativa que Exploração...................... 151
- A Arte da Gestão Irônica... 154

8 Sociedade – O Stakeholder Supremo   161

- Valores da Empresa vs. Valores do Indivíduo........................ 162
- Pirata ou Grande Humanitário?... 165
- Empresas Humanizadas e a Sociedade................................. 167

9 Cultura – O Ingrediente Secreto   187

- O Melhor Lugar para Trabalhar?... 187
- A Supremacia da Cultura... 191
- Liberando a Energia da Organização..................................... 194
- Estabelecendo a Visão da Organização: Vislumbrando a
Perspectiva... 195
- Nutrindo os Valores da Organização ao Criar Culturas
Cativantes.. 205
- Características Culturais de Empresas Humanizadas............. 207
- Cultura = DNA.. 216

10	*O que Aprendemos*	219

- Diferenciando Traços de Empresas Humanizadas............... 219
- Desafiando o Dogma da Indústria.. 220
- Alinhando Interesses dos Stakeholders.................................. 222
- Quebrando Modelos Tradicionais de Barganha.................... 226
- Uma Perspectiva de Longo Prazo... 227
- Crescimento Orgânico... 229
- Combinando Trabalho e Diversão.. 230
- Rejeitando Modelos Tradicionais de Marketing.................... 231
- Conclusões... 232

11	*O Outro Lado da Complexidade*	235

- O Grande Desafio de Todos os Tempos: Transcender a
  Mentalidade de Soma Zero... 242
- Empresas Humanizadas Requerem Pensamento Holístico............. 248
- Chegando ao "Outro Lado da Complexidade".............................. 249
- Conclusões... 253

Um Breve Perfil das Empresas   257

- Empresas Humanizadas de Capital Aberto dos EUA.................... 257
- Empresas Humanizadas de Capital Fechado dos EUA......................... 272
- Empresas Humanizadas de Outros Países.................................... 288

Entrevista com Rick Frazier   295

Índice   307

EMPRESAS HUMANIZADAS

Prefácio Brasileiro

Devo, inicialmente, me justificar com o leitor deste prefácio explicando que não sou um escritor e que, talvez, o convite para que eu faça esta introdução se deva à minha admiração pela frase de Érico Veríssimo, que é epígrafe da filosofia da nossa empresa: "De que vale construir arranha-céus se não há mais almas humanas para morar neles?"

Estou na direção da Porto Seguro há um longo tempo – 43 anos – e espero ser útil relatando alguns fatos que talvez ilustrem as lições que você encontrará nesta obra de Raj Sisodia, David Wolfe e Jag Sheth.

Não creio que eu, ou a administração da Porto Seguro, tenhamos uma receita que torne um empreendimento mais humano ou exemplar, mas temos uma longa história e alguns acertos que talvez valham a pena ser compartilhados antes da leitura de *Empresas Humanizadas*.

Vou procurar me conter a poucos parágrafos, porque me incomoda o excesso de informação que as pessoas hoje recebem – ouvi, há alguns dias, que a quantidade de conhecimento gerado pelo ser humano desde o começo da civilização até o ano de 2003 é igual ao que é gerado atualmente a cada dois dias!

A carreira do meu pai, que começou em seguros como inspetor de riscos na década de 1930, culminou em 1972 com a compra do controle da então 44ª seguradora do mercado, e a força desta sua conquista deve ser o que nos deu o impulso que resultou num crescimento muito além do que podíamos imaginar.

Éramos uma empresa pequena e, por isso, todos faziam quase de tudo. Agora percebo que foi o desafio das tarefas e a autonomia dada a todos que resultou numa cultura de compromisso com o trabalho. Havia espaço para experimentar, sem medo do errar. É famosa uma frase do meu pai que eu repeti muitas vezes: "É melhor fazer logo, errar logo e consertar logo". E posso afirmar que as pessoas ficam felizes com os desafios e a liberdade, sendo hoje a maior preocupação desta empresa, desde que se tornou grande, a de não perder estas características.

Trabalhei junto ao meu pai somente seis anos e, nesse período, a única vez que me lembro de tê-lo contrariado foi em 1976, quando tínhamos acabado de mudar para o primeiro edifício da nossa sede: eu disse a ele que achava que não devíamos deixar marcadas as vagas para a diretoria no estacionamento do prédio num lugar privilegiado, como ele ordenara. Mas ele não concordou.

Onze anos depois, em 1987, assisti a uma palestra de Takeshi Imai, que dirigia a Hatsuta, uma indústria de máquinas agrícolas da sua família. Ele tinha voltado de um estágio na Honda do Japão e contou que, na fábrica da Honda, o presidente estacionava o seu carro onde encontrasse vaga, sem privilégios. Era um exemplo entre outros, mostrando a importância de se tentar estreitar as diferenças hierárquicas tanto quanto possível: se o presidente chegasse tarde, era natural que seu carro ficasse no fundo do estacionamento.

Fiquei muito feliz em descobrir que eu não estava errado em tentar diminuir a distância entre os cargos, intuindo que isto melhora a relação entre as pessoas.

Ao longo destes anos, fomos construindo ideias e processos para que os nossos funcionários se sentissem bem dentro da empresa e implementamos algumas atividades que, acredito, fizeram muito bem ao clima interno.

Vou contar alguns exemplos:

- O Programa de Integração dos Novos Funcionários, onde sempre há um diretor presente para dar as boas-vindas.
- A Festa em Homenagem aos Funcionários que completam 10, 15, 20, 25, e mais anos de casa, com a participação das suas famílias.
- O Bate-Papo com o Presidente, aberto a todos os colaboradores de todo o Brasil, em que o CEO (Presidente Executivo), dá notícias do andamento dos negócios, ouve perguntas, críticas e sugestões.
- Canal intranet Fale com o Jayme: respondo todos os emails sempre à mão, para que o funcionário ou prestador de serviço saiba que fui eu mesmo que lhe respondeu.
- Café da manhã de funcionários e prestadores com os líderes de

todos os níveis para estimular a comunicação interna.

- Estímulo ao "Home Office" para quem possa e queira trabalhar de casa.

Todas as iniciativas junto aos funcionários, corretores, prestadores de serviço, fornecedores, acionistas e concorrentes, inclusive, sempre procuram ser pautadas por uma atitude franca, que creio ter consolidado uma imagem de empresa em que se pode confiar.

Acredito que é muito importante estimular a autonomia e a decisão nas pessoas em todas as funções e sobre isto tenho um episódio para contar: por volta de 1990, houve uma grande enchente num fim de tarde em São Paulo, e muitos carros ficaram submersos no Vale do Anhangabaú. A água demorou muito para baixar e nossos guinchos tiveram que esperar muitas horas para tirar os carros dos nossos segurados que estavam debaixo d'água. O coordenador do resgate, percebendo que iria levar a noite toda para os carros começarem a ser retirados, resolveu mandar pizzas para os nossos motoristas e segurados, e decidiu aumentar a quantidade para distribuir também para os proprietários dos outros carros, mesmo não sendo segurados nossos. De manhã cedo, quando finalmente a água baixou, nossos guincheiros tiraram os carros ao som dos aplausos das pessoas presentes.

Esta história virou emblemática da busca por melhorar sempre o nível de atendimento da companhia, e se deve à decisão isolada do coordenador da operação.

A busca de significado para a vida não pode se limitar ao tempo fora do trabalho. Afinal, as horas em que se está mais desperto são justamente aquelas em que estamos trabalhando. Eu repito muitas vezes uma história ao receber novos funcionários no Programa de Integração: dois consultores de empresas conversam sobre produtividade enquanto caminham na calçada de uma grande avenida cheia de prédios de escritórios. De repente, um pergunta: você acredita em vida depois da morte? O outro estranha e diz que não estavam tratando de religião, e o primeiro responde: veja as pessoas saindo para a calçada no fim do expediente, parecem que saem para a vida depois da morte...

Sugiro que, durante a leitura de *Empresas Humanizadas*, o leitor procure lembrar, na sua experiência, dos exemplos em que vivenciou desprendimento, verdadeiro altruísmo e sensibilidade, tanto no trabalho como na vida pessoal, e tenho certeza que vai confirmar o quanto foi alcançado em termos de satisfação, resultados e felicidade.

— *Jayme Garfinkel*
Presidente do Conselho da Porto Seguro

EMPRESAS HUMANIZADAS

Primeiro Prefácio

Eu fui um dos poucos afortunados que tiveram a oportunidade de ler o maravilhoso livro de negócios *Empresas Humanizadas (Firms of Endearment)* enquanto ainda estava na forma de manuscrito. Minha boa amiga Kathy Dragon estava em um avião, muitos anos atrás, e aconteceu de estar sentada ao lado de David Wolfe, um dos coautores. David estava animado com o livro e, quando descreveu seu conteúdo, mencionou que o Whole Foods Market era uma das empresas qualificadas como "empresa humanizada". Kathy ficou empolgada ao ouvir isso e contou a David sobre nossa estreita amizade, e que, sem dúvida, eu gostaria de ler o livro. David deu-lhe uma cópia do manuscrito para me entregar.

Essas são as pequenas coincidências que podem mudar a vida das pessoas e alterar os nossos destinos. Dizer que li *Empresas Humanizadas (Firms of Endearment)* seria um eufemismo grosseiro – eu o devorei. É claro que estava muito feliz por Whole Foods ser uma das 18 empresas de capital aberto destacadas no livro, mas isso foi só o início do impacto que este livro teve em mim. Eu já estava bastante familiarizado com a Teoria dos Stakeholders através da leitura da obra original e brilhante de Ed Freeman sobre o assunto, mas desconhecia que havia várias outras empresas além do Whole Foods Market que estavam conduzindo seus negócios de formas tão similarmente conscientes. Até então, eu acreditava que o Whole Foods era uma espécie de pato estranho que tinha criado uma cultura empresarial única, baseada na realização de nossos propósitos mais elevados como um negócio (além de apenas ter lucro) e conscientemente criando valor para todos os nossos principais *stakeholders* interdependentes (clientes, empregados, fornecedores, investidores, comunidades e meio ambiente). Eu pensava que nós estávamos praticamente sozinhos no mundo e fiquei radiante ao descobrir que havia outras empresas famosas que pensavam e agiam praticamente da mesma maneira.

Depois de ler *Empresas Humanizadas (Firms of Endearment)*, logo me encontrei com David e Raj. Descobrimos que compartilhávamos muitas ideias e tínhamos um compromisso de "pregar" nossas ideias para o mundo. Começamos um diálogo discutindo as ideias delineadas em *Empresas Humanizadas* – ideias que eu vinha chamando de "Capitalismo Consciente". Nós acreditávamos que elas mereciam um público muito maior, e começamos a planejar nossa primeira conferência de Capitalismo Consciente para reunir pessoas de mesma mentalidade para dialogar.

Com uma reunião inicial modesta de cerca de 20 pessoas, lançamos uma iniciativa para difundir as ideias de Capitalismo Consciente em todo o mundo. Muitas conferências muito maiores e extremamente bem-sucedidas têm se seguido ao longo dos últimos seis anos. Foi em uma dessas conferências, em Boston, que consegui conhecer o terceiro autor de *Empresas Humanizadas (Firms of Endearment)*, o renomado erudito de marketing Jag Sheth. Jag é um prolífico autor de dezenas de livros, incluindo o clássico *The Theory of Buyer Behavior* (A Teoria do Comportamento do Comprador) e *Clients for Life* (Clientes para a Vida). Por muitos anos, Jag atuou como mentor de Raj, e, só nessa função, sua contribuição para o movimento do Capitalismo Consciente tem sido imensa.

A Empresa é, de longe, o maior criador de valor no mundo. Conforme Raj e eu afirmamos em nosso livro *Capitalismo Consciente: Como Libertar o Espírito Heroico dos Negócios* (HSM, 2014), "Acreditamos que o negócio é bom, porque ele cria valor; é ético, porque se baseia na troca voluntária; é nobre, porque pode elevar a existência; e é heroico, porque tira as pessoas da pobreza e cria prosperidade". As empresas têm um enorme potencial para fazer o bem no mundo. Muito do bem está sendo feito atualmente "inconscientemente", simplesmente criando produtos e serviços que as pessoas valorizam, criando postos de trabalho e gerando lucros.

No entanto, o negócio também pode ser feito muito mais conscientemente, com um propósito mais elevado e criação de valor ótimo para todos os principais *stakeholders*, enquanto cria culturas que aprimoram o desenvolvimento humano. Conforme as pessoas, especialmente os líderes, tornam-se mais conscientes, somos capazes de criar novos tipos de empresas empreendedoras que ajudarão a resolver nossos problemas mais graves e elevarão a humanidade para satisfazer nosso potencial ilimitado como espécie. *Empresas Humanizadas (Firms of*

Endearment) é um livro muito importante e inovador porque aponta o caminho que todas as empresas devem aspirar a imitar e, finalmente, transcender. Sou grato aos autores pela sua contribuição histórica em enaltecer a prática de negócios e, dessa maneira, beneficiar a humanidade.

— John Mackey
Cofundador e Co-CEO do Whole Foods Market

Segundo Prefácio

Esta nova edição de *Empresas Humanizadas (Firms of Endearment)* continua a abrir novos e importantes caminhos para a compreensão do poder do capitalismo na transformação do nosso mundo para melhor. Na primeira edição, os autores sugeriram que as empresas que prestam atenção à forma como elas criam valor para os *stakeholders* poderiam ter melhor desempenho. Eles nos deram uma análise quantitativa introdutória e um conjunto de histórias ricas que deram sentido à análise.

Nesta nova edição, eles dão um gigantesco passo adiante. Eles nos dão uma "prova de possibilidade", fundamentando, desse modo, uma nova história de negócio em sólida análise econômica e pensamento gerencial prático. O papel da paixão e do propósito não é bem compreendido em um mundo onde a história dominante dos negócios que lemos todos os dias sugere que só dinheiro e lucro contam. Além disso, esta história dominante sugere que os empresários são gananciosos e egoístas. Vemos isso estampado todos os dias na imprensa, em respostas governamentais a crises, e, algumas vezes, vemos os próprios executivos fazendo as mesmas atribuições.

Está na hora de acabar com este absurdo, e os autores nos dão um mapa.

Todo negócio sempre criou e sempre vai criar valor para os clientes, empregados, comunidades, fornecedores e os financistas que fazem o investimento. As empresas humanizadas são as companhias que percebem esse princípio de criação de valor para os *stakeholders* e se orientam em torno dele. Estas são as empresas com as quais gostamos de fazer negócios. São as marcas que recomendamos aos nossos amigos e, se formos inteligentes, são os investimentos que temos em nossos portfólios, planos de previdência privada e assim por diante.

Nada do que este livro diz deveria ser surpreendente. O que é surpreendente é a resistência que pode ser encontrada. Muitos economistas de mente estreita, assim como muitos críticos de negócios, apenas "sabem" que o negócio é realmente sobre o dinheiro. Eles, então, cometem o erro lógico de concluir que o objetivo da empresa é fazer o máximo de dinheiro possível. Isso é como dizer que como precisamos de glóbulos vermelhos para viver, o propósito da vida é fazer glóbulos vermelhos.

Nossas grandes empresas, inclusive as que estão neste livro, mas as do passado também, são alimentadas pela paixão e por um senso de propósito. Grandes líderes empresariais canalizam os desejos de seus funcionários de serem parte de algo maior do que eles e de poderem ajudar a fazer do mundo um lugar melhor para os seus filhos no objetivo global de seus negócios. O lucro é um resultado. E, claro, não há garantias aqui. Às vezes, as empresas fazem o seu melhor em torno de um propósito e falham, ou elas não conseguem manter esse propósito à sua frente, ou as condições simplesmente mudam.

O século XXI exige uma nova maneira de pensar sobre os negócios. Ainda bem que a história está começando a emergir com livros como *Empresas Humanizadas (Firms of Endearment)*. Ver como sua empresa se assemelha ou não aos exemplos do livro vai compensar o estudo cuidadoso deste conteúdo. E, com sorte, fará com que você se pergunte sobre o seu próprio propósito, tanto em termos da sua empresa como em situações individuais.

Este não é o fim da nova história dos negócios, mas é um bom começo.

Tomara que ele inspire outros a "criticarem criando algo melhor". Eu os encorajo a vê-lo não como a palavra definitiva sobre como administrar um negócio, mas como uma prova da possibilidade de que a criação de valor para os *stakeholders*, com propósito e paixão, é uma ideia que funciona e cuja hora chegou. Ele oferece esperança de que podemos ser a geração que faz os negócios melhores e deixa um mundo melhor para nossos filhos.

— R. Edward Freeman
Professor Universitário; Elis and Signe Olsson
Professor of Business Administration
The Darden School, Universidade de Virginia.

Agradecimentos

Gostaríamos de agradecer a valiosa assistência de John Warden e Alex Romeo na ajuda da condução das análises financeiras das empresas. Também prezamos as várias conversas que tivemos com Rick Frazier em como avaliar as empresas utilizando o modelo de *stakeholders*. Seu conhecimento e sugestões foram inestimáveis. Jeff Cherry e Peter Derby também foram muito prestativos neste sentido.

Muitas pessoas foram grandes apoiadoras do livro *Empresas Humanizadas (Firms of Endearment)*. Suas ideias e sugestões foram inestimáveis na revisão da versão original. Em particular, gostaríamos de agradecer a John Mackey, Kip Tindell, Shubhro Sen, Abílio Diniz, Fred Kofman, Ricardo Gil, Doug Rauch, Doug Levy, Rand Stagen, Vinit Taneja, Kiran Gulrajani, Dr. Manesh Shrikant, Harsh Mariwala, Debashis Chatterjee, Vineeta Salvi, Tony Buono, Alan Hoffman, Michael Gelb, Howard Behar, Youngsul Kwon, Michael Lee, Ashwini Malhotra, Sudhakar Ram, Ketan Mehta, Ashank Desai, R. Sundar, e Roy Spence.

Raj Sisodia reconhece o trabalho de seus muitos alunos da Universidade de Bentley na avaliação de inúmeras empresas ao longo dos anos utilizando os critérios estabelecidos neste livro. Ele também gostaria de agradecer a sua filha Maya pelo trabalho editorial no livro.

Jag gostaria de agradecer a Joey Reiman e Suhas Apte pelo entusiasmo e encorajamento na revisão do livro. Ele também gostaria de estender o agradecimento a Ishan Dey, Aarya Budhiraja e Rohan Parekh pelo apoio à pesquisa. Por fim, ele agradece a sua assistente pessoal, Nicole Smith, pelo apoio administrativo.

Sobre os Autores

Raj Sisodia é o eminente Professor de Negócios Globais da F.W. Olin e pesquisador acadêmico do Whole Foods Market em Capitalismo Consciente no Babson College, em Wellesley, Massachusetts. Também é cofundador e copresidente do Conscious Capitalism, Inc. Tem um Ph.D. em marketing pela Universidade Columbia. Raj é coautor do best-seller do *The New York Times Conscious Capitalism: Liberating the Heroic Spirit of Business* (Harvard Business Review Publishing, 2013), também disponível em Português. Em 2003, foi citado como um dos "50 Principais Pensadores em Marketing" pelo Chartered Institute of Marketing. Ele foi nomeado um dos "Dez Proeminentes Pioneiros de 2010" por Good Business International, e um dos "Top 100 Líderes do Pensamento em Comportamento Confiável nos Negócios" por Trust Across America, em 2010 e 2011. Raj publicou sete livros e mais de 100 artigos acadêmicos. Prestou consultoria e ministrou programas executivos para várias empresas, incluindo a AT&T, Nokia, LG, DPDHL, POSCO, Kraft Foods, Whole Foods Market, Tata, Siemens, Sprint, Volvo, IBM, Walmart, Rabobank, McDonalds, e Southern California Edison. Faz parte do Conselho de Administração da The Container Store e Mastek, Ltd., e é um dos curadores do Conscious Capitalism, Inc. Para mais detalhes, acesse www.rajsisodia.com.

Jag Sheth é o Charles H. Kellstadt Professor of Marketing da Gouizeta Business School, na Universidade Emory. Ele publicou 26 livros e mais de 400 artigos, sendo internacionalmente conhecido por suas contribuições acadêmicas em comportamento do consumidor, marketing de relacionamento, estratégia competitiva e análise geopolítica. Seu livro *The Rule of Three* (Free Press, 2002), em coautoria com Raj Sisodia, alterou as noções atuais de competição nos negócios. Esse livro, traduzido para cinco idiomas, foi tema de uma série de televisão em sete partes da CNBC Asia. A lista de clientes de consultoria de Jag em todo o mundo é longa e impressionante, incluindo AT&T, GE, Motorola, Whirlpool e 3M, para citar apenas algumas. É frequentemente citado e entrevistado por *The Wall Street Journal, The New York Times, Fortune, Financial Times,* e programas de rádio e redes de televisão como CNN, Lou Dobbs, e muito mais. Também é membro do Conselho de Administração de várias empresas de capital aberto. Em 2004, foi homenageado com os dois prêmios mais altos concedidos pela Associação Americana de Marketing: Richard D. Irwin Distinguished Marketing Educator Award e Charles Coolide Parlin Award. Para mais detalhes, consulte www.jagsheth.net.

O falecido **David B. Wolfe** era um especialista internacionalmente reconhecido em comportamento de mercados na meia-idade e mais velhos. Foi o autor de *Serving the Ageless Market* (McGraw-Hill, 1990) e *Ageless Marketing: Strategies for Connecting with the Hearts and Minds of the New Customer Majority* (Dearborn Publishing, 2003). Seus trabalhos de consultoria o levaram para Ásia, África, Europa e pela América do Norte. Ele foi amplamente divulgado em publicações nos EUA e no exterior. Também prestou consultoria a inúmeras empresas da Fortune 100, incluindo American Express, AT&T, Coca-Cola, General Motors, Hartford Insurance, Marriott, MetLife, Prudential Securities e Textron.

EMPRESAS HUMANIZADAS

Prólogo

Um Mundo Totalmente Novo

O futuro é desordem. Uma porta como esta se abriu apenas cinco ou seis vezes desde que nos tornamos "Homo erectus". É o melhor tempo possível para estar vivo, quando quase tudo o que você pensou que sabia está errado.

— *O matemático Valentine, na peça* Arcadia, *de Tom Stoppard*

Este livro chega aos olhos do público no alvorecer de uma nova era na história humana – talvez mais do que qualquer época anterior que tenha inspirado historiadores a lhe dar um nome significando a sua relevância. Olhando para trás centenas de anos – milhares, dizem alguns[1] – esta nova era pode ser inigualável na escala de seu efeito sobre a humanidade. Inúmeros autores insuspeitos têm testemunhado em seus escritos que algo assim grande está acontecendo. Francis Fukuyama declarou o final de uma importante era cultural em seu famoso e polêmico ensaio "O Fim da História" (1989). Um pouco mais tarde, o editor da revista *Science* David Lindley previu a morte do Santo Graal da física – a Teoria Geral Unificada – em *The End of Physics* (O Fim da Física) (1993). No ano seguinte, o economista britânico David Simpson afirmou que a macroeconomia sobreviveu à sua utilidade em *O Fim da Macroeconomia* (Instituto Liberal, 1995). Então, o escritor de ciência John Horgan irritou legiões de cientistas com seu livro provocativo *The End of Science* (O Fim da Ciência) (1997). Nesse mesmo ano, o ganhador do Prêmio Nobel de Química

---

1 O repórter Joel Garreau, do *Washington Post* afirma em seu livro *Evolution: The Promise and Peril of Enhancing Our Minds, Our Bodies—and What it Means to Be Human* (Doubleday, 2004, p. 3): "(O) abismo entre o que os engenheiros estão criando hoje e o que os leitores comuns talvez considerem que seja possível é significativo. O primeiro desafio é entender o mundo que está se desdobrando diante de nós, no qual encaramos a maior mudança em dezenas de milhares de anos do que significa ser humano".

xv

Ilya Prigogine nos contou em *O Fim das Certezas* (Unesp, 1997) de uma iminente e ampla mudança na visão científica do mundo que faria muito do que se sustenta como verdade científica hoje, mito científico amanhã.

Tantos términos devem significar muitos novos começos. Por volta do início da década de 1990, praticamente nenhum grande campo do esforço humano foi poupado de previsões de seu término – não literalmente, mas certamente em termos de conceituações anteriores de sua natureza. O mundo dos negócios não é exceção. Ele está experimentando amplas mudanças na nossa compreensão de seus propósitos fundamentais e em como as empresas devem operar. Com efeito, olhando para a magnitude da mudança no mundo dos negócios, não é exagerado sugerir que uma transformação social histórica do capitalismo está a caminho.

Vinte e poucos anos atrás, conforme a Internet se expandia, poucos poderiam ter previsto de forma crível a escala dessa transformação. Neste livro, fornecemos alguma medida dessa escala ao traçar o perfil de empresas que ampliaram seu propósito para além da criação de riqueza para os acionistas, atuando como agentes para o bem maior. Vemos essas empresas não como discrepantes, mas como a vanguarda de uma nova corrente principal de negócios.

Nós chamamos esta era de mudança histórica de "Era da Transcendência". O dicionário define transcendência como um "estado de sobressair ou ultrapassar ou ir além dos limites usuais".[2] Nós não somos os primeiros a falar de uma mudança transcendental no *zeitgeist* (espírito de época) da sociedade contemporânea; o professor de humanidade da Universidade Columbia Andrew Delbanco diz: "A característica mais marcante da cultura contemporânea é a ânsia frustrada por transcendência".[3] Esse anseio por transcendência poderia estar representando um forte papel na erosão da dominância de certeza cientificamente fundamentada, que tem caracterizado visões de mundo nas sociedades ocidentais desde a aurora da ciência moderna. Perspecti-

---

2 http://www.wordreference.com/.
3 Andrew Delbanco, *The Real American Dream: A Mediation on Hope*, Harvard University Press, 1999, p. 113.

vas subjetivas baseadas em como as pessoas se sentem ganharam maior aceitação nos últimos tempos.

Outros notaram a subjetividade crescente das visões de mundo. Um deles é o filósofo francês Pierre Lévy, que dedicou sua vida profissional a estudar os impactos culturais e cognitivos de tecnologias digitais. Ele acredita que a mudança em direção à subjetividade pode se provar uma das considerações mais importantes no mundo dos negócios neste século.[4] Lévy também acredita que o objetivismo no estilo de Ayn Rand, firmemente abraçado por Milton Friedman e seus protegidos, está passando para a história à medida que sentimentos e intuição ganharam importância na mente comum. O best-seller sobre intuição de Malcolm Gladwell, *Blink – A decisão num piscar de olhos* (Rocco, 2005), é um testemunho disso, assim como *A Sabedoria das Multidões* (Record, 2006), de James Surowiecki.

A dramática eclosão de interesse em espiritualidade nos EUA, que tem ajudado a produzir "megaigrejas" do tamanho de estádios, é outra indicação de que algo grande está acontecendo no alicerce da cultura. Inúmeras pesquisas com consumidores relatam que as pessoas estão olhando menos para "coisas" e mais para experiências para alcançar a satisfação com suas vidas.[5] Para muitos, as experiências que mais cobiçam transcendem um mundo definido pela ciência de forma material, aliás, a maior parte das empresas tradicionais.

Pessoas que lideram empresas não estão isoladas das influências da cultura. Afinal, elas bebem das mesmas águas culturais que os clientes que servem e os empregados que conduzem. Os executivos que des-

---

4 Pierre Lévy, *Collective Intelligence*, Perseus Book Group, 2000, p. 4.
5 Marita Wesely-Clough, especialista em tendências na empresa Hallmark Cards, Inc., diz, "Cuide para que pessoas de todas as idades diminuam o ritmo e simplifiquem, assegurando que elas tenham tempo para investir no que realmente é relevante – amigos, família, retribuição, legado. A geração de Boomers se aproximando da aposentadoria irá liderar essa tendência". (http://retailindustry.about.com/od/retail_trends/a/bl_trends2005 .htm). Este é um refrão comum entre os observadores de tendências dos consumidores, incluindo Yankelovich Monitor, que lançou um relatório em 2012 declarando que os consumidores estavam se esforçando para simplificar suas vidas, dependendo menos de "coisas" para se sentirem felizes (David B. Wolfe com Robert Snyder, *Ageless Marketing: Strategies for Reaching the Hearts and Minds of the New Customer Majority*, Dearborn Trade publishing, 2004, p. 20).

crevemos como exemplares neste livro refletem em suas filosofias gerenciais as mudanças na cultura sobre as quais temos falado. Eles são campeões de uma visão nova, humanista, do papel do capitalismo na sociedade. É uma visão que transcende as perspectivas mais estreitas da maior parte das empresas no passado, emergindo para abraçar o bem-estar comum em suas preocupações. O ex-CEO da Timberland Jeffrey Swartz (cuja empresa foi adquirida pela VF Corp.) disse que a missão principal de sua empresa era "Fazer do mundo um lugar melhor". Mas Swartz e os outros executivos que temos como modelos neste livro não são bons samaritanos idealistas. Eles são profissionais de negócios determinados e de grande sucesso, que aumentam a sua visão de empresa centrada no ser humano com habilidades de gestão saudáveis e um compromisso constante de fazer o bem por todos os que são tocados por suas empresas. Chamamos as suas companhias de "empresas humanizadas", porque elas se esforçam por meio de suas palavras e ações para serem benquistas por todos os seus principais *stakeholders* – clientes, empregados, fornecedores, comunidades e acionistas – alinhando os interesses de todos de tal forma que nenhum grupo de *stakeholder* ganhe *em detrimento de* outros; preferivelmente, todos prosperam juntos. Esses executivos são conduzidos tanto por aquilo que acreditam estar certo (moralidade subjetivamente fundamentada), como pelo que os outros possam mais objetivamente alegar estar certo.

Reflita por um momento sobre o que os resultados de uma pesquisa da Conference Board dizem sobre a perspectiva moral no nível executivo em todo o país. Setecentos executivos foram questionados por que suas empresas se envolviam em iniciativas sociais e de cidadania. Apenas 12% mencionaram estratégia de negócio. Três por cento mencionaram atração e retenção de clientes, e 1% citou as expectativas do público. Os 84% restantes disseram que foram conduzidos por motivações como melhoria da sociedade, tradição da companhia e seus valores pessoais.[6] Não achamos que todos os membros destes 84% se sentaram

---

6 Sophia A. Muirhead, Charles J. Bennett, Ronald E. Berenbeim, Amy Kao, e David Vidal,

e calcularam de forma racional a compensação direta do cumprimento das suas obrigações de acordo com altos padrões morais. O mais provável, acreditamos, é que a maioria simplesmente sentiu nas entranhas o que deveria fazer. É assim que movimentos e revoluções acontecem: tanto do coração como da mente. Neste livro, escrevemos sobre um movimento poderoso, se não completamente uma revolução.

Estamos precariamente preparados no que os físicos chamam de um ponto de bifurcação – um interregno de normalidade entre os polos de morte e nascimento (ou renascimento), quando uma velha ordem enfrenta seu fim e uma nova ordem se esforça para emergir de seu estado fetal. Nesses momentos, o futuro torna-se mais incerto do que o habitual porque os eventos dentro dos limites de tempo e espaço de um ponto de bifurcação têm infinitos resultados possíveis. É por isso que Valentine declarou: "O futuro é desordem", mas nos desafia a unir esforços para gerar uma nova ordem com uma motivação energizada: "É o melhor tempo possível para estar vivo, quando quase tudo o que você pensou que sabia está errado".

A humanidade está entrando em um reino onde ninguém jamais esteve. Sua paisagem é tão desconhecida para nós como o mundo que nós conhecemos até agora seria para um viajante do tempo do século XVIII. Vamos voltar no tempo para melhor apreciar a natureza evolutiva da cultura através de breves reflexões sobre as duas eras culturais precedentes na história dos EUA, a partir das quais a Era da Transcendência está emergindo.

A Era do Empoderamento

Chamamos a primeira era cultural na América de "Era do Empoderamento". A assinatura da Declaração da Independência e a publicação de *Uma Investigação sobre a Natureza e as Causas da Riqueza das Nações* (Abril Cultural, 1983), de Adam Smith, em 1776, marcou o seu início. Que

---

Corporate Citizenship in the New Century: Accountability, Transparency and Global Stakeholder Engagement, R-1314-02-RR, New York: Conference Board, 2002.

estes dois memoráveis eventos na história humana tenham ocorrido no mesmo ano é uma coincidência histórica extraordinária. O primeiro foi sobre uma sociedade livre; o último, sobre mercados livres. Inseparáveis, democracia e capitalismo marcharam em direção ao futuro para produzir um novo mundo, que elevaria a sorte do homem comum a alturas nunca antes experimentadas ou imaginadas na história da humanidade.

Pela primeira vez na história, pessoas comuns foram empoderadas pela lei codificada para moldar seus próprios destinos. Pessoas nascidas sem distinção social podiam se elevar da extrema pobreza para as mais altas repartições públicas e privadas. A economia de mercado livre auxiliava seus esforços. Educação liberal e leis que recompensavam a indústria apoiavam a determinação da América de se tornar uma grande nação. Conforme as décadas passavam, milhões de famílias saíram da existência de subsistência. A cultura aristocrática da Europa pode ter gerado grande pensamento filosófico na Era do Iluminismo, mas gente comum na América gerou grande realização material na Era do Empoderamento. Próximo do fim da Era do Empoderamento, que marcamos por volta de 1880, a América estava conectada de costa a costa por linhas telegráficas, ferrovias, moeda única e um sistema bancário nacional que a presidência Lincoln havia estabelecido. Outra grande conquista da administração Lincoln foi a criação do *land grant college program* (programa federal que dava terras federais aos estados para construírem universidades e arrecadar recursos para estabelecer fundos de "*endowment*" para manutenção dessas universidades), que cada vez mais trouxe os benefícios do ensino superior para as massas. A nação estava preparada para sua próxima grande era cultural.

A Era do Conhecimento

A libertação intelectual e econômica das massas abriu caminho para a Era do Conhecimento. No período de alguns anos da década de 1880, Alexander Graham Bell inventou o telefone, e Thomas Edison inventou o fonógrafo, a primeira lâmpada incandescente prática e o primeiro sistema de alimentação elétrica central.

Durante a Era do Conhecimento, os EUA passaram rapidamente de uma economia agrária para uma sociedade industrial. A ciência explodiu na vida diária. O tempo do protótipo de laboratório para o mercado passou a ser frequentemente medido em meses, ao invés de décadas. Grandes descobertas científicas geraram grandes indústrias. E grandes indústrias criaram a economia do consumidor moderno. Os ganhos econômicos em toda a sociedade elevaram os padrões de vida a níveis anteriormente inimagináveis. Mortes no parto e na infância tornaram--se raridades. A expectativa de vida nos EUA disparou de 47 anos (nascimentos em 1900) para 76 anos (nascimento próximos a 1990).

A gestão empresarial deu um aparente salto para frente nos primeiros anos do século XX, quando Frederick Winslow Taylor, em 1911, introduziu disciplina científica à prática da administração em *Princípios de Administração Científica* (Atlas, 1990). Alfred P. Sloan inventou a corporação moderna depois de se tornar presidente da General Motors, em 1923. Em 1921, John Watson, chefe do departamento de psicologia da Johns Hopkins e fundador da escola behaviorista de psicologia, se associou à agência de publicidade J. Walter Thompson para estabelecer o primeiro centro de pesquisa do consumidor na nação. A ciência agora reforçava o espectro completo dos negócios – do design de produto e gestão organizacional à pesquisa do consumidor e marketing.

Desde que Ransom E. Olds estabeleceu a primeira linha de montagem (não, não foi Henry Ford; ele apenas mecanizou a linha de montagem de Olds), o foco operacional das empresas tem sido a melhoria constante na produtividade – obter cada vez mais de cada vez menos. Por um longo tempo, isso serviu bem a sociedade. A qualidade de vida aumentou regularmente, enquanto o custo de vida caiu de forma constante. O bem-estar material das pessoas comuns atingiu níveis surpreendentes. O materialismo tornou-se o fundamento do negócio, da sociedade e da cultura.

Com o tempo, no entanto, a preocupação com a produtividade e a redução de custos para melhorar resultados financeiros começou a causar danos nas comunidades, trabalhadores, suas famílias e meio ambiente. Inúmeras comunidades caíram em ruínas conforme as empresas as abandonavam por locais que prometiam custos operacionais mais baixos. Legiões de famílias ficaram na miséria, enquanto seus provedores se esforçavam para encontrar novos empregos. A vida foi sugada para fora das aldeias, vilas e cidades centrais em todo o país. Favelas se espalhavam pelas carcaças de fábricas abandonadas, tornando-se bairros indesejáveis. Os defensores justificavam as decisões de negócios que geraram o caos para os indivíduos, suas famílias e bairros invocando o tema Darwiniano de "sobrevivência do mais adaptado". O argumento pró-negócio era simples: para colher os benefícios do capitalismo, a sociedade deve tolerar a dor que às vezes isso causa nas pessoas das camadas mais baixas da sociedade.

Mas um número crescente de pessoas agora está se perguntando: "Quanta dor mais teremos que suportar?" Os cidadãos comuns enxergam cada vez mais o comércio como carente de um coração humano. Eles sentem que a maioria das empresas os vê apenas como números a serem controlados, manipulados e explorados. Eles sabem que, para muitas empresas, eles têm pouco realismo de carne e osso – que eles têm a mesma qualidade abstrata que as pessoas no chão têm para pilotos lançando bombas a 12.000 metros de altura.

Mas os tempos estão mudando (*"the times are a-changing"*), como Bob Dylan cantou na década de 1960.

O editor sênior da revista *New Republic* Gregg Easterbrook observou: "A transição do querer material para *querer significado* está em progresso em uma escala sem precedentes históricos – envolvendo centenas de milhões de pessoas – e pode, eventualmente, ser reconhecida como o princípio do desenvolvimento cultural da nossa era".[7] (em itálico destacado pelo autor)

Bem-vindo à Era da Transcendência, o mais alto grau que a humanidade já alcançou.

---

7 Gregg Easterbrook, *The Progress Paradox: How Life Gets Better While People Feel Worse*, Random House, 2003, p. 317.

EMPRESAS HUMANIZADAS

A Era da Transcendência

A intenção de traçar a evolução cultural da América desde a sua fundação é chamar a atenção para a ideia de que as sociedades livres continuamente progridem através de processos de evolução cultural, o equivalente a um progresso evolutivo da pessoa, que os psicólogos chamam de "desenvolvimento da personalidade". As sociedades, como as pessoas, são levadas a se esforçar para serem mais hoje do que eram ontem, e amanhã mais do que são hoje. De fato, Steve McIntosh sugere que este é o verdadeiro propósito da evolução:

> A história evolutiva das nossas origens tem um tremendo poder cultural que transcende as fronteiras da ciência; ela molda o ponto de vista de quem somos e por que estamos aqui. Contudo, muitos dos sábios científicos responsáveis pela educação do público sobre a evolução nos dizem que é um processo essencialmente aleatório ou acidental, sem nenhum significado maior. No entanto, como os fatos científicos da evolução cada vez mais vêm à luz, esses mesmos fatos demonstram que o processo de evolução é inequivocamente progressivo. Conforme passamos a ver como a evolução progride, isso revela o seu propósito – crescer em direção a realizações de beleza, verdade e bondade cada vez mais amplas.[8]

Enquanto a descoberta científica e o desenvolvimento tecnológico têm sido os catalisadores primários na evolução da cultura, recentes mudanças demográficas têm desempenhado um papel muito grande na remodelagem da cultura. O envelhecimento das populações está alterando o curso da humanidade. Mas esta não é a primeira vez que a demografia redefine os rumos da humanidade.

Antropólogos descobriram recentemente um aumento repentino na longevidade 30.000 anos atrás, o que mudou a cultura humana de forma dramática. Os ganhos de longevidade criaram uma explosão popu-

---

8 Steve McIntosh, *Evolution's Purpose: An Integral Interpretation of the Scientific Story of Our Origins*, Select Books, 2012; citação extraída de http://www.stevemcintosh .com/books/ evolutions-purpose/.

xxiii

lacional entre avós. Pela primeira vez na história humana, um número relativamente grande de mulheres na pós-menopausa estava disponível para apoiar suas filhas e netas e para começar a aprimorar a vida doméstica. Mais avôs estavam disponíveis para instruir os meninos "da velha maneira", reforçando, assim, a continuidade das gerações. Muitos antropólogos consideram o "fenômeno dos avós" como um importante ponto crítico na evolução cultural da humanidade. Entre outros benefícios, o aumento acentuado na população de avós levou a uma moderação do comportamento agressivo dos jovens. Isso reduziu as guerras tribais, liberando a atenção e a energia das tribos para se moverem em direção a estados mais elevados de desenvolvimento cultural.[9]

Algo semelhante poderia estar acontecendo hoje – isto é, o rápido crescimento da população em envelhecimento está alterando o *zeitgeist* (espírito de época) da sociedade, impulsionando a humanidade em direção a estados mais elevados de desenvolvimento cultural. Podemos citar 1989 como o início formal deste novo curso, pois começando nesse ano, a maioria dos adultos nos EUA estava com 40 anos ou mais pela primeira vez na história (a idade média dos adultos já ultrapassa 45 em toda a população americana e 50 para caucasianos). Como um eco das influências moderadoras trazidas por uma explosão na população de avós há 30.000 anos, o envelhecimento da população na grande maioria das nações no mundo de hoje eleva as perspectivas de uma "sociedade mais amável e gentil" – para usar as palavras de Peggy Noonan em um discurso de campanha que ela escreveu para George H. W. Bush em 1988.

Mas um outro desenvolvimento que ocorreu por volta da mesma época em que a maioria "adulta madura" passou a existir também desempenhou um papel importante em catalisar mudanças quânticas no alicerce da cultura. Também em 1989, o engenheiro de software britânico Tim Berners-Lee inventou a *World Wide Web*. Em poucos anos, a Internet passou de uma ferramenta enigmática de comunicação utilizada principalmente

---

9 Lee Bowman, "The dawn of grandparents proved positive for humans", *Seattle Post-Intelligencer*, 6 de julho de 2004. (http://seattlepi.nwsource.com/ national/180825_wisdom06.html).

por uma pequena elite a um artefato convencional usado por dezenas de milhões de pessoas. A *World Wide Web* transferiu o equilíbrio do poder da informação para as massas. Ela mudou dramaticamente o modo como as pessoas interagem umas com as outras, o fluxo de informação democratizada, e forçou as empresas a operarem com muito mais transparência.

A Era da Transcendência tem semelhanças com o que o autor Daniel Pink chama de "Era Conceitual" em seu livro *O Cérebro do Futuro: A revolução do lado direito do cérebro* (Campus/Elsevier, 2007). Pink define a Era Conceitual como uma "economia e uma sociedade construídas sobre as capacidades inventivas, empáticas, de visão geral do que está em ascensão".[10] Ele descreve a Era Conceitual como sucessora da Era da Informação. Nós definimos nosso termo para a mesma era um pouco diferente. A Era da Transcendência representa um divisor de águas cultural, no qual as influências físicas (materialistas) que dominaram a cultura no século XX declinam, enquanto as influências metafísicas (experimentais) ficam mais fortes. Isso está ajudando a conduzir uma mudança nos fundamentos da cultura de uma base objetiva para uma base subjetiva: as pessoas estão confiando cada vez mais em sua própria deliberação para decidir seu curso de ação. Esta característica está tipicamente presente entre as pessoas de meia-idade e mais velhas, geralmente menos propensas ao comportamento de "manada" que é tão prevalente entre os jovens. Essa mudança confirma uma ideia há muito suprimida em um mundo amplamente guiado pela certeza Newtoniana que Ilya Prigogine diz estar se espalhando aos ventos: *em última análise, tudo é pessoal.*

Pink escreveu com entusiasmo sobre a sociedade passar de perspectivas mais racionais, comumente associadas com o lado esquerdo do cérebro, para perspectivas mais emocionais, intuitivas, geralmente associadas ao lado direito do cérebro. Ele argumentou que as empresas nos EUA precisam se mover mais na direção dos valores do cérebro direito para obter uma vantagem sobre empresas no exterior que querem cons-

---

10 Daniel H. Pink, *A Whole New Mind: Moving from the Information Age to the Conceptual Age*, Riverhead Books division of Penguin, New York, 2005.

truir relacionamentos com os consumidores americanos. Conforme ele vê, isso significa que as empresas norte-americanas devem se conectar com o que ele chama de os seis sentidos da Era Conceitual em design de produto, marketing e relacionamento com o cliente. Esses seis sentidos são desenho, história, sinfonia, empatia, jogo e significado.[11] Todos eles têm raízes profundas no hemisfério direito do cérebro.

No entanto, a questão da mudança nos fundamentos da cultura não é tão simples quanto uma questão de cérebro esquerdo versus cérebro direito. Vemos o mercado geralmente favorecendo companhias que integram ambas as perspectivas para produzir o que o neurologista austríaco Wolf Singer chama de "pensamento unitivo", um terceiro tipo distinto de pensar em sua concepção, que ele afirma ser a suprema fonte de criatividade.

Na sequência da formulação do método científico de René Descartes, a mente ocidental passou a ser dominada por construções "ou/ou" (*either/or*), que são amplamente moderadas no cérebro esquerdo analítico. Esse lado do cérebro tende a classificar as coisas hierarquicamente em categorias. Ele habitualmente exclui de séria consideração o que não se enquadra em uma categoria claramente definida. Para colocar isto em um contexto de negócios, no pensamento excludente do cérebro esquerdo, os *stakeholders* são relegados a categorias. As conexões entre *stakeholders* em diferentes categorias são incidentais e acidentais. O quadro é bem diferente entre as empresas humanizadas. Seus líderes pensam de forma unitiva, abordando suas tarefas com visão holística, em que todos os jogadores no jogo de comércio são interligados e significativos.

Bem-vindo, mais uma vez, à Era da Transcendência. Sossegue, fique confortável e continue a ler. Há muitas novas regras para aprender, pois *quase tudo o que você achava que sabia pode estar errado*. Estaremos nesta era por um bom tempo – provavelmente pelo resto de sua vida, e além.

---

11 *Desenho*: prestar atenção à estética quando realizando qualquer tarefa. *História*: transmissão de informação para consumidores, empregados e outros através de técnicas de *storytelling*. *Sinfonia*: habilidade de juntar as partes e criar uma imagem holística; síntese é um bom sinônimo. *Empatia*: identificando e entendendo com as circunstâncias, emoções e sentimentos dos outros. *Jogo*: colocando diversão nas atividades do dia a dia para realçar o prazer e a criatividade. *Significado*: Estender o valor de uma atividade para além do momento e de si próprio.

Visão Geral dos Capítulos

Eis uma prévia da jornada na qual você acaba de embarcar:

- No Capítulo 1, "Construindo o Negócio com Amor e Cuidado", introduzimos a filosofia de negócios das empresas humanizadas e resumimos seu impressionante desempenho no desafiador ambiente de negócios atual.
- Capítulo 2, "Nova Era, Novas Regras, Novo Capitalismo", discute as novas regras de negócios na Era da Transcendência e oferece a ideia não convencional de que um número crescente de empresas está se comportando de maneira a refletir a influência crescente das necessidades e processos de autorrealização que derivam de nossa sociedade em envelhecimento.
- Capítulo 3, "Lidando com a Desordem", discute como e por que a transformação social do capitalismo que está em curso está acontecendo.
- Agora começamos a olhar como as Empresas Humanizadas gerenciam suas relações com cada grupo de *stakeholder*. No Capítulo 4, "Empregados – de Recursos a Fonte", veremos como essas empresas lidam com seus empregados, criando ambientes de trabalho felizes e produtivos em que eles são altamente motivados, valorizados e bem recompensados.
- Capítulo 5, "Clientes – Cura vs. Oportunismo", trata dos relacionamentos com os clientes, descrevendo o novo paradigma do marketing que está surgindo na Era da Transcendência. Isso inclui honrar tanto o contrato legal quanto o contrato emocional tácito que as empresas têm com os seus clientes – e, de fato, com todos os *stakeholders*.
- No Capítulo 6, "Investidores – Colhendo o que Empresas Humanizadas Semeiam", mostramos como as empresas podem e devem se relacionar com seus investidores tanto em termos financeiros como emocionais.

- Capítulo 7, "Parceiros – Harmonia Elegante", aborda parceiros de negócios, incluindo fornecedores, distribuidores, varejistas e outros. Conforme as empresas terceirizam mais e mais a criação de valor, parceiros de negócios estão se tornando cada vez mais cruciais para o sucesso. Este capítulo mostra como as Empresas Humanizadas administram essas relações vitais de uma maneira simbiótica e mutuamente benéfica.

- Capítulo 8, "Sociedade – O Stakeholder Supremo", lida com a maneira como as Empresas Humanizadas se relacionam com o mundo em geral, incluindo as comunidades em que operam, os concorrentes, os governos em todos os níveis, e organizações não governamentais. Nós vemos a sociedade como o *stakeholder* supremo, porque encapsula cada um dos outros *stakeholders*. A mensagem-chave aqui é que as Empresas Humanizadas são entusiasticamente recebidas nas comunidades onde operam, e visualizam os governos como parceiros na criação de valor, ao invés de adversários.

- Capítulo 9, "Cultura – O Ingrediente Secreto", aborda questões de liderança e cultura corporativa.

- Capítulo 10, "O que Aprendemos", resume o que nós aprendemos sobre a maneira como as Empresas Humanizadas fazem negócios.

- Capítulo 11, "O Outro Lado da Complexidade", conclui o livro com uma visão da "simplicidade do outro lado da complexidade", que descreve a filosofia de gestão das Empresas Humanizadas.

- Apêndice A, "Um Breve Perfil das Empresas", proporciona uma descrição resumida de cada Empresa Humanizada apresentada no livro, destacando o que a torna única e o que podemos aprender com ela.

- Apêndice B apresenta uma entrevista com Rick Frazier, sócio-fundador da Concinnity Advisors, LP. Esta entrevista elabora sobre a base empírica para selecionar as empresas americanas de capital aberto em nossa análise.

1

Construindo o Negócio com Amor e Cuidado

Este não é um livro sobre responsabilidade social corporativa, mas sobre gestão humanizada de negócios.

Este livro deve muito às ideias de R. Edward Freeman, que em 1984 apresentou um argumento muito forte para um modelo de negócio baseado em *stakeholders* no seu livro *Strategic Management: A Stakeholder Approach* (Gestão Estratégica: Enfoque nos Stakeholders). Como o professor de administração Ronald W. Clement escreveu em um artigo que examina a teoria de gestão de *stakeholders*: "Freeman foi o primeiro escritor de administração a identificar de forma clara a importância estratégica de grupos e indivíduos, além não apenas dos acionistas da empresa, mas também dos seus colaboradores, clientes e fornecedores. Na verdade, ele viu esses grupos altamente discrepantes, como organizações comunitárias locais, ambientalistas, defensores dos consumidores, governos, grupos de interesses especiais, e até mesmo concorrentes e meios de comunicação, como *stakeholders* legítimos."[12]

Empresas Humanizadas teve suas origens em discussões entre os autores sobre escrever um livro a respeito de como o marketing perdeu o seu caminho, consumindo cada vez mais recursos, mas entregando menos em termos de satisfação do cliente, lealdade e, sobretudo, confiança. Nosso título inicial de trabalho era *In Search of Marketing Excellence* (Em Busca da Excelência do Marketing). No entanto, enquanto continuávamos a explorar o

---

12 Ronald W. Clement, *"The lessons from stakeholder theory for U.S. business leaders"*, Business Horizons, (2005) 48, pp. 255–264.

tema e a identificar as empresas que gastavam menos em marketing do que seus pares da indústria, mas alcançavam muito mais, nós descobrimos uma verdade mais holística: que os clientes são melhor servidos por empresas que criam valor superior e têm relações estreitas com todos os seus *stakeholders* – empregados, fornecedores, as comunidades em que atuam, e, claro, com seus acionistas. Essa constatação levou-nos à obra de R. Edward Freeman, que, entre outras distinções, dirige o Centro para a Ética Aplicada da Darden School of Business, na Universidade da Virgínia.

Desde a publicação do frutífero livro de Freeman sobre modelos de negócio baseados em *stakeholders*, uma enxurrada de artigos e livros tem examinado e argumentado a favor e contra a abordagem de *stakeholders* na gestão de negócios. Neste livro, apresentamos evidências que apoiam as ideias de Freeman sobre a natureza interconectada e interdependente dos *stakeholders*.

Este livro é um toque de alvorada para as empresas – de fato, organizações de todas as classes – para se reorganizarem e se tornarem veículos de serviço para todos os grupos de *stakeholders*. Oferecemos um volume substancial de evidências baseadas em casos de que as empresas que se talham a um modelo de negócio de Gestão de Relacionamento com Stakeholders (*Stakeholder Relationship Management* – SRM) desenvolvem uma vantagem competitiva distinta e duradoura e superam os seus pares ao longo de múltiplas dimensões, inclusive a financeira.

Acreditamos que os modelos de negócios SRM serão cada vez mais vistos como a maneira mais eficaz para alcançar uma performance de negócios superior *sustentada*. Para entender o porquê, precisamos refletir sobre as profundas mudanças que ocorrem na base cultural da sociedade norte-americana, bem como em qualquer outra nação desenvolvida. O envelhecimento das sociedades desenvolvidas é um fator importante nessas mudanças. Com a maioria dos adultos agora com mais de 45 anos, as visões de mundo, valores e necessidades dos jovens já não têm a influência na sociedade que uma vez tiveram. As visões de mundo e valores associados à meia-idade e além se tornaram mais influentes na cultura do que nunca. Pesquisas feitas por observadores de tendências do con-

EMPRESAS HUMANIZADAS

sumidor, como o Monitor Yankelovich, confirmam isto. Myra Stark, da agência de publicidade global Saatchi & Saatchi, declarou o seguinte em um ensaio intitulado "O Estado do Consumidor dos EUA 2002":

> Diante de ameaças à nossa segurança, nosso modo de vida e nossa estabilidade econômica, os americanos têm recuado de muitas das coisas que pareciam importar nos anos 90 – materialismo, carreira, a cultura das celebridades, a atitude próspera – e estão repensando como eles querem viver e trabalhar. Daniel Pink, autor de *Free Agent Nation* (Nação de Agentes Livres), chama esta nova diligência de "o voo para o significado". "Em tempos turbulentos", diz ele, "as pessoas levam a sério a busca pelo significado."[13]

O sentido da vida – e o sentido da própria vida do indivíduo, em particular – é uma questão permanente na meia-idade e além, cuja influência na sociedade como um todo era menos acentuada quando os jovens eram a maioria.

Mas com a maioria adulta agora constituída por pessoas com mais de 45 anos, a busca por sentido tem uma grande influência sobre o ethos da sociedade em geral, inclusive sobre culturas corporativas em todos os lugares.

É comum que as pessoas que se aproximam, ou estão além, dos anos de construção de carreira ou formação de família, se perguntem: "O que é que eu vou fazer com o resto da minha vida?" Este autoquestionamento surge a partir da sensação de que deveriam estar fazendo mais do que servindo apenas a si mesmos; deve-se começar a pensar em servir o "eu" coletivo mais amplo. Descobrimos muitos líderes empresariais que se fizeram pergunta similar: "Como vamos fazer desta empresa um instrumento de serviço à sociedade, enquanto cumprimos a nossa obrigação de construir riqueza para o acionista?"

Como dissemos no Prólogo, estamos nos estágios iniciais de uma nova era que chamamos de Era da Transcendência. Inúmeras pesquisas de consumo revelam que as pessoas estão buscando um significado

---

13 http://www.saatchikevin.com/workingit/myra_stark_report2002.html , 2002.

maior em suas vidas do que simplesmente aumentar o estoque de coisas que possuem. Esta é uma característica de pessoas na meia-idade e mais velhas que não estão lutando contra questões básicas de sobrevivência, seja material ou emocionalmente. A busca de sentido está mudando as expectativas no mercado e no local de trabalho. Na verdade, *acreditamos que ela está mudando a própria alma do capitalismo.*

Há muito tempo que o capitalismo é considerado por muitos um conceito econômico sem alma; é tudo sobre negócios e mercados. No entanto, como vemos, o edifício do capitalismo está passando por sua transformação de maior alcance desde que Adam Smith publicou *A Riqueza das Nações* (Abril Cultural, 1983), em 1776. A natureza da transformação pode ser resumida em uma afirmação curta: as empresas estão cada vez mais motivadas e sendo responsabilizadas pela performance humanística, bem como econômica.

Uma *empresa humanizada* é administrada de tal forma que seus *stakeholders* – clientes, colaboradores, fornecedores, parceiros comerciais, sociedade e muitos investidores – desenvolvem uma conexão emocional com ela, uma relação afetuosa não muito diferente dos torcedores com seus times favoritos. Empresas Humanizadas – ou *firms of endearment* – procuram maximizar seu valor para a sociedade como um todo, não apenas aos seus acionistas. Elas são as supremas criadoras de valores: criam valor emocional, espiritual, social, cultural, intelectual, ecológico, e, claro, financeiro. As pessoas que interagem com essas empresas sentem-se seguras, protegidas e plenas em suas transações. Elas apreciam trabalhar com ou para estas empresas, comprar delas, investir nelas, e tê-las como vizinhas.

Várias empresas são bem-sucedidas e admiráveis em muitos aspectos, mas carecem de uma forte dimensão emotiva. Defendemos que para as melhores perspectivas de sucesso no futuro, as empresas terão de combinar uma dimensão emotiva com eficácia operacional. Alguns têm chamado a dimensão emotiva de a "alma de uma empresa". Empresas sem alma encaram um futuro duvidoso.

É claro que milhões de clientes rotineiramente compram de empresas pelas quais não têm nenhum apego emocional. Clientes podem ser leais a uma empresa em *comportamento*, sem o serem em *atitude*. Lealdade de atitude vem da ligação emocional. É a lealdade de atitude o que mais importa na sustentação da sobrevivência no longo prazo e sucesso de um negócio, especialmente no mercado em rápida evolução de hoje.

A transformação social do capitalismo está sendo impulsionada por mudanças culturais de proporções tectônicas que corporações, governos e escolas de negócios ignoram por sua conta e risco. Este livro examina a natureza dessa transformação, por que está acontecendo agora, e o que será necessário para as empresas terem sucesso neste novo ambiente. Empresas que não entendem a identidade em evolução do capitalismo – o que muitos estão chamando agora de "Capitalismo Consciente" – podem ter uma expectativa de vida curta, pois as forças que impulsionam esta renovação são essencialmente indomáveis. Elas se tornaram parte de quem somos nestes tempos. Toda empresa tem a opção de seguir com o curso destas forças e ser elevada a novas alturas ou ser arrastada pelas agitadas correntezas de mudança histórica.

O Poder do Amor

A maioria dos analistas de Wall Street e os obcecados por números corporativos ainda não entenderam a ideia de que há muito lucro a ser obtido quando se traz amor e afeto para as operações de negócios. No entanto, eles, e todos os outros que reviram os olhos ao ouvirem as palavras *amor* e *gestão* juntas, fariam bom proveito em ler *Love and Profit* (Amor e Lucro), de James Autry. Publicado pela primeira vez em 1991, o livro seguiu a aposentadoria de Autry como CEO do Meredith Corporation Magazine Group, que publica *Better Homes & Garden, Ladies Home Journal* e *Country Life*, entre outros títulos. A editora-chefe de Town and Country, Pamela Fiori, chamou *Love and Profit* de "o livro mais iluminado sobre gestão escrito nos últimos 25 anos".[14]

---

14 James A. Autry, *Love and Profit: The Art of Caring Leadership*, Avon Books, New York, 1991, elementos pós-textuais.

Love and Profit é um livro de poesia sobre negócios com prosa inspiradora entre os poemas.

Como pode um livro de poesia ser considerado o "livro mais iluminado sobre gestão nos últimos 25 anos?" Fácil. Autry foca em dimensões estrategicamente cruciais do comportamento humano que relativamente poucas empresas reconhecem em suas políticas e operações. A maioria dos líderes empresariais pensa em termos de números e lucro. *Amor* e *lucro* é uma conjunção exótica de palavras que é quantitativamente obscura. Qual é a recompensa? Bem, como o sábio dos sábios Albert Einstein disse: "Nem tudo o que pode ser contado conta, e nem tudo que conta pode ser contado". É a atenção às dimensões qualitativas *imensuráveis* da vida que dá às Empresas Humanizadas as diferenças competitivas cruciais de seus concorrentes.

Em seu livro *O Cérebro do Futuro: A revolução do lado direito do cérebro* (Campus/Elsevier, 2007), Daniel Pink, de fato, endossa o conselho de Einstein sobre as limitações de se medir o que conta. Ele postula que a contínua vitalidade econômica da América depende de "... suplementar habilidades de alta tecnologia (*high-tech*) bem desenvolvidas com habilidades de alto conceito e alta sensibilidade (*high-touch*)"[15] (ecos de *Megatrends*, de John Naisbitt, de um quarto de século atrás). Pink elabora:

> Alto conceito envolve a capacidade de criar beleza artística e emocional, detectar padrões e oportunidades, criar uma narrativa agradável, e combinar ideias aparentemente não relacionadas em uma invenção fora do comum. Alta sensibilidade envolve a capacidade de sentir empatia, entender as sutilezas da interação humana, encontrar alegria em si e suscitá-la nos outros, e estender além do cotidiano, em busca de propósito e significado.[16]

As palavras de Pink capturam a essência das fundações culturais de Empresas Humanizadas. No entanto, a visão predominante ainda é de

---

15 Daniel H. Pink, *A Whole New Mind: Moving from the Information Age to the Conceptual Age*, Riverhead Books, 2005, p. 51.
16 Ibid.

que a sobrevivência do negócio é, principalmente, um jogo de números. Mas, de acordo com Pink, estamos em uma nova era em que a sobrevivência e o crescimento da empresa dependerão menos de fatores *quantitativos* e mais de fatores *qualitativos*. Talvez o mais poderoso fator qualitativo presente na cultura das Empresas Humanizadas que examinamos seja o amor – um profundo, sensível, inefável sentimento de afeto[17] que corre da empresa para o *stakeholder* e de volta para a empresa.

James Autry escreveu em *Love and Profit*: "Uma boa gestão é, em grande parte, uma questão de amor". Ele acrescenta:

> Gestão é, de fato, uma responsabilidade sagrada na qual o bem-estar de outras pessoas é colocado aos seus cuidados durante a maior parte de suas jornadas de trabalho. É uma confiança depositada sobre você primeiramente por aqueles que o empregaram, mas, mais importante que isso, é uma confiança depositada em você, depois de conseguir o emprego, por aqueles a quem você deve gerir.[18]

Tim Sanders, ex-diretor de Soluções do Yahoo!, reza pela mesma cartilha em seu livro *O Amor é a Melhor Estratégia: uma Nova Visão de Sucesso e Realização Profissional* (Sextante, 2003).

> Eu não acho que haja algo mais elevado que o amor... O amor é tão expansivo. Eu tive muita dificuldade para chegar a uma definição de Amor no meu livro, mas eu o defino como a promoção altruísta do crescimento do outro.[19]

Kevin Roberts, CEO de uma das maiores agências de publicidade do mundo, Saatchi & Saatchi, propõe em seu livro *Lovemarks: O Futuro Além das Marcas* (M.Books do Brasil, 2005) que o amor deve ser a base de todo o marketing:

---

17 http://www.thefreedictionary.com/love.
18 Autry *op cit*, p. 19.
19 Tim Sanders, *Love Is the Killer App: How to Win Business and Influence Friends*, Crown Business, 2002.

Na Saatchi & Saatchi, nossa busca do Amor e do que isso poderia significar para os negócios tem sido focada e intensa. Seres humanos precisam de amor. Sem isso, eles morrem. Amor é sobre responder, sobre percepção delicada e intuitiva. O amor é sempre uma mão dupla. Quando não é, não faz jus ao seu nome. Amor não pode ser comandado ou exigido. Ele só pode ser dado.[20]

Copyrights, trademarks, servicemarks e, agora, *lovemarks*, diz Roberts. É assim que as marcas mais fortes institucionalizarão sua distinção não copiável das marcas concorrentes. Isso é mais do que uma mudança radical. É uma mudança planetária. Uma mudança cósmica. Ela está tão distante da teoria de marketing do passado quanto as mensagens instantâneas estão da era Vitoriana de escrever cartas.

O Que é uma Empresa Humanizada?

Considere as palavras *carinho, amor, alegria, autenticidade, empatia, compaixão, emotividade,* e outros termos de afeto.

Até recentemente, tais palavras não tinham lugar no mundo dos negócios. Isso está mudando. Hoje, um número crescente de empresas confortavelmente adota esses termos. É por isso que cunhamos a expressão "*firms of endearment*", ou Empresas Humanizadas. De maneira simples, Empresa Humanizada é uma empresa que se *torna amada* pelos *stakeholders* ao trazer os interesses de todos os grupos de *stakeholders* para alinhamento estratégico. Nenhum grupo se beneficia em detrimento de qualquer outro, e cada um prospera como os outros prosperam. Estas empresas atendem às necessidades funcionais e psicológicas de seus *stakeholders* de maneira que os encantam e produzem afeto e lealdade à empresa.

Durante os anos 1990, a expressão "*share of wallet*" (fatia da carteira) se popularizou entre os profissionais de marketing, tornando-se o foco principal da abordagem chamada Gestão de Relacionamento com

---

20 Kevin Roberts, *Lovemarks: The Future Beyond Brands*, PowerHouse Books, New York, 2004, p. 49.

o Cliente (*Customer Relationship Management* – CRM). No entanto, o termo denotava uma visão emocionalmente árida, largamente impessoal e quantitativa dos clientes. Para a esmagadora maioria das empresas, CRM era mais uma maneira de mirar melhor e explorar mais profundamente os clientes através do gerenciamento de dados do que atender as suas necessidades de maneira empática. Em vez de gerenciamento de relacionamento com o cliente, teria sido mais correto chamá-lo de gerenciamento de *dados* do cliente.

As Empresas Humanizadas acreditaram em uma ideia diferente; elas batalham por *share of heart* (fatia do amor). Ganhe um lugar no coração do cliente e ele terá prazer em oferecer-lhe uma fatia maior de sua carteira. Faça o mesmo para um empregado e ele devolverá com um salto quântico em produtividade e trabalho. Conecte-se *emocionalmente* com seus fornecedores e colha os benefícios de ofertas superiores e agilidade. Dê às comunidades nas quais opera razões para que sintam orgulho da sua presença e desfrute de uma fonte fértil de clientes e funcionários. (É claro, a expressão "*share of heart*" sugere que existe uma quantidade fixa de amor e carinho para ser dividida entre os requerentes. Na realidade, não existe tal limite, como sugere a expressão "O amor não é uma pizza".)

E o que dizer de acionistas? Com exceção, talvez, dos operadores de *day trade* e outros especuladores de curto prazo, a maioria dos acionistas provavelmente gosta de se sentir bem em relação às empresas nas quais investe. Eles querem boa rentabilidade, mas também têm prazer em investir em empresas que realmente admiram. A maioria não quer apoiar empresas moralmente questionáveis.

Não menos importantes, investidores institucionais como os fundos de doações de universidades e fundos de pensão têm se tornado cada vez mais conscientes do caráter moral das empresas em que investem; testemunhe a tendência de rápido crescimento na direção de investimentos sustentáveis, responsáveis e de impacto.

Infelizmente, a esmagadora maioria das empresas hoje não pode ser descrita como empresas humanizadas. Muitas desfrutaram do sucesso no passado, mas encontram-se cada vez mais vulneráveis e criticadas por todos os lados. Essas empresas estão sob pressão crescente hoje, enquanto suas concorrentes Empresas Humanizadas permanecem resolutas com todos os seus grupos de *stakeholders* e se destacam nos mercados de capitais. A mensagem deste livro é clara e simples: desde que haja uma boa gestão (nenhuma quantidade de correção moral pode salvar uma empresa mal gerida), *empresas amadas tendem a ser empresas duradouras.*

Empresas Humanizadas compartilham um conjunto distinto de valores centrais, políticas e atributos operacionais. Aqui está uma amostra:

- Elas subscrevem a um propósito de existência que é diferente de e vai além de ganhar dinheiro.
- Elas *alinham* ativamente os interesses de todos os grupos de *stakeholders*, não apenas os contrapõem (*trade-off*). Em vez de optar pelos interesses de um grupo em detrimento de outro (por exemplo, maiores salários para os empregados versus maiores lucros para os investidores ou preços mais baixos para os clientes), elas criam modelos de negócios em que os objetivos de cada *stakeholder* podem ser atendidos simultaneamente e, de fato, são reforçados por outros *stakeholders*. A chave para este "arranjo harmonioso" é que as atividades das Empresas Humanizadas são executadas dentro de um sistema que permite o alinhamento ativo dos interesses de *stakeholders*. O Whole Foods Market, por exemplo, captura esta ideia formalmente em sua "Declaração de Interdependência", que reconhece a ideia de que grupos de *stakeholders* constituem uma família cujos membros dependem um do outro.
- Os salários dos executivos são relativamente modestos. Em um ano típico, o salário do cofundador e ex-CEO da Costco Jim Senegal foi de 350 mil dólares, mais um bônus de 200 mil. Por outro lado, o CEO médio de uma empresa de capital aberto comparável recebeu US$14,2 milhões de remuneração total em 2012.
- Elas operam no nível executivo com uma política de portas abertas. Por exemplo, quando a Honda tem um grande problema, ela implementa o *waigaya* – suspensão temporária de protocolos

EMPRESAS HUMANIZADAS

sociais baseados na hierarquia, tornando possível que trabalhadores dos degraus mais baixos apresentem pessoalmente uma proposta de solução para os mais altos executivos envolvidos. A Harley-Davidson tem uma política semelhante, mas menos cerimonial: qualquer empregado, em qualquer dia, tem acesso aos mais altos executivos da empresa.

- A remuneração de empregados e benefícios são significativamente maiores do que o padrão para a categoria da empresa. Por exemplo, os salários e benefícios da Trader Joe's no primeiro ano para os funcionários de tempo integral são o dobro da média dos EUA para os empregados do varejo.
- Elas dedicam muito mais tempo do que os seus concorrentes ao treinamento de empregados. Por exemplo, no primeiro ano, os funcionários da The Container Store recebem uma média de 263 horas de treinamento contra a média de oito horas da indústria do varejo.
- A rotatividade de empregados é muito inferior à média da indústria. Por exemplo, a rotatividade de funcionários da Southwest Airlines é metade da de outras grandes companhias aéreas.
- Elas empoderam os funcionários para garantir que os clientes saiam de todas as interações plenamente satisfeitos. Por exemplo, um empregado da Wegmans Food Markets certa vez mandou um chef para a casa de um cliente para solucionar o engano desse cliente e preparar a refeição do Dia de Ação de Graças. (Sim, a Wegmans emprega chefs, alguns deles de restaurantes cinco estrelas.)
- Elas fazem um esforço consciente para contratar pessoas que são apaixonadas pela empresa e seus produtos. Por exemplo, a Patagonia tenta apenas contratar pessoas apaixonadas pela natureza. Whole Foods Market tenta atrair tantos funcionários quanto possível das fileiras dos "*foodies*" (aficionados por comidas e bebidas).
- Elas conscientemente humanizam a experiência da empresa para clientes e empregados, além de criar um ambiente de trabalho acolhedor. Por exemplo, o Google fornece refeições gourmet gratuitas a qualquer hora para todos os funcionários.

- Elas projetam uma paixão genuína pelos clientes, e conectam-se emocionalmente com eles em um nível profundo. Ao ganhar uma fatia maior do coração dos clientes, ganham uma fatia maior de suas carteiras. A Nordstrom, por exemplo, é lendária por seu compromisso com extraordinário serviço ao cliente.

- Seus custos de marketing são muito mais baixos do que os de seus pares da indústria, enquanto satisfação e retenção de clientes são muito mais elevados. Por exemplo, a Jordan's Furniture gasta menos de um terço dos padrões da indústria em marketing e publicidade, enquanto gera as maiores vendas do setor por metro quadrado, que são mais de cinco vezes o padrão da indústria. O Google construiu uma das marcas mais valiosas do mundo sem qualquer publicidade.

- Elas veem os seus fornecedores como verdadeiros parceiros e colaboram com eles para fazer com que todos progridam. Elas ajudam os fornecedores a alcançarem níveis mais elevados de produtividade, qualidade e rentabilidade. Fornecedores, por sua vez, funcionam como verdadeiros parceiros, não como serviçais subalternos e aborrecidos. Por exemplo, dizem que a Honda *casa com os fornecedores para a vida toda*. Uma vez que um fornecedor tenha sido admitido na família Honda de fornecedores, a empresa faz tudo o que pode para ajudá-lo a melhorar a qualidade e se tornar mais rentável.

- Elas honram o espírito das leis, em vez de simplesmente seguir a letra da lei. Elas aplicam padrões operacionais consistentemente altos em todo o mundo, independentemente de requisitos locais, que podem ser consideravelmente menos rigorosos. Por exemplo, a política da IKEA é que se leis mais rigorosas em matéria de produtos químicos e outras substâncias são impostas em um país onde ela faz negócios, todos os fornecedores de todos os países devem estar em conformidade com essas leis.

- Elas consideram que a sua cultura corporativa é o seu maior patrimônio e principal fonte de vantagem competitiva. Por exemplo, a Southwest Airlines elegeu um "Comitê de Cultura", encar-

EMPRESAS HUMANIZADAS

regado de sustentar e fortalecer a cultura única da empresa.

- Suas culturas são resistentes a pressões acidentais, de curto prazo, mas também se provam capazes de adaptação rápida quando necessário. Como resultado, elas normalmente são as inovadoras e quebradoras das convenções dentro de suas indústrias. Stonyfield Yogurt evita a publicidade tradicional, por exemplo, contando apenas com campanhas criativas de mídia social.

Embora dados financeiros certamente sejam importantes na análise da força e desempenho passado de uma empresa, indicadores qualitativos são ainda mais importantes para avaliar as suas perspectivas futuras. Na verdade, arriscaríamos dizer que, em muitos casos, fatores qualitativos podem ser mais reveladores do que fatores quantitativos em traçar o quadro de performance futura de uma empresa.

Stakeholders de Empresas Humanizadas

Este livro está organizado em torno dos cinco principais *stakeholders* das corporações modernas. Como uma ferramenta de memória, nós as listamos na Tabela 1.1 criando o acrônimo *"SPICE"*, que significa tempero.

Tabela 1.1 Os cinco principais *stakeholders* das corporações modernas

Stakeholder	Definição
Sociedade	Comunidades locais e mais amplas, bem como os governos e outras instituições sociais, especialmente as organizações não governamentais (ONGs); incluímos também o meio ambiente como parte deste grupo
Parceiros	Parceiros a montante, como os fornecedores, parceiros horizontais e parceiros a jusante, como os varejistas e distribuidores
Investidores	Acionistas individuais e institucionais, bem como credores
Clientes	Clientes individuais e organizacionais
Empregados	Empregados atuais, futuros e passados, e suas famílias

Como a Figura 1.1 mostra, cada *stakeholder* está ligado a todos os outros. Como em qualquer boa receita, os ingredientes se unem para formar algo completamente novo; o todo é maior do que a soma das partes.

Figura 1.1 O modelo de *stakeholder* SPICE

Cada uma dessas relações é uma peça essencial do quebra-cabeça, e cada uma deve ser gerida das seguintes formas:

- Há um fluxo bidirecional de valor entre as duas partes do relacionamento.
- Os interesses de todas as partes estão alinhados.

Esta é a essência de uma grande gestão. É pelo que todas as empresas devem se empenhar. É a maneira de maximizar o retorno para a sociedade de todos os investimentos que fluem para todas as organizações. É o estilo das *Empresas Humanizadas*.

Identificando as Empresas Humanizadas do Estudo Inicial

A maioria dos estudos de excepcionalismo corporativo (ou "grandeza", para usar o termo de Jim Collins) começa com o desempenho financeiro e trabalha retroativamente para identificar as causas ou antecedentes.

Nós começamos com a performance humanística – atender às necessidades de *stakeholders* que não os acionistas – e trabalhamos daí em diante.

Descrevemos o processo de identificação das empresas para a primeira edição deste livro como "orgânico e analógico". Estávamos interessados em identificar uma amostra representativa de empresas que atendessem aos nossos critérios humanísticos. Não realizamos simplesmente uma análise estatística de uma infinidade de empresas em busca daquelas cuja performance financeira apoiasse a hipótese de que Empresas Humanizadas podem ser bem-sucedidas enquanto fazem o bem. Além disso, não queríamos excluir as empresas privadas de nossa análise, já que acreditamos que algumas das empresas mais bem administradas de uma perspectiva de stakeholder são de capital fechado.

O que fizemos foi pedir às pessoas: "Conte-nos sobre algumas empresas que você *ama*. Não apenas gosta, mas ama". Esse processo gerou centenas de empresas candidatas, muitas bem conhecidas e muitas outras que nunca havíamos ouvido falar. Em seguida, passamos todas por um processo de seleção que avaliou o desempenho quantitativo e qualitativo de cada uma para cada um dos *stakeholders* SPICE. Também sondamos as vulnerabilidades, fazendo perguntas como: será que a maioria das pessoas diria que o mundo é um lugar melhor porque esta empresa existe? Quão extenso é o histórico que construíram? Elas têm clientes extremamente leais? Quão bem elas tratam os seus funcionários que trabalham meio período? A rotatividade de empregados é alta? Elas têm fama de espremer seus fornecedores? As comunidades as recebem bem ou se opõem a elas quando tentam entrar no mercado ou se expandir? Elas têm registro de infrações ambientais? Elas seguem uniformemente altos padrões de conduta em todo o mundo? Como elas responderam às recessões ou crises de confiança da indústria?

Escolhemos cerca de 60 das empresas mais promissoras que se destacaram na nossa pesquisa exploratória e designamos equipes de estudantes de MBA para avaliá-las. Orientamos as equipes para conduzirem pesquisas secundária e primária (através de entrevistas com os executivos, empregados, clientes, entre outros) nas empresas, abrangendo todos os principais grupos de *stakeholders*: clientes, colaboradores, fornecedores, comunidades, governos e investidores. Quando cada projeto era finalizado pela equipe designada, os resultados eram ponderados pelos outros times para avaliar até que ponto uma empresa se qualificava como amada por seus *stakeholders* (ou seja, poderia ser chamada de empresa humanizada).

Os projetos foram concluídos em um período de dois anos. Algumas empresas foram analisadas várias vezes. No final, escolhemos 28 empresas, 18 das quais de capital aberto.

Entendemos, é claro, que nenhuma dessas empresas é perfeita; cada uma tem áreas nas quais é relativamente fraca ou, até certo ponto, vulnerável. Geralmente, essas fraquezas estão confinadas a um, ou no máximo dois, grupos de *stakeholders*. De modo geral, no entanto, julgamos que as empresas selecionadas são bastante exemplares de maneiras significativas. Uma vez que havíamos selecionado 28 empresas que considerávamos manifestar um elevado padrão de desempenho humanístico, procedemos a uma análise comparativa detalhada das companhias do ponto de vista dos investidores. Nossa hipótese nesta fase era de que essas empresas provavelmente desempenhavam melhor do que a empresa "média", mas geralmente não por muito. Afinal de contas, elas pagam seus empregados excepcionalmente bem, não espremem seus fornecedores, fornecem excelentes produtos e experiências a preços justos para os clientes, são conscientes do seu impacto ambiental, e gastam recursos significativos na comunidade – certamente, tudo isso deveria levar a uma redução dos lucros e, portanto, do preço das ações. Como somos constantemente lembrados, não existe almoço grátis, certamente não no mundo corporativo.

Imaginem a nossa surpresa, então, quando completamos nossa análise dos investidores. Estas empresas tão amadas (aquelas que eram publicamente negociadas) superaram o S&P 500 por margens imensas, ao longo de horizontes de tempo de dez, cinco e três anos. De fato, **as Empresas Humanizadas de capital aberto deram retorno de 1.026% para os investidores ao longo dos 10 anos encerrados em 30 de junho de 2006, em comparação a 122% para o índice S&P 500; isso é mais do que uma relação de 8 para 1!**

Se esta não é uma história que nos faça "sentir bem", não sabemos o que é. Na verdade, ela é muito mais do que isso – é profundamente inspiradora. Aparentemente, essas empresas descobriram que não apenas você pode ter o seu bolo e comê-lo, mas também pode dar um pouco para seus amigos, doar um pouco para a caridade e ajudar a apoiar a escola de culinária local. Como é que essas empresas podem ser tão generosas com todos os que lhes custam dinheiro (clientes, empregados, fornecedores, comunidades) e ainda entregar retorno superior (alguns diriam espetacular) para os investidores? **A resposta para esta importante questão é o tema deste livro.**

Empresas Humanizadas vs. Empresas Feitas para Vencer (Good to Great)

Estávamos interessados em mais uma comparação. O best-seller de Jim Collins, *Empresas Feitas para Vencer – Good to Great* (Campus, 2002), identificou 11 empresas descritas como indo de "boas" a "excelentes" por terem apresentado resultados superiores aos investidores por um longo período de tempo (cada empresa entregou retornos acumulados pelo menos três vezes maiores que o mercado ao longo de um período de 15 anos). Nós comparamos o nosso conjunto de Empresas Humanizadas de capital aberto com as 11 *Empresas Feitas para Vencer*. Isto é o que descobrimos:

- Ao longo de um horizonte de dez anos, as 13 Empresas Humanizadas superaram as empresas *Good to Great* em 1.026% contra 331% (uma razão de 3 para 1).

- Em cinco anos, as 17 Empresas Humanizadas superaram as empresas *Good to Great* em 128% contra 77% (na proporção de 1,7 para 1).
- Ao longo três anos, as 18 Empresas Humanizadas tiveram desempenho no mesmo nível de performance das empresas *Good to Great*: 73% contra 75%.

Note que nenhuma das empresas *Good to Great* atingiu nossa nota de corte, embora uma (Gillette, que foi adquirida pela Procter & Gamble) tenha chegado bem perto. Nós também temos uma discordância semântica com esse livro quando se trata de definir "excelente". Para nós, uma empresa excelente é aquela que espalha alegria e satisfação, e faz do mundo um lugar melhor por existir, não simplesmente uma empresa que supera o mercado por uma determinada porcentagem durante certo período de tempo. Pelos nossos critérios, então, uma empresa como a Altria (antiga Philip Morris e uma das empresas em *Good to Great*) não pode ser considerada "excelente", embora possa ter desempenhado generosamente para os investidores. Com uma contabilização mais ampla, em termos de sociedade, o valor da Altria é consideravelmente diminuído, talvez até mesmo negativo.

Empresas excelentes sustentam sua performance superior ao longo do tempo para os investidores, mas, igualmente importante em nossa opinião, para seus empregados, clientes, fornecedores e sociedade em geral. Estamos confiantes de que as empresas sobre as quais você vai ler neste livro resistirão ao teste do tempo.

Se você estiver em busca de uma carreira significativa e profundamente gratificante, dê uma olhada nas oportunidades que essas empresas oferecem. Se você é um cliente potencial, compare as ofertas delas com as de outras empresas. Se você tem um negócio, considere fazer uma parceria com elas. Se você representa uma comunidade, tente atraí-las para a sua vizinhança. Se você é um professor de administração, transmita esta mensagem contundente aos seus alunos. Nós não achamos que você vai se decepcionar.

Selecionando Empresas para a Segunda Edição

A primeira edição de *Firms of Endearment* utilizou o que reconhecemos como um processo um tanto subjetivo para identificar empresas que acreditamos serem boas representantes dessa maneira de ser. Desta vez, queríamos trazer maior rigor ao processo de seleção. Queríamos também ampliar a nossa lente para incluir mais empresas fora dos setores de varejo e produtos de consumo, bem como mais empresas internacionais. Nossa busca de como poderíamos fazer isso se encerrou, levando-nos de volta aos amigos que estiveram conosco nesta jornada desde o início, incluindo Rick Frazier, Jeff Cherry e Peter Derby. Inspirados pela visão e pelas histórias da primeira edição, Rick, Jeff e Peter começaram a trabalhar em um processo de pesquisa de investimento logo depois que o livro foi publicado em 2007. Após investir uma grande quantidade de tempo, energia e dinheiro ao longo dos últimos seis anos, eles produziram o que é indiscutivelmente o processo orientado por dados mais abrangente para a identificação de empresas norte-americanas que são guiadas por um sistema operacional *multistakeholder*. (O Apêndice B inclui informações adicionais sobre o processo de pesquisa como parte de uma entrevista que realizamos com Rick Frazier, sócio-fundador da Concinnity Advisors, LP.)

Como primeiro passo, pedimos que a Concinnity Advisors, LP nos fornecesse uma lista de empresas que tivessem pontuado relativamente bem com todos os *stakeholders* de modo a serem candidatas para investimento em *cada um* dos últimos cinco anos. Acreditamos que é importante que as empresas demonstrem consistência e estabilidade ao longo do tempo na sua abordagem aos *stakeholders*.

Isso rendeu um conjunto de 64 empresas norte-americanas de capital aberto nos últimos cinco anos. Também olhamos seletivamente empresas que tivessem desempenhado bem em quatro dos últimos cinco anos, em especial nos quatro anos mais recentes.

Em seguida, aplicamos filtros qualitativos adicionais às empresas selecionadas. Primeiro, olhamos o propósito. A empresa recebeu uma pontuação elevada neste quesito se ela tinha um propósito bem articulado e autenticamente vivido que fosse além da maximização do lucro. Empresas receberam pontuações mais baixas se o propósito era desarticulado, mas ainda vivido, ou se o propósito era articulado, mas não claramente manifestado. Empresas que não tinham um propósito maior articulado e não manifestaram um foram rejeitadas com base nesse critério.

Usamos uma abordagem semelhante para olhar a liderança da empresa. A empresa recebeu uma pontuação elevada se tinha um CEO orientado por propósito, focado no serviço e razoavelmente pago. Empresas com líderes autocráticos e excessivamente bem remunerados foram rejeitadas com base nesse critério. Por último, procuramos por evidências de que as empresas tinham culturas que eram enraizadas em confiança, afeto e autenticidade. Empresas com culturas abertamente competitivas, baseadas no medo e não colaborativas foram rejeitadas.

Esta combinação de abordagens quantitativa e qualitativa resultou em um conjunto de 28 empresas norte-americanas de capital aberto que consideramos serem empresas humanizadas.

É claro, uma importante advertência se aplica a todas essas empresas. Assim como não há seres humanos perfeitos, não há empresas perfeitas. Todas as empresas podem ser criticadas por alguns por uma deficiência percebida em determinadas áreas. Mas, considerando todos os aspectos, nos sentimos muito confiantes no conjunto de empresas que identificamos, e antecipamos que suas fortes culturas afetivas lhes permitirá continuar a operar desta forma por um longo tempo. Também é importante salientar que os nossos dados de *stakeholders* dessas empresas abrangem os anos de 2008-2012. Isso fornece um período de tempo longo o suficiente para que sejamos capazes de afirmar com alguma segurança que estas empresas tendem a continuar operando desta maneira no futuro.

Mas não garante que todas essas empresas operavam com uma orientação para *stakeholders* antes de 2008, embora acreditemos que era o caso para a maioria delas.

Embora tenhamos usado estudos de caso e algumas entrevistas pessoais para triar qualitativamente as empresas de capital aberto norte-

-americanas identificadas através do sistema de pontuação da Concinnity Advisors, tivemos que confiar inteiramente na abordagem de estudo de caso a fim de identificar um conjunto de empresas humanizadas de capital fechado, já que não tínhamos acesso a um banco de dados semelhante às de capital aberto. Além disso, o universo de empresas de capital fechado é muito maior do que o das de capital aberto, tornando o desafio de selecionar um pequeno conjunto delas ainda maior. Nossa abordagem foi distinguir um conjunto de empresas que pareciam incorporar essas virtudes, sem alegarem serem as únicas ou as *melhores*. Incluímos 29 delas em nossa lista. Na maioria dos casos, temos experiência direta com essas companhias exemplares e podemos atestar o seu profundo compromisso com os princípios fundamentados nesta maneira de fazer negócios e de estar presente no mundo.

Seguimos um processo semelhante para identificar um conjunto de 15 empresas não americanas, que inclui 13 empresas de capital aberto e duas de capital fechado. Nosso objetivo aqui era demonstrar que um conjunto diversificado de empresas de múltiplas geografias compartilham um compromisso com esta filosofia de negócio. A lista inclui empresas do Japão, Coreia do Sul, Índia, Dinamarca, França, Espanha, Suécia e México.

A Tabela 1.2 lista todas as empresas que estão incluídas nestas várias categorias.

Tabela 1.2 As Empresas Humanizadas

Empresas Americanas de Capital Aberto	Empresas Americanas de Capital Fechado	Empresas Não Americanas
3M	Barry-Wehmiller	BMW (Alemanha)
Adobe Systems	Bon Appetit Management Co.*	Cipla (Índia)
Amazon.com	Clif Bar	fabIndia (Índia - privada)
Autodesk	Driscoll's	FEMSA (México)
Boston Beer Company	GSD&M Idea City	Gemalto (França)

CarMax	Honest Tea*	Honda (Japão)
Chipotle	IDEO	IKEA (Suécia - privada)
Chubb	Interstate Batteries	Inditex (Espanha)
Cognizant	Jordan's Furniture*	Mahindra & Mahindra (Índia)
Colgate-Palmolive	L.L. Bean	Marico (Índia)
Costco	Method	Novo Nordisk (Dinamarca)
FedEx	Millennium Oncology*	POSCO (Coreia do Sul)
Google	New Balance	TCS (Índia)
Harley-Davidson	Patagonia	Toyota (Japão)
IBM	Prana	Unilever (Reino Unido)
J. M. Smucker	REI	
Marriott International	SAS Institute	
MasterCard Worldwide	SC Johnson	
Nordstrom	Stonyfield Yogurt*	
Panera	TDIndustries	
Qualcomm	The Container Store	
Schlumberger	The Motley Fool	
Southwest Airlines	Timberland*	
Starbucks	TOMS	
T. Rowe Price	Trader Joe's*	
United Parcel Service	Union Square Hospitality Group	
Walt Disney	USAA	
Whole Foods Market	Wegmans	
	WL Gore	

* Estas empresas são subsidiárias autônomas de outras empresas, e operam essencialmente como empresas de capital fechado.

Finalmente, é importante ressaltar que todas essas empresas se encontram em diferentes estágios na sua evolução para se tornarem empresas humanizadas. Algumas delas têm estado neste caminho desde o início, o que, em muitos casos, foi há mais de 100 anos. Outras, apenas recentemente descobriram esta abordagem de negócio e agora estão se movendo conscientemente nessa direção. Um terceiro subconjunto de companhias nasceu desta maneira, perdeu o rumo por um tempo após abrir o capital e, em algum momento, reconectou-se com suas raízes, redescobriu sua alma, e tornou-se uma empresa humanizada ou empresa consciente novamente.

O Apêndice A fornece descrições resumidas de todas as empresas incluídas na tabela anterior. Exemplos de práticas de muitas delas estão incluídas ao longo do livro.

Como a Tabela 1.3 indica, as empresas humanizadas superaram significativamente o desempenho de mercado em todos os intervalos de tempo, que variam de três a 15 anos. Elas também tiveram desempenho muito superior às empresas citadas no livro *Good to Great* ao longo dos últimos 10 e 15 anos.

Tabela 1.3 Desempenho financeiro:

Resultado acumulado	15 anos	10 anos	5 anos	3 anos
Empresas Humanizadas americanas	1681,11%	409,66%	151,34%	83,37%
Empresas Humanizadas internacionais	1180,17%	512,04%	153,83%	47,00%
Empresas Good to Great	262,91%	175,80%	158,45%	221,81%
Índice S&P 500	117,64%	107,03%	60,87%	57,00%

O Contrato Tácito que as Empresas Humanizadas Honram

No início da carreira, um de nós (Wolfe) possuía uma empresa que administrava comunidades com adesão obrigatória às associações de condôminos. Um dia, um fato perturbador nos atingiu no meio da testa: nossos síndicos mais tecnicamente competentes nem sempre eram tão bem-sucedidos na renovação dos contratos quanto aqueles com habilidades técnicas menos desenvolvidas.

Realizamos uma pesquisa com conselhos de diretores dos condomínios na esperança de resolver esse mistério. A equipe de pesquisa voltou com uma visão surpreendente: tínhamos *dois* contratos com cada conselho – um *legal* e um *emocional*. A equipe de pesquisa nos disse: "Você pode ser completamente fiel ao contrato legal, mas não é provável que ele seja renovado se o contrato emocional não for satisfeito. Por outro lado, se você satisfizer o contrato emocional, os conselheiros lhe darão uma colher de chá no contrato legal".

De clientes e funcionários a fornecedores, parceiros, acionistas e comunidade, o espectro completo dos *stakeholders* de uma empresa está ligado a ela através destes dois contratos:

- **Contrato legal** – Este contrato é normalmente explícito e baseado em critérios de desempenho *quantitativos* estabelecidos por jurisprudência, bem como representações por uma empresa e seus agentes por escrito, comunicações orais e ações.
- **Contrato emocional** – Este contrato é geralmente implícito ou tácito e baseado em critérios de desempenho *qualitativos* estabelecidos pelos *stakeholders* na forma de expectativas que refletem seus valores morais e éticos, e seus desejos empíricos – o que eles querem experimentar e o que eles querem evitar experimentar.

O ex-professor do MIT Sloan School of Management Edgar H. Schein, escrevendo sobre o contrato explícito ou legal e o contrato implícito ou emocional (que ele chamou de "contrato psicológico"), sugeriu que, a menos que os termos do contrato psicológico sejam intuitivamente compreendidos por todos, relacionamentos de longo prazo não são possíveis e o atrito é provável no curto prazo.[21]

Muito provavelmente, uma das causas mais comuns de mortalidade corporativa é a quebra do contrato emocional. Quando o contrato emocional é flagrantemente quebrado, os clientes param de comprar, a produtividade dos trabalhadores declina, os fornecedores se tornam

---

21 Edgar H. Schein, *Organizational Psychology*, Englewood Cliffs, NJ, Prentice Hall.

menos responsivos, os parceiros desistem, os acionistas vendem suas ações, e o apoio da comunidade evapora.

Empresas gastam grandes somas se fortalecendo e se defendendo de desafios legais de vários *stakeholders*, aparentemente sem perceber que as raízes de uma reivindicação podem estar em uma violação do contrato emocional. As pessoas não processam pessoas ou organizações pelas quais sentem afeto – ou como Kevin Roberts diria: "que elas amam".

Toro, a gigantesca fabricante de cortadores de grama e sopradores de neve, descobriu que oferecer o melhor no contrato emocional poderia diminuir litígios por danos pessoais. Os executivos da Toro acreditava que processos por danos pessoais eram inevitáveis, dada a natureza de seus produtos. Mas, em meados dos anos 1990, essa crença foi abandonada. Os representantes da empresa começaram a fazer contato pessoal com os clientes feridos em acidentes com seus equipamentos. Eles manifestavam seu pesar, transmitiam a simpatia da companhia e sugeriam que, se não se chegasse a um acordo imediato, a arbitragem poderia ser melhor e menos desgastante do que ir ao tribunal. A empresa utilizou assistentes jurídicos não ameaçadores, conselheiros experientes neste tipo de acordo e mediadores familiarizados com a preferência da Toro por resoluções breves. Em meados de 2005, a Toro estimava ter economizado US$ 100 milhões em custos de litígio, uma vez que começou a sua abordagem não agressiva e emocionalmente sensível para evitar litígios em 1994. Ela não foi ao tribunal por um único caso de acidente – um recorde realmente incrível para uma empresa que constrói equipamentos perigosos que caem em incontáveis mãos descuidadas todos os finais de semana do ano.[22]

Amul Dairy Products, uma das marcas mais conhecidas na Índia, é uma empresa muito amada que entende o contrato tácito que tem com os clientes. Dr. Varghese Kurien, presidente da Federação Nacional de Cooperativas de Laticínios da Índia, observou na celebração do 50º aniversário da empresa: "Se a Amul tornou-se uma marca de sucesso... então, é porque temos honrado o nosso contrato com os consumidores por

---

22 Ashby Jones, "House Calls", *Corporate Counsel*, 1o de outubro de 2004.

quase 50 anos. Se tivéssemos falhado em fazê-lo, a Amul teria sido jogada na lata de lixo da história, juntamente com milhares de outras marcas".

Empresas Humanizadas entendem que suas operações de negócios são moldadas tanto por contratos escritos como por não escritos. Como parceiros em um casamento bem-sucedido, elas sabem que o não cumprimento do contrato emocional com o cliente significa o fim da lealdade do cliente.

O Estilo das Empresas Humanizadas

Empresas Humanizadas têm uma ampla visão de mundo. Em vez de ver o mundo em termos constritivos, estreitos, elas veem suas infinitas possibilidades positivas.

Elas acreditam profundamente na possibilidade de uma maré alta que levanta todos os barcos. Diante de uma ameaça competitiva, elas não procuram reduzir preços, custos e empregados, mas agregar maior valor.

Empresas Humanizadas são banhadas no fulgor da sabedoria perene. Sua "suavidade" em um mundo difícil não vem porque elas são fracas ou lhes falta coragem, mas a partir de autoconhecimento, maturidade psicológica e magnanimidade da alma de seus líderes. Estas empresas são vigorosas e determinadas na defesa de seus princípios. Líderes de Empresas Humanizadas têm a coragem de defender e agir de forma decisiva em suas convicções: Jeff Bezos na Amazon, Jim Sinegal na Costco, Jim Goodnight no SAS Institute, Sergey Brin e Larry Page no Google, Barry e Eliot Tatelman em Jordan's Furniture, Jim e Anne Davis na New Balance, Herb Kelleher na Southwest, Jeff Swartz na Timberland, John Mackey e Walter Robb no Whole Foods, Kip Tindell em The Container Store, Ron Shaich na Panera, Bob Chapman em Barry-Wehmiller, Danny Meyer no Union Square Hospitality Group, Yusuf Hamied na Cipla, Terri Kelly em W.L. Gore — e a lista continua. Esses líderes de Empresas Humanizadas construíram extraordinárias empresas transformadoras da indústria, apesar da censura de alguns críticos de Wall Street que, involuntariamente, encaram seu "capitalismo com uma feição humana" como uma ameaça para os interesses dos acionistas. A visão de que a vantagem competitiva pode ser adquirida através de um modelo de negócio em que todos os *stakeholders* agregam valor e são beneficiados pelos ganhos de valor simplesmente vai contra a visão de muitos analistas. Tais críticos são fundamentalmente míopes; eles tendem a ver quaisquer *stakeholders* que não os acionistas como sumidouros de valor, em vez de um conjunto mais amplo e profundo de recursos que podem ser alavancados para criar ainda mais valor do que uma empresa poderia criar quando os trata meramente como um meio para o fim supremo de maximizar os retornos dos acionistas.

Para estarem melhor preparados para fazer negócios no século XXI, os executivos, especialmente aqueles de empresas que são líderes em suas categorias, fariam bem em se fazer o questionamento existencial definitivo: "Por que estamos aqui?" Eles deveriam ponderar tais proposições não tradicionais (no negócio), como: "Não estamos aqui apenas para enriquecer os investidores; não temos nenhuma licença culturalmente legitimada para corromper mentes, corpos e o meio ambiente; não podemos justificar sob a rubrica de ações do capitalismo que são destinadas a tentar, seduzir e enganar os clientes a fazerem o que pode prejudicá-los; não temos o direito, sob nenhum credo legítimo, de desumanizar os empregados ou espremer a vida financeira de fornecedores com exigências descabidas".

Como fazem os líderes das Empresas Humanizadas, empresas de todo tipo e tamanho deveriam, conscientemente, moldar suas culturas em torno da ideia de que estamos aqui para ajudar os outros a viverem suas vidas com maior satisfação, para espalhar alegria e bem-estar, para elevar e educar, e para ajudar funcionários e clientes a realizarem seu potencial natural. Como líderes em empresas – e outras instituições de propósito público – é demais aceitar como seu mandato a obrigação de ouvir e ver, abrir olhos e mentes, ajudar pessoas a focarem no que é mais importante? Esses sentimentos estão capturados em nossas próprias palavras, mas eles são os sentimentos da liderança em todos os negócios verdadeiramente grandiosos.

Se as Empresas Humanizadas podem ser descritas por alguma característica, essa é que elas possuem uma alma humanística. É das profundezas dessa alma que sua determinação de prestar serviço incomum para todos os *stakeholders* flui. Essas empresas estão imbuídas com a alegria de servir – a comunidade, a sociedade, o meio ambiente, os clientes, os colegas. Os líderes dessas grandes empresas, como nós definimos "grandeza", intuitivamente reconhecem a necessidade inerente que a maioria das pessoas acima do nível de subsistência tem de servir os outros. Essas empresas – seus líderes, suas pessoas – têm a coragem de contrariar tradições consagradas na teoria capitalista. Elas estão tendo sucesso, realmente prosperando, contra todas as probabilidades, em face de regulamentações frequentemente mal concebidas e onerosas, e concorrentes inescrupulosos. Elas estão se agarrando à sua humanidade em face de pressões esmagadoras de curto prazo. Devemos celebrar o seu sucesso, e espalhar a sua mensagem de afeto a seus semelhantes e seu otimismo sem fim por todos os cantos. Escrevemos este livro para fazer exatamente isso.

2

Nova Era, Novas Regras, Novo Capitalismo

Uma sombra escura paira sobre o mundo dos negócios, lançada por uma massa assustadora de clientes, trabalhadores, investidores, fornecedores e outros *stakeholders*. A tolerância com o descaramento executivo se esgotou, exausta com casos como Enron, Tyco, WorldCom, Adelphia Cable, Petrobrás, empresas "X" (Eike Batista) e outros escândalos corporativos multibilionários.

"O negócio da América são os negócios" foi uma declaração feita pelo Presidente Calvin Coolidge nos anos 1920. Se isso for verdade (e não temos certeza de que realmente tenha sido o caso; preferimos dizer que o bem-estar da nação e de seu povo é o negócio da América – e os negócios são uma ferramenta muito importante para realizar isso), então, as tendências recentes sobre a percepção pública de negócio deveriam ser motivo de grande preocupação, já que a instituição do negócio raramente esteve com a credibilidade em um nível tão baixo como atualmente. O jornal *The New York Times* publicou, "a maioria do público... acredita que os executivos são inclinados a destruir o meio ambiente, manipular as contas e forrar seus próprios bolsos".[23]

Várias pesquisas confirmam esta nova e amarga realidade, que não consegue ser superada por nenhuma quantidade de campanhas de relações públicas, por mais astutas que sejam.

- O Instituto Gallup descobriu que a confiança dos americanos nos

---

23 Claudia H. Deutsch, "New Surveys Show That Big Business Has a P.R. Problem", *The New York Times*, 9 de dezembro de 2005.

grandes negócios tem diminuído de forma constante, de cerca de 34% em 1975 para uma baixa histórica de 16% em 2009, recuperando para 19% em 2011.[24]

- Pesquisa da Harris Poll, em 2011, descobriu que 88% dos americanos acham que as grandes empresas têm influência demasiada sobre o governo.[25]

- Uma pesquisa de 2011 da GFK Custom Research North America constatou que 64% dos consumidores norte-americanos estão achando mais difícil confiar nas corporações hoje do que há alguns anos; 55% dizem que será mais difícil para as corporações ganharem a sua confiança no futuro.[26]

- De acordo com o U.S. Yankelovich Monitor de 2011, 79% dos americanos concordam que "os negócios estão muito preocupados com os lucros e não [preocupados] o suficiente com a responsabilidade pública:" 67% acreditam que, "havendo oportunidade, a maioria das empresas se aproveitará do público se sentirem que não serão descobertas".[27] Quando Yankelovich pediu aos americanos para avaliarem a sua confiança nas grandes empresas em uma escala de 0 a 10 em 2004, apenas 4% responderam 9 ou 10.[28]

É tentador colocar a culpa da falência moral nos executivos por apenas algumas maçãs podres que chegam ao topo do barril corporativo. Mas devemos olhar para além dos executivos (C-level) para desvendar com-

---

24 Jeffrey M. Jones, "Americans Most Confident in Military, Least in Congress, GALLUP News Service, 2011. http://www.gallup.com/poll/148163/Americans-Confident-Military-Least-Congress.aspx.
25 Regina Corso, "Big Companies, PACs, Banks, Financial Institutions and Lobbyists Seen by Strong Majorities as Having Too Much Power and Influence on DC", The Harris Poll #65, Harris Interactive, 2011. http://www.harrisinteractive.com/NewsRoom/HarrisPolls/tabid/447/ctl/ReadCustom%20Default/mid/1508/ArticleId/790/Default.aspx.
26 GfK Custom Research North America, "State of Distrust—New Survey Indicates Corporate Trust Waning Among Influential Americans", GfK 2011 Corporate Trust Survey, 2011.
27 The Futures Company, Tom Morley, email para o autor, "State of the Consumer", 2011 U.S. Yankelovich Monitor, 2011.
28 Craig Wood, "2004 Yankelovich State of Consumer Trust: Rebuilding the Bonds of Trust", Yankelovich, Inc., 2004.

pletamente o problema. Lapsos éticos no topo geralmente refletem uma cultura corporativa moralmente pobre, em que o dinheiro é mais importante do que qualquer outra coisa. Conselhos (e investidores também) devem prestar mais atenção às culturas corporativas, pois, parafraseando Winston Churchill: "Nós moldamos a nossa cultura e, posteriormente, ela nos molda".[29] A cultura de uma empresa é uma janela na alma executiva.

Para o bem ou para o mal, o caráter moral da cultura dominante também influencia o comportamento executivo. Em suas vidas, as pessoas geralmente espelham as culturas em que vivem. Isto é verdadeiro tanto no caso de uma adolescente preocupada com a moda como no de um CEO de uma empresa da Fortune 500 dirigindo a sua Lamborghini. Um ethos de ganância e competitividade profundamente arraigado na cultura americana incentiva as pessoas a flexibilizarem as regras para servirem as suas ambições. Isso também pode criar o que o pessoal na Apple Computer denominou de um "campo de distorção da realidade" ao redor de líderes poderosos, carismáticos – uma recusa em reconhecer a realidade como ela é e assumir a responsabilidade pelas consequências de suas ações.[30]

Podemos não ser capazes de legislar a moralidade, como os políticos costumam dizer, mas seria bom para todos nós pensarmos em como podemos moldar a nossa cultura para que, à moda de Churchill, mais de nós – e as empresas com as quais estamos associados – pudéssemos ser remodelados para melhor. Podemos nos perguntar se a nossa cultura valoriza as coisas certas. Será que exigimos das empresas padrões suficientemente elevados ou cinicamente esperamos e aceitamos o comportamento corrompido em algumas das instituições mais poderosas da sociedade como normal? O que é preciso para criar um ambiente

---

29 Quando as discussões para a reconstrução da Câmara dos Comuns, que tinha sido severamente danificada pela guerra relâmpago alemã, estavam em andamento, Winston Churchill vetou propostas para que as consagradas instalações fossem refeitas em grande escala. Ele argumentou que ela deveria ser reconstruída em uma escala íntima, para facilitar os processos democráticos de debate face a face. O grande homem observou: "O homem molda seus edifícios e, posteriormente, eles o moldam".

30 Veja o livro fantástico de Walter Isaacson, *Jobs*, para a descrição e exemplos disso na Apple Inc.

cultural que incentive mais executivos a equilibrarem ambições pessoais com imperativos sociais e, por fim, alinharem os dois?

As respostas a estas perguntas estão sendo gradualmente reveladas na transformação social do capitalismo, que é um evento paralelo ao amadurecimento da sociedade em virtude do envelhecimento das populações.

A Autorrealização do Capitalismo

John Perry, ex-redator de discursos da Casa Branca e editor premiado de vários jornais, vê as ondas turbulentas da mudança nos varrendo como grandes *realinhamentos* em ciência, tecnologia, medicina, educação, artes, religião, economias, demografia, sistemas sociais, governos e instituições, tanto privadas como públicas, no mundo inteiro. A lista não é exaustiva. Perry prossegue dizendo que ele acredita estarmos no meio de um renascimento moral de toda a sociedade:

> Mais convincente de tudo, crenças fundamentais e sistemas de valores estão se realinhando. No cômputo geral, a maioria desses realinhamentos é para o bem. Isto é, aceitando ou não, realmente se tornando um mundo melhor – e, em nenhum momento anterior da história moderna, essa afirmação foi possível.[31]

Apesar do suprimento diário de manchetes em letras maiúsculas chamando a nossa atenção para os sérios delitos em todas as categorias institucionais, a evidência de um renascimento moral percorre a literatura contemporânea. Com mais de 32 milhões de cópias vendidas em formato com capa dura, e traduzido para mais de 50 idiomas, o livro *The Purpose Driven Life* (A Vida Orientada por Propósito), do pastor Rick Warren, é uma obra sobre ter um propósito maior na vida do que indulgenciar o nosso eu mundano, e se tornou um dos livros de não ficção mais vendidos da história.[32] Seu sucesso indica que as pessoas estão mais famintas

---

31 John L. Perry, "What Matters Most", http://www.newsmax.com/archives/articles/2003/6/18/155248.shtml , 18 de junho de 2003.

32 Rick Warren, *The Purpose Driven Life: What on Earth Am I Here For?* Zondervan Publishing, 2002.

do que nunca por uma sensação duradoura de significado em suas vidas. Esta é uma característica que define a Era da Transcendência.

Na categoria de livros sobre negócios, os últimos títulos de "moralidade" incluem obras como *Good Business: Leadership, Flow and the Making of Meaning* (Bom Negócio: Liderança, Fluidez e a Elaboração de Sentido), de Mihaly Csikszentmihalyi; *The Soul of Capitalism: Opening Paths to a Moral Economy* (A Alma do Capitalismo: Abrindo Caminhos para uma Economia Moral), de William Greider; *Libertando a Alma da Empresa* (Cultrix, 1998), de Richard Barrett; e *Compassionate Capitalism: How Corporations Can Make Doing Good an Integral Part of Doing Well* (Capitalismo Compassivo: Como as Empresas Podem Fazer do Bem uma Parte Integral de Fazer Bem), de Karen Southwick e Marc Benioff. Southwick e Benioff especulam sobre como o mundo mudaria para melhor se cada empresa doasse apenas 1% de suas vendas, 1% do tempo de seus funcionários e 1% de suas ações para melhorar as comunidades nas quais atua.[33]

As empresas ainda precisam chegar a um amplo acordo com a influência decadente dos valores materialistas sobre o que as pessoas querem da vida, que é o resultado inevitável de uma sociedade em envelhecimento. Esta é uma mudança sem precedentes que está alterando o cálculo de oferta e demanda de várias maneiras.

O psicanalista Eric Fromm diria que estamos fazendo a transição de uma sociedade *ter* para uma sociedade *ser*. Sociedades "ter" são mergulhadas em egocentrismo e materialismo, enquanto as "ser" têm um foco centrado nos outros, e estão profundamente investidas de elevados valores morais.[34]

Durante um século inteiro, a economia de consumo foi ancorada em um foco materialista de *ter*. Esse foco agora está sendo dissipado

---

33 Mihaly Csikszentmihalyi, *Good Business: Leadership, Flow and the Making of Meaning*, Penguin Group, 2004; William Greider, *The Soul of Capitalism: Opening Paths to a Moral Economy*, Simon & Schuster, 2004; Richard Barrett, *Liberating the Corporate Soul: Building a Visionary Organization*, Butterworth-Heinemann, 1998; e Marc Benioff e Karen Southwick, *Compassionate Capitalism How Corporations Can Make Doing Good an Integral Part of Doing Well*, Career Press, 2004.
34 Erich Fromm, *To Have or To Be?* Bantam Books, 1981.

pelos crescentes desejos de um senso de significado que não pode ser extraído das coisas materiais. Os consumidores ainda podem querer um determinado produto, mas junto com esse produto muitos querem uma experiência diferenciada que conecte com seu *ser* mais maduro. Por exemplo, os compradores na Empresa Humanizada Whole Foods Market pagam de bom grado muito mais do que pagariam por ovos em outro supermercado apenas pela boa sensação de que estão agindo certo em comprar ovos de galinhas criadas ao ar livre.

Obviamente, apetites materiais não estão desaparecendo da sociedade. Valores e comportamentos materialistas são um fato da vida. Os jovens, em especial, sempre terão apetites materialistas substanciais. Eles expressam suas identidades e dão prova de suas realizações e potencial através das coisas materiais que adquirem. Mas a cultura dominante cada vez mais reflete o foco no *ser* que emerge em níveis superiores de maturidade psicológica conforme a excitação de acumular "coisas" diminui.

É difícil enfatizar o significado de um abrandamento do interesse do consumidor em "coisas" para empresas fundamentadas no consumo. Nos EUA, a população adulta pré-meia-idade – que é o segmento mais focado em *ter* – está encolhendo rapidamente, enquanto cresce a passos de tartaruga em outros segmentos. No exterior, a população adulta pré-meia-idade está diminuindo em todas as nações desenvolvidas. Nenhuma empresa fundamentada no consumo pode se dar ao luxo de não avaliar os efeitos da diminuição dos desejos de *ter* no comportamento do consumidor. Para prosperar, as empresas cada vez mais precisam aprender como os clientes que buscam *ser* são diferentes dos clientes que querem *ter*. A mudança para um comportamento ser muda não apenas o que as pessoas compram, mas também como os produtos devem ser projetados tanto esteticamente como funcionalmente. Também muda a forma como os produtos devem ser apresentados para o mercado: mais como experiências carregadas de sentido e menos como bugigangas para se jogar fora.

Generatividade (Generativity), termo do psicólogo Erik Erikson, está intimamente relacionada com o que Fromm queria dizer com um foco *ser*. Generatividade é uma disposição para ajudar a próxima geração a se firmar com êxito. O afloramento de um espírito de generatividade na psique de uma pessoa modera o ego – a fonte de apetites materialistas – de modo que a energia psíquica possa ser redirecionada para ajudar a suprir as necessidades dos outros. Empresas Humanizadas são uma representação coletiva da mudança em direção à centralização nos outros, o que níveis mais elevados de maturidade conduzem individualmente.

Os membros da população de meia-idade de hoje (que definimos aqui como abrangendo a faixa etária entre 40-60, porque essas são aritmeticamente as idades adultas médias de uma expectativa de vida de 80 anos de um recém-adulto) formam uma massa demográfica crítica que está transformando o ethos da generatividade em uma das forças mais poderosas na sociedade. Essa massa, composta principalmente dos *baby boomers* (nascidos após a Segunda Guerra Mundial) que estão envelhecendo, está remodelando os fundamentos morais da sociedade. Poucas empresas estão imunes às suas influências. Generatividade é uma influência crescente na vida das empresas, embora em termos mais amplos do que Erikson concebeu. É mais conhecida no mundo dos negócios como *sustentabilidade*, que a internacionalmente constituída Comissão Bruntland definiu como "satisfazer as necessidades da geração presente sem comprometer a capacidade das gerações futuras de satisfazerem as suas próprias necessidades".[35]

O surgimento de uma disposição para a generatividade marca o primeiro passo de uma pessoa na direção que o psicólogo americano Abraham Maslow denominou de *autorrealização*, pela sua estimativa do auge da maturação psicológica.[36] Ele viu a autorrealização como o jogo

---

35 A Comissão Bruntland, formada por representantes de 22 países e batizada com o nome de seu presidente norueguês Gro Harland Bruntland, popularizou o termo *sustentabilidade* e propôs essa definição em seu relatório final, *Our Common Future*, para a Assembleia Geral das Nações Unidas em 1987.

36 Ao contrário do que se acredita, Maslow não cunhou o termo *autoatualização* ou originou a teoria da autorrealização. Ele adotou o termo e o conceito de autorrealização após encontrar o neurologista Kurt Goldstein, que havia introduzido tanto o termo quanto o conceito em seu famoso livro *The Organism* (O Organismo), em 1934. O estudo de Goldstein sobre soldados da Primeira Guerra Mundial que tiveram danos cerebrais formou a base de suas ideias sobre a autorrealização. Ele observou que muitos dos soldados (que, em sua maioria, estavam no final da adolescência e início dos 20 anos) tinham desenvolvido visões de mundo que Goldstein e outros tipicamente associavam com pessoas muito mais

final do desenvolvimento humano. Trata-se de descobrir o *verdadeiro eu* ao transcender o *eu social* que domina a primeira metade vida. Embora nem todos atinjam a autorrealização plena – Maslow disse que poucos conseguem – a maioria das pessoas chega longe o suficiente na jornada para desenvolver uma visão de mundo focada em *ser*. Algumas das principais características psicológicas da autorrealização são:[37]

- Percepção superior da realidade (*mais autêntica, menos influenciada por idealizações*).
- Aceitação aumentada de si mesmo, dos outros, da natureza.
- Aumento da centralização de problemas (*removendo o eu da equação; não interessado em ser um herói*).
- Maior energia na apreciação e na riqueza de reação emocional.
- Aumento da identificação com a espécie humana.
- Estrutura de caráter mais democrática (*verdadeiro sentido de igualdade, imparcialidade*).
- Criatividade muito aumentada.
- Mudanças no sistema de valores. (*Valores mudam de influências materialistas, narcisistas, para influências centradas nos outros.*)

Postulamos que as expectativas crescentes por consciência social corporativa refletem a influência crescente da generatividade em sociedades de todo o mundo. Uma série de países europeus agora exige relatórios anuais sobre o "tripé de sustentabilidade" (*triple bottom line*) de uma empresa – seu desempenho em relação a pessoas, planeta e lucros. Empresas dos EUA estão voluntariamente fazendo isso em números crescentes. De acordo com o Governance & Accountability Institute, cerca de 53% das empresas do índice S&P 500 agora emitem relatórios anuais de responsa-

---

velhas pessoas – com 60 anos ou mais. Para Goldstein, o trauma cerebral tinha acelerado a realização de seus potenciais de desenvolvimento.
37 Abraham H. Maslow, *Toward a Psychology of Being*, Van Nostrand Reinhold, 1968. p. 26. Explicações em itálico destacadas pelo autor.

bilidade social corporativa.[38] Parece não muito longe no futuro o tempo em que todas as empresas de capital aberto terão de emitir alguma variação de tais relatórios, seja por força de lei ou pressão social e do investidor.

Mas, por agora, a questão da responsabilidade social das empresas permanece nebulosa pela tradição. Em 1970, o economista ganhador do Prêmio Nobel Milton Friedman famosamente proclamou em um artigo da *New York Times Magazine*: "Há uma, e apenas uma, responsabilidade social do negócio – usar seus recursos e se engajar em atividades destinadas a aumentar seus lucros, desde que permaneça dentro das regras do jogo".[39] Muitos ainda juram pela proclamação de Friedman. No entanto, uma recente pesquisa global da *McKinsey Quarterly* revelou que quatro em cada cinco executivos acreditam que o papel das corporações vai além de simplesmente cumprir as obrigações para com os acionistas. Apenas um em cada seis concorda com o famoso dito de Milton Friedman. Até o carismático ex-chefe da GE Jack Welch, há muito visto como um firme defensor de uma visão de mundo dominada pelo acionista, propôs uma visão mais sutil: "Em face disso, o valor para o acionista é a ideia mais estúpida do mundo. O resultado para o acionista é a consequência, não a estratégia... seus principais constituintes são seus empregados, seus clientes e seus produtos".[40]

Enquanto uma andorinha só não faz verão, a declaração de Welch é um prenúncio da maior mudança ideológica no capitalismo desde que Adam Smith escreveu *A Riqueza das Nações* (Abril Cultural, 1983). O capitalismo está adquirindo uma feição mais humana do que parecia possível para a maioria dos observadores apenas uma geração atrás. O antigo acadêmico de negócios de Harvard Ira Jackson diz que estamos na linha de partida de uma "fase inteiramente nova do capitalismo", que ele chama de "capitalismo com consciência".[41] Paul Hawken, cofun-

---

38 http://www.ga-institute.com/nc/issue-master-system/news-details/article/number-of-companies-in-sp-500R-and-fortune-500-Rreporting-on-sustainability-more-than-doubles-1.html.
39 Milton Friedman, "The Social Responsibility of Business is to Increase it Profits", *New York Times Magazine*, 13 de setembro de 1970.
40 Guerrera, Francesco, "Welch rues short-term profit 'obsession'", *Financial Times*, 12 de março de 2009.
41 Joel Bakan, *The Corporation, the Pathological Pursuit of Profit and Power*, Free Press, New

dador da marca de material para jardinagem Smith & Hawken, vê uma mudança de paradigma na direção do *capitalismo natural*. Esta marca de capitalismo é baseada na integridade do ambiente e nas necessidades das pessoas, não nas necessidades artificiais das empresas (*estreitamente definida como maximizar lucros*). Após a publicação da primeira edição de *Firms of Endearment* (*O Segredo das Empresas mais Queridas*), dois dos autores deste livro (Raj Sisodia e David Wolfe) ajudaram no lançamento de um movimento global chamado "Capitalismo Consciente".[42]

A meia-idade é um período particular de transcendência – isto é, um tempo para elevar-se acima do mundo material em busca de um significado mais profundo na própria vida do que adquirir mais "coisas". Daniel Pink, escrevendo para o Yahoo! Trend Desk observou: "Liberados pela prosperidade, mas não satisfeitos por ela, os americanos estão lentamente reorientando suas vidas para longe do material e em direção do significativo. Como o economista ganhador do Prêmio Nobel Robert William Fogel escreveu, a prosperidade 'tornou possível estender a busca pela autorrealização de uma fração diminuta da população para quase toda ela'".[43]

Esta disposição da meia-idade para a autorrealização ou autoatualização não é nova para a experiência humana. A literatura védica da Índia antiga, voltando milhares de anos, fala do tempo na vida em que uma pessoa deve quebrar suas conexões com o mundo para subir a níveis mais elevados de ser. Para fazer isso, ela deve submergir o ego, o que a liberta para melhor se concentrar nos outros – família, comunidade e espécie. Enquanto os valores das pessoas na meia-idade não mudaram em milhares de anos, a proporção de adultos experimentando estes valores mudou dramaticamente. Pessoas na meia-idade e idosos são agora a maioria moldando a cultura. Pela primeira vez na história, a maioria dos adultos se encontra nos anos em que as necessidades de autorrealização

---

York, 2004, p. 31.

42 Veja o livro *Conscious Capitalism: Liberating the Heroic Spirit of Business* de John Mackey e Raj Sisodia, Harvard Business Review Publishing, 2013.

43 Daniel Pink, "Will Search for Meaning Be Big Business?" 17 de outubro de 2005, http://finance.yahoo.com/columnist/article/trenddesk/1228.

começam a influenciar o comportamento de maneiras significativas.

A crescente influência da autorrealização na cultura predominante está remodelando a maneira de fazer negócios. De fato, poderia se dizer que estamos experimentando os momentos iniciais da *autoatualização do capitalismo*. Cada vez mais, as empresas estão submergindo seus egos corporativos, por assim dizer, para se concentrar mais intensamente nos outros – seus *stakeholders*, de clientes e empregados a fornecedores, acionistas e sociedade em geral.

Jeff Immelt, CEO sucessor de Jack Welch na General Electric, representa o movimento de aceleração na direção de empresas se esforçando para fazer o bem enquanto prosperam. No final de 2004, ele disse a 200 de seus principais executivos que a GE precisava fazer quatro coisas para continuar a ser líder. Três das quatro eram louváveis, mas previsíveis: execução, crescimento e a contratação de ótimas pessoas. Mas no topo da lista estava virtude. Esta é uma mudança importante. No mundo dos negócios, quando a GE fala, outras empresas escutam. Immelt colocou de forma sucinta: "Para ser uma grande empresa hoje, você precisa ser uma boa empresa". Ele elaborou:

> "A razão pela qual as pessoas vêm trabalhar para a GE é que elas querem estar próximas de algo maior do que elas mesmas. As pessoas querem trabalhar duro, querem ser promovidas, e querem receber opções de ações. Mas elas também querem trabalhar para uma empresa que faz a diferença, uma empresa que está fazendo grandes coisas no mundo... Bons líderes retribuem. A era em que vivemos pertence a pessoas que acreditam em si mesmas, mas estão focadas nas necessidades dos outros... O mundo mudou. Empresas hoje não são admiradas. Tamanho não é respeitado. Há um abismo hoje entre ricos e pobres maior do que nunca. Cabe a nós usar nossa plataforma para sermos bons cidadãos. Não porque é uma coisa boa para se fazer, é um imperativo do negócio."[44]

---

44 Marc Gunther, "Money and Morals at GE", Fortune, 1o de novembro de 2004.

Acionistas versus Stakeholders

Como observamos no Prólogo, o professor de negócios da Universidade da Virgínia, nos EUA, R. Edward Freeman é creditado como sendo o primeiro a articular plenamente a ideia de um modelo de negócio de gestão de relacionamento com *stakeholders* (Stakeholder Relationship Management – SRM). Em seu inovador livro de 1984, *Strategic Management: A Stakeholder Approach* (Gestão Estratégica: Enfoque nos Stakeholders), ele postulou que os acionistas eram mais bem servidos quando todos os *stakeholders* eram bem servidos. Freeman definiu *stakeholder* como "qualquer grupo ou indivíduo que pode ser ou é afetado pela realização dos objetivos de uma empresa". Ele desdenhou a ideia de Milton Friedman de supremacia acionista, preferindo visualizar os acionistas como um entre outros em uma constelação de *stakeholders* interdependentes.

Um valor fundamental distinto das Empresas Humanizadas é atender a todos os *stakeholders* sem favorecer um em detrimento do outro. Esse é um fator insubstituível na habilidade dessas empresas de superar a maioria, se não todos, de seus concorrentes diretos. Achamos isso ainda mais extraordinário depois de saber que as empresas listadas no best-seller de gestão de Jim Collins, *Good to Great*, perderam dramaticamente em retorno aos acionistas nos últimos 10-20 anos (detalhes no Capítulo 6, "Investidores – Colhendo o que as Empresas Humanizadas Semeiam").

Collins alegou naquele livro que não há valores fundamentais específicos "certos" para se tornar uma empresa de excelência e duradoura. Um dia, isso pode ter sido verdade, mas hoje não é mais. Collins escreve: "Uma empresa não precisa ter paixão por seus clientes (Sony não tinha), ou respeito pelo indivíduo (Disney não tinha), ou qualidade (Walmart não tinha) ou responsabilidade social (Ford não tinha), a fim de tornar-se duradoura e ótima".[45]

Em nossa opinião, o debate "acionistas versus *stakeholders*" apresenta uma falsa dicotomia. Julgando pela performance financeira superior

---

45 Jim Collins, *Good to Great*, HarperCollins, New York, 2001, p. 195.

EMPRESAS HUMANIZADAS

alcançada pelas empresas exemplares citadas neste livro, acreditamos que a melhor forma de criar valor para os acionistas no longo prazo é conscientemente criar valor para todos os envolvidos (*stakeholders*). Veja o exemplo da Costco, que paga seus empregados muito bem em comparação com os seus pares da indústria do varejo, e dá benefícios generosos na demissão. Ela paga muito mais que seus concorrentes diretos, mas também *gera significativamente mais vendas e lucro por empregado.* Ela consegue esse aparente ato de alquimia sendo muito mais eficiente e tendo uma rotatividade muito baixa. Seus empregados, mais bem pagos e mais felizes, são altamente motivados e produtivos. Além disso, com uma lealdade mais profunda à empresa do que é comum no varejo, esses empregados mais motivados com certeza são uma constante fonte de novas ideias para melhorar ainda mais a produtividade.

Assim como outras Empresas Humanizadas, a Costco projetou um modelo de negócio que a possibilita pagar bem os seus empregados, ganhar um bom dinheiro para os investidores, ter clientes e fornecedores altamente satisfeitos e, geralmente, ser recebida de braços abertos em todas as comunidades em que deseja entrar.

Ainda assim, Wall Street tem muitos analistas que pensam que a Costco é culpada de roubar investidores para encher os bolsos de empregados indignos e mimados. É difícil para os analistas, inclinados a olhar para as empresas através de uma lente tradicional de números, compreender o potencial de criação de valor do modelo de negócio de gestão de relacionamento com *stakeholders*. Eis Bill Dreher, do Deutsche Bank Securities: "Da perspectiva dos investidores, os benefícios da Costco são excessivamente generosos. Empresas de capital aberto precisam cuidar dos acionistas em primeiro lugar. A Costco administra seu negócio como se fosse uma empresa privada".[46]

Dreher nos parece estar equivocado. Empresas de capital aberto que são gerenciadas como se fossem empresas privadas humanizadas, mui-

46 Ann Zimmerman, "Costco's Dilemma: Be Kind to Its Workers, or Wall Street?", *The Wall Street Journal*, 26 de março de 2004.

tas vezes acabam por ser grandes investimentos. Ouça o ex-CEO Jim Sinegal elaborando sobre o porquê de a Costco ser "excessivamente generosa" com os empregados:

"Pagar bem seus empregados não apenas é a coisa certa a fazer, mas faz um bom negócio. Na análise final, você recebe pelo que paga."[47]

Ele prossegue afirmando que pagar salários miseráveis é "errado. Isso não paga os dividendos certos, não mantém os empregados felizes, faz com que fiquem à procura de outros empregos. Além disso, os gestores gastam todo o seu tempo contratando substitutos em vez de gerir o seu negócio. Preferiríamos que nossos empregados gerissem nosso negócio. Quando os funcionários estão felizes, eles são seus melhores embaixadores... Se cuidarmos do negócio e mantivermos nosso olho na linha do gol, o preço das ações será uma consequência natural".[48] E, de fato, assim tem sido; as ações da Costco têm tido um desempenho estelar no mercado de capitais.

O problema é que muitos analistas financeiros ficam desconfortáveis com qualquer coisa diferente dos modelos de negócios convencionais. Eles contam com extensos dados que servem para avaliar o desempenho das empresas relativamente a normas preestabelecidas. Quando uma empresa gasta mais do que o padrão em uma categoria – como a Costco nos salários – os analistas muitas vezes ignoram os ganhos gerados em contrapartida a essa despesa fora do padrão. Os salários mais altos da Costco – em conjunto com uma cultura de respeito e empoderamento – resultam em custos de recrutamento e treinamento mais baixos e melhor relacionamento com clientes, que levam a maiores vendas por cliente e profunda fidelização.

Um dos maiores "segredos" dos sucessos das Empresas Humanizadas é

---

47 Stanley Holmes and Wendy Zellner, "The Costco Way", *Business Week*, 12 de abril de 2004, pp. 76–77.
48 Michelle Conlin, "At Costco, Good Jobs and Good Wages", *Business Week Online*, 31 de maio de 2004.

como elas se tornam as empresas preferidas para se fazer negócios em todos os grupos de *stakeholders*. Por exemplo, fabricantes de produtos de alta qualidade, como Titleist e Cuisinart, inicialmente evitaram lojas de varejo em estilo de depósito devido à sua imagem de baixa qualidade. Hoje, essas empresas ansiosamente vendem seus produtos na Costco, que atrai uma grande proporção de compradores abastados. Os melhores empregados cortejam as Empresas Humanizadas. A UPS tem uma lista de espera de vários anos de motoristas altamente qualificados. A Patagonia recebe cerca de 10.000 currículos por ano para preencher uma centena de novas vagas. A maioria das Empresas Humanizadas faz pouca publicidade de alto custo. Os clientes vêm sem serem atraídos por campanhas milionárias ao estilo da Rua Oscar Freire, em São Paulo. Às vezes, o principal problema das Empresas Humanizadas não é conseguir clientes, mas acompanhar a demanda deles. Comunidades frequentemente estão ansiosas para que as Empresas Humanizadas se instalem em suas regiões. A cadeia familiar de supermercados Wegmans recebe centenas de cartas de clientes mensalmente implorando que abram uma loja em suas comunidades.

O aparente interesse recente em um modelo de negócios focado em *stakeholders* pelos titãs da indústria General Electric e Walmart provavelmente torna seguro dizer: "A maré está mudando". A assertividade crescente de membros em cada grupo de *stakeholders* na direção das empresas nas quais investem, de quem compram, para quem trabalham, e que permitem operar através de licença, está fazendo com que mais empresas inclinem-se para o modelo de negócio SRM. Nós vemos isso não como um modismo gerencial passageiro, mas uma tendência duradoura ajudada por uma revolução moral nos níveis dos executivos das empresas, uma mudança de valor orientada por dados demográficos da população em geral, e compreensão mais aguçada entre os líderes empresariais de que esta é, finalmente, uma questão de autointeresse esclarecido.

Qual é o ponto principal aqui? Posicionar os acionistas acima de todos os outros *stakeholders* pode ser a pior decisão de longo prazo em que uma empresa pode colocar seus investidores. O registro das empresas exemplares deste livro indica que os acionistas podem ganhar mais quando os seus interesses estão alinhados com os interesses de todos os outros grupos de *stakeholders*. Dizemos isto sem consideração pelos *day traders* e outros especuladores de alta rotatividade. Eles só *pegam* valor transitório; eles não investem na criação de valor de longo prazo. Na verdade, investimento de curto prazo é uma contradição em si mesmo; todo investimento verdadeiro é para o longo prazo. No ecossistema econômico SRM, apenas *stakeholders* que criam valor no longo prazo fazem sentido no longo prazo.

Gestão Emocionalmente Inteligente nas Empresas Humanizadas

Desde que Howard Gardner publicou seu consagrado livro *Estruturas da Mente: A Teoria das Inteligências Múltiplas* (Artes Médicas, 1994), em 1983, tem havido um intenso interesse em se compreender os tipos específicos de inteligências que levam a um maior ou menor sucesso em vários empreendimentos. Em 1990, Peter Salovey e John Mayer publicaram um artigo intitulado "Emotional Intelligence" (Inteligência emocional), que tratou da "capacidade de se estar ciente dos próprios sentimentos, dos sentimentos dos outros, diferenciá-los e usar a informação para guiar seu raciocínio e comportamento".[49] Este trabalho acadêmico mais tarde foi popularizado e levado para a corrente cultural predominante por Daniel Goleman, um ex-repórter do *The New York Times*. Seu livro *Inteligência Emocional* (Objetiva, 1995), foi um best-seller mundial, sendo seguido por *Trabalhando com a Inteligência Emocional* (Objetiva, 1999), em 1998.[50]

Goleman define inteligência emocional (IE) como "a capacidade

---

49 Peter Salovey e John D. Mayer (1990), "Emotional Intelligence", *Imagination, Cognition and Personality*, Volume 9, Edição 3, pp. 185–211; Daniel J. Svyantek e M. Afzalur Rahim (2002), "Links Between Emotional Intelligence and Behavior in Organizations: Findings From Empirical Studies", *International Journal of Organizational Analysis*, Volume 10, Edição 4, pp. 299–301.

50 Howard Gardner (1983), *Frames of Mind: The Theory of Multiple Intelligences*, Basic Books; Daniel Goleman (1995), *Emotional Intelligence: Why It Can Matter More Than IQ*, Bantam; Daniel Goleman (1998), *Working with Emotional Intelligence*, Bantam.

de identificar os nossos próprios sentimentos e os dos outros, de nos motivar e de gerir bem as emoções dentro de nós e nos nossos relacionamentos". Ela inclui os componentes de autoconhecimento, autorregulamentação (autodomínio ou autogestão da emoção), consciência social (empatia), e as habilidades sociais (gestão de relacionamento).[51] Goleman acredita que o autoconhecimento é o aspecto mais fundamental da inteligência emocional, mas tem sido geralmente ignorado no mundo dos negócios.[52] Ele e muitos pesquisadores acadêmicos têm mostrado que há uma forte ligação entre a habilidade dos indivíduos de gerenciar suas próprias emoções e sua capacidade de impactar positivamente as emoções dos outros.

A inteligência emocional é de vital importância para o sucesso de longo prazo na gestão, bem como nos negócios e na vida, de modo geral. Não é por acaso que todas as Empresas Humanizadas descritas neste livro podem também ser descritas como empresas com um elevado grau de IE, não apenas em sua equipe gerencial sênior, mas entrelaçada no tecido da organização, e refletida nas relações entre os empregados, com os clientes, com parceiros de negócios e com a sociedade em geral.

Pesquisadores mostraram que a IE conduz indiretamente à vantagem competitiva, pois é um pré-requisito para o tipo de liderança necessária para efetivar uma mudança estratégica positiva e sustentável.[53] A IE é cada vez mais vista como uma característica, não apenas de indivíduos, mas também de grupos de trabalho e de organizações. Sob esta visão "sistêmica", indivíduos contribuem com energia que se soma à IE organizacional. No entanto, a IE organizacional é também "um resultado dinâmico das funções, da estrutura e da energia do próprio sistema organizacional". Por sua vez, organizações com alta IE exercem uma

---

51 Cliona Diggins (2004), "Emotional Intelligence: The Key to Effective Performance", *Human Resource Management International Digest*, Volume 12, Edição 1, p. 33.
52 Stephen Bernhut (2002), "Primal Leadership, with Daniel Goleman", *Ivey Business Journal*, Maio/Junho, Volume 66, Edição 5, pp. 14–15.
53 Ranjit Voola, Jamie Carlson e Andrew West (2004), "Emotional Intelligence and Competitive Advantage: Examining the Relationship from a Resource-Based View", *Strategic Change*, Março/Abril, Volume 13, Edição 2, pp. 83–93.

forte influência sobre os indivíduos dentro destas organizações para exibirem comportamentos semelhantes.[54]

A importância da IE no local de trabalho pode ser apreciada observando-se as consequências de sua ausência: moral baixo, um clima de medo ou apatia, conflito intenso e altos níveis de estresse, que claramente comprometem a eficácia do negócio. Tais ambientes inevitavelmente promovem deserções dispendiosas e até mesmo ações trabalhistas por empregados que se sentem "maltratados, intimidados e explorados".[55]

A maioria das empresas se esforça para criar ambientes de trabalho estritamente racionais, sem lugar para preocupações emocionais. No entanto, é impossível remover a emoção do local de trabalho, assim como é impossível remover as emoções de qualquer esfera da atividade humana.[56] No século XXI, já não podemos ver as organizações empresariais meramente como "máquinas racionais". Em vez disso, elas devem ser vistas como "organismos dinâmicos e cada vez mais imprevisíveis". Esta perspectiva exige que os gestores mudem seus modelos mentais tradicionais hierárquicos de comando e controle e abracem estruturas planas, flexíveis, que dependem de "processos criativos interativos, interdependentes".[57]

Em seu livro *O Poder da Inteligência Emocional* (Campus, 2002), Goleman e seus coautores descrevem um estudo de 3.871 executivos e seus subordinados diretos. Este estudo mostrou que o estilo de liderança importa tanto em termos emocionais quanto nos pragmáticos. "O tom do local de trabalho, o tom emocional, determina o resultado financeiro do negócio, ou seja, quanto as pessoas dão, quanto as pessoas querem dar, quanto as pessoas se importam... essas coisas aparecem no balanço financeiro. E a regra de ouro que nossa pesquisa aponta é que

---

54 Susan P. Gantt e Yvonne M. Agazarian (2004), "Systems-Centered Emotional Intelligence: Beyond Individual Systems to Organizational Systems", *Organizational Analysis*, Volume 12, Edição 2, pp. 147–169.

55 Mike Bagshaw (2000), "Emotional Intelligence—Training People to be Affective so They Can be Effective", *Industrial and Commercial Training*, Volume 32, Edição 2, p. 61.

56 L. Melita Prati, Ceasar Douglas, Gerald R. Ferris, Anthony P. Ammeter e M. Ronald Buckley (2003), "Emotional Intelligence, Leadership Effectiveness, and Team Outcomes", *International Journal of Organizational Analysis*, Volume 11, Edição 1, pp. 21–40.

57 Prati et al, *op. cit.*

EMPRESAS HUMANIZADAS

o estilo do líder determina cerca de 70% do clima emocional, que por sua vez representa cerca de 20% – e, às vezes, 30% – do desempenho do negócio."[58] Tendo isso em conta, os resultados de um estudo relatado na *Harvard Business Review* em 2005 são particularmente preocupantes. Com base em 100 mil medições de QE (quociente de inteligência emocional), os pesquisadores descobriram que "os resultados de QE aumentam à medida que executivos sobem a escada corporativa, atingindo o pico no nível de gerência, caindo depois disso e alcançando o ponto mais baixo, de forma alarmante, no nível de CEO".[59]

Encontrando a Vontade para Mudar

A reconstrução do capitalismo em um instrumento de propósito mais amplo parece inevitável. Empresas que falharem em reconhecer isso cortejam o desastre. Os *stakeholders* estão exigindo cada vez mais das empresas uma gestão socialmente consciente. Os clientes votarão a favor disso fechando suas carteiras para as empresas que não se alinharem. Os melhores empregados serão contratados em outros lugares. Fornecedores favorecerão as empresas que os tratam com respeito. Comunidades tornarão mais difícil a vida das empresas que colocam os acionistas acima de tudo. E os mercados financeiros restringirão o fluxo de capital e aumentarão o seu custo.

A maioria das empresas hoje ainda opera por regras do passado, pois são prisioneiras desafortunadas de modelos mentais ultrapassados. O cientista cognitivo George Lakoff observa que o nosso comportamento é delineado por "estruturas mentais que moldam a maneira como vemos o mundo".[60] Modelos mentais conferem estabilidade à nossa vida ao servirem como referências para a compreensão do mundo, mas também nos predispõem a aceitar reflexivamente como fato algo que

---

58 Stephen Bernhut (2002), "Primal Leadership, with Daniel Goleman", *Ivey Business Journal*, Maio/Junho, Volume 66, Edição 5, pp. 14–15.
59 http://hbr.org/2005/12/heartless-bosses/ar/1.
60 Ibid, p. 59.

concorda com o que acreditamos, e negligentemente negar como erro qualquer coisa que é inconsistente com o que acreditamos. Este "viés de confirmação" também pode ser expresso na seguinte breve declaração:

A crença segue a necessidade.

Quantas vezes você já apresentou a um cônjuge, um amigo, um colega, ou outra pessoa um fato objetivamente verificável que eles rejeitaram completamente? Em sua maior parte, pessoas e empresas acreditam no que elas sentem necessidade de acreditar.

Nós *precisamos* preservar nossos modelos mentais ou visões de mundo porque precisamos manter o equilíbrio mental. Assim, selecionamos e organizamos as informações recebidas para preservar a integridade dessas visões de mundo. É por isso que a proteção do nosso sistema de crenças frequentemente supera uma necessidade pragmática de mudar o que nós acreditamos. George Lakoff explica:

> "A neurociência nos diz que cada um dos conceitos que temos – os conceitos de longo prazo que estruturam como nós pensamos – é fundamentado nas sinapses do cérebro. Conceitos não são coisas que podem ser mudadas apenas porque alguém nos conta um fato. Podem nos apresentar fatos, mas para compreendermos, eles têm de se adequar ao que já está nas sinapses do cérebro. De outro modo, os fatos entram e saem logo em seguida. Eles não são ouvidos, ou não são aceitos como fatos, ou nos confundem: Por que alguém diria isso? Daí, rotulamos o fato como irracional, louco ou estúpido."[61]

Einstein disse a famosa frase: "Um problema não pode ser resolvido pelo mesmo nível de consciência que o criou".[62] A consciência que tem governado as empresas ao longo dos últimos dois séculos está enraizada

---

61 Ibid, p. 59.
62 Esta é uma ideia muito usada atribuída a Einstein, com alguma variação nas palavras. No entanto, não conseguimos determinar a citação exata, muito menos onde ela apareceu pela primeira vez. Mas isso pouco importa; é uma peça saliente e útil de sabedoria.

em noções clássicas de que a razão é superior às emoções nos assuntos de pessoas (assuntos íntimos excluídos). Isso tornou os *stakeholders* (incluindo os acionistas) entidades preponderantemente estatísticas, sem sangue.

Empresas Humanizadas oferecem evidências de que isso tem sido um erro. A emotividade do lado direito do cérebro merece a mesma atenção que a racionalidade do lado esquerdo do cérebro na análise de negócios, planejamento e operações. Pesquisa recente confirma de maneira retumbante a primazia do emocional sobre o puramente racional. Na esmagadora maioria dos casos, os melhores realizadores não são os executivos com o nível mais alto de inteligência intelectual, mas aqueles com o mais alto nível de *inteligência emocional*. Em seu livro *Trabalhando com a Inteligência Emocional* (Objetiva, 1999), Daniel Goleman fornece dados de estudos de mais de 500 organizações mostrando que autoconfiança, autoconhecimento, autocontrole, comprometimento e integridade são fatores que levam a empregados mais bem sucedidos, bem como a empresas de mais sucesso.[63]

A consideração afetuosa que as Empresas Humanizadas têm pelos seus *stakeholders* tem um valor que não pode ser contabilizado pela clássica teoria econômica e de gestão. Nenhuma linha de pensamento tem alguma maneira de computar o valor da afeição mútua entre uma empresa e seus *stakeholders*. Calcular a sua influência no retorno financeiro está além de seu alcance. Mas, se o valor econômico de algo tão intangível como uma marca pode ser avaliado em termos de dólares absolutos, por que não também a quantidade de afeto que uma empresa investe em seus *stakeholders*? Isso significa dar ao afeto um lugar proeminente na teoria econômica e de gestão.

O capitalismo clássico é desalmado por definição. O mesmo é válido para a teoria de gestão tradicional. Esta insensibilidade é ancestralmente enraizada no método científico de René Descartes, formulado há cerca de 400 anos. A abordagem cartesiana para a investigação científica descontou o valor da emoção na busca da verdade. A emoção foi considera-

---

63 Daniel Goleman, *Working with Emotional Intelligence*, Bantam Books, 1998.

da a antítese da razão. Filósofos lançaram os fundamentos da economia e do capitalismo com isso em mente. Em *A Riqueza das Nações* (Abril Cultural, 1983), Adam Smith notoriamente falou sobre os resultados de mercado serem modelados por uma *mão invisível* movida pelas decisões *fundamentadas* de pessoas agindo em seus próprios interesses. A mão invisível não tinha emoção. Mas Adam Smith também escreveu de forma comovente e perspicaz sobre a necessidade humana de cuidar em seu livro anterior, *Teoria dos Sentimentos Morais* (Martins Fontes, 1999). Aquela necessidade e a força para perseguir o interesse próprio são os dois impulsos humanos fundamentais. Para a maioria de nós, a necessidade de cuidar muitas vezes se sobrepõe à busca do interesse próprio quando se é forçado a fazer essa escolha (como qualquer pai ou mãe reconheceria). Uma grande tragédia dos últimos dois séculos foi que nós construímos as bases intelectuais do capitalismo em apenas um desses dois pilares, colocando em movimento a reação inevitável de trabalhadores explorados se levantando para exigir melhor tratamento, e Karl Marx canalizando aquela angústia para criar uma abordagem ainda mais profundamente falha sobre como a atividade humana deveria ser organizada.

Alguns podem estremecer ao ouvirem falar sobre promover relações afetuosas entre a empresa e seus *stakeholders.* No entanto, qualquer pessoa querendo uma prova irrefutável de que "ser brando" nos negócios tem uma grande recompensa vai encontrá-la na neurociência contemporânea.[64] Lealdade de qualquer tipo revela-se mais uma função de *como a pessoa sente* do que *o que ela pensa.* Isso é apoiado por um estudo em que exames cerebrais traçaram respostas mentais a marcas. Pesquisadores descobriram que as marcas ativavam o lado emocional direito do cérebro mais do que outros nomes próprios geralmente fazem.[65] Jun-

---

64 *Serving the Ageless Market* (McGraw-Hill, 1990), pelo coautor deste livro David Wolfe, foi o primeiro livro de negócios a conectar a neurociência ao marketing. Desde a sua publicação há 16 anos, a neurociência se tornou um importante jogador no pensamento de marketing. O casamento da neurociência com o marketing é muitas vezes referido como *neuromarketing.* Muito possivelmente, todas as marcas de consumo global já começaram a olhar para os clientes através da lente da neurociência. A área que comandou mais atenção é emoções.

65 Possidonia F. D. Gontijo, Janice Rayman, Shi Zhang e Eran Zaidel, *Brain and Language,*

EMPRESAS HUMANIZADAS

tar esse achado com a descoberta do neurologista Antonio Damasio[66] de que a emoção – não a razão – é como determinamos a relevância de qualquer coisa para nós, forneceu um apoio substancial para a premissa central deste livro:

O comportamento afetivo de uma empresa em relação a seus stakeholders é um dos diferenciais competitivos mais decisivos já praticados em uma organização capitalista.

Partindo do princípio de que haja uma gestão sensata, argumentamos que a Empresa A irá superar a Empresa B no longo prazo se os seus *stakeholders* a considerarem com mais afeto do que os *stakeholders* da Empresa B. As margens da Empresa A são propensas a serem superiores às da Empresa B. Os consumidores pagarão mais por produtos da Empresa A porque eles amam a empresa e seus produtos. A Patagonia, a fabricante de vestuário e equipamentos outdoor descobriu isso. Uma empresa muito amada, seus clientes pagam valores médios de 20% ou mais sobre os preços dos concorrentes. Isso ajuda a produzir uma margem de lucro bruta de cerca de 50%.[67]

As emoções não são uma essência tênue em nossa consciência. Elas são estados fisiológicos concretos. As emoções são o padrão de relevância resultante de alterações nos estados corporais. Alterações no fluxo de adrenalina, batimentos cardíacos, pressão arterial, resposta galvânica da pele,

---

Volume 82, Edição 3, setembro de 2002, pp. 327–343.

66 A linha entre a razão e a emoção está se dissolvendo na ciência cognitiva, a ciência da inteligência que examina as capacidades mentais, como a habilidade para raciocinar, planejar, resolver problemas, pensar abstratamente, compreender ideias e linguagem, e aprender. Pessoas que não possuem capacidades emocionais nas regiões corticais de seus cérebros têm processos de raciocínio altamente falhos. A razão nos permite converter leituras sensoriais e as emoções que despertam em conceitos abstratos que podem, então, ser manipulados mentalmente através do processo que chamamos de pensamento. No entanto, existem fortes indícios de que os resultados dessa manipulação devem ser "julgados" pelas emoções, e só serão assimilados na visão de mundo e nos sistemas de crença de uma pessoa se "parecerem" certos, conforme determinados pelas emoções.

67 Forest Reinhardt, Ramon Casadesus-Masanell e Debbie Freier, *Patagonia*, Harvard Business School Case 703035.

respiração, salivação e outros estados corporais geram emoções. Quanto maior a importância de um assunto, mais forte é a resposta emocional. Sem respostas emocionais para nos conectar visceralmente, bem como cognitivamente, a alguma coisa, não podemos ter nenhum sentimento de afinidade com ela. Somos incapazes de afeição por aquela coisa.

Uma marca ou empresa que deixa de despertar as emoções de um cliente de maneiras positivas não vai gerar a verdadeira lealdade naquele cliente. Mas o mesmo vale para os empregados. Seus vínculos com a empresa são menos baseados em questões quantitativas do lado esquerdo do cérebro, como salários e benefícios, do que muitos gestores acreditam. Eles baseiam-se mais nas questões qualitativas do lado direito do cérebro de reconhecimento e apreço. Sim, um alto salário e generosas opções de ações podem manter um funcionário na folha de pagamento (contanto que o valor das ações se sustente), mas sem reconhecimento e valorização, essa pessoa não estará ligada com a empresa. Não estando ligado, o empregado não dedicará à empresa seus melhores esforços. Ele não será engajado, inspirado, cooperativo, criativo, feliz ou satisfeito. Também vai se importar pouco com o bem-estar dos clientes e falar mal da empresa para quem quiser ouvir.

Os assuntos cliente, empregado e fidelização de acionista começaram a chamar maior atenção após a publicação do livro de Frederick Reichheld, *A Estratégia da Lealdade* (Campus, 1996).[68] Mas mesmo Reichheld não discutiu o papel da emoção na fidelização dos *stakeholders*. Emoção tem sido o elefante no meio da sala, esperando ser reconhecida por acadêmicos de negócios, executivos, economistas e Wall Street. Daniel Goleman fez grandes progressos ao apontar esse elefante para a comunidade empresarial.

Refletindo novamente sobre a frase de Einstein a respeito da resolução de um problema criado por uma consciência antiga, a nova consciência que vai elevar com sucesso uma empresa aos reinos mais altivos do Novo Capitalismo reconhece que toda realidade é pessoal e impreg-

---

68 Frederick F. Reichheld, *The Loyalty Effect: The Hidden Force Behind Growth, Profits, and Lasting Value*, Harvard Business School Press, 1996.

nada de afeto. A objetividade provou ser uma aplicação exagerada dos conceitos científicos. A subjetividade governa na Era da Transcendência em termos de angariar lealdade e afeto dos *stakeholders*. Precisamos encontrar a combinação certa entre os dois.

3

Lidando com a Desordem

Valentina, personagem de *Arcadia*, de Tom Stoppard, proferiu pela primeira vez "O futuro é desordem" diante de uma plateia no Teatro Nacional de Londres, em abril de 1993. Vinte anos depois, aquele futuro claramente chegou ao mundo dos negócios. Praticamente todas as principais indústrias estão cercadas pelas dramáticas mudanças e novos desafios, impulsionados pelas múltiplas revoluções tecnológicas que se seguiram em alta velocidade uma sobre a outra, globalização generalizada, mudanças radicais nas preferências dos consumidores, e sistemas de valores que evoluíram rapidamente.

A mente ocidental está acostumada a lidar com a desordem através da força. Pisar nela. Bater com o martelo. Reinar sobre ela. A ordem *será* restaurada a qualquer custo. Aham, senhor, como é que você embrulha o vento?

Por mais de dois séculos, as empresas têm operado sob a influência da ciência Newtoniana, que evoluiu em resposta ao desejo inquieto dos seres humanos de compreender as forças da natureza bem o suficiente para arreá-las, quando não para conquistar e controlar. A gestão de negócios passou a encarar os mercados da mesma forma. Mas o ethos tradicional de conquista e controle está perdendo influência. O presidente/CEO da Procter & Gamble A.G. Lafley reconheceu isso quando disse: "Precisamos reinventar a maneira como vendemos para os consumidores. Precisamos de um novo modelo. Ele não existe. *Ninguém mais tem um ainda*".[69] (Itálico adicionado.)

Esse novo modelo de marketing pode não ser tão remoto quanto La-

---

69 Jack Neff, "P&G chief: We Need New Model—Now", *Advertising Age*, 15 de novembro de 2004.

fley pensa. As Empresas Humanizadas apresentadas neste livro têm modelos de marketing bastante sólidos. Em sua maior parte, esses modelos dependem pouco do marketing tradicional. As Empresas Humanizadas Starbucks e Google, por exemplo, tornaram-se marcas globais imensamente valiosas com praticamente nenhuma publicidade. Na New Balance, a porcentagem de vendas consumida por marketing é muito menor que em outras grandes empresas de calçados esportivos. A Empresa Humanizada Jordan's Furniture, sediada em Boston, que fatura cerca de cinco vezes mais por metro quadrado de espaço de vendas do que a média nacional, gasta menos de um terço em marketing do que a média varejista de móveis.

Em toda parte, as empresas enfrentam o desafio de operar em um mundo onde elas não têm mais o controle que costumavam ter sobre os mercados. A Internet e outras tecnologias de informação avançadas dão às massas um enorme poder para resistir às tentativas das empresas de terem o controle de suas mentes e carteiras. Isso mudou as regras do marketing e da gestão, e deu vida a novas formas de arquitetura organizacional.

As Empresas Humanizadas refletem de diversas formas a arquitetura fluida dos ecossistemas naturais. Elas rejeitam os modelos hierárquicos dominados pelo controle inspirados pela ciência Newtoniana, que há muito têm sido fundamentais para a teoria organizacional. Empresas Humanizadas transcendem aquela tradição ao explorar as leis naturais que regem um *sistema adaptativo complexo* – redes de entidades que continuamente formam e reformam em resposta à evolução das necessidades e mudanças ambientais.

"Sistema adaptativo complexo" é um termo que os biólogos usam para descrever sistemas auto-organizáveis. Colônias de formigas são sistemas auto-organizáveis, assim como os ecossistemas. E assim é a Internet; ninguém opera, mas, magicamente, ela funciona. E agora, um número crescente de empresas está adotando a ideia de auto-organização. Isso não significa que lhes faltem direção executiva e liderança. Mas a liderança no topo é mais catalítica e inspiracional do que diretiva. A liderança que faz as coisas funcionarem está nos escalões inferiores, onde a borracha encontra o asfalto, e, frequentemente, não é de uma única pessoa, mas do grupo. A fábrica de motores de jatos da GE em Durham, Carolina do Norte, é um desses lugares. Não existe nenhum líder de fábrica. As bases gerenciam tudo, de melhoria de processos a escalas de trabalho e orçamento de horas extras.[70] Felizmente para nós, viajantes frequentes, há menos defeitos que o tradicional nesta fábrica sem líderes. Gerentes que nunca pegaram em uma ferramenta para construir um motor já não moldam os acontecimentos no chão de fábrica.

Kevin Kelly, fundador e editor-executivo da *Wired*, antecipou sistemas auto-organizáveis substituindo hierarquias corporativas rígidas em seu livro brilhantemente escrito *Out of Control: The New Biology of Machines, Social Systems and the Economic World* (Fora de Controle: A Nova Biologia de Máquinas, Sistemas Sociais e o Mundo Econômico). Ele diz que isso vai acontecer porque a tecnologia da informação está remodelando a cultura humana em redes de sistemas.[71] Estar "fora de controle", no contexto de Kelly, é estar *livre de controle*. É ser emancipado de restrições organizacionais que o impedem de ser tudo o que você pode ser. Você é livre para transcender o cotidiano deplorável da vida que tolhe seu eu interior.

Como timoneiros habilidosos em ventos fortes, consciente ou inconscientemente, líderes de Empresas Humanizadas alinham suas organizações para explorar a energia da transcendência humana. Eles rejeitam os modelos de negócios "comando e controle" tradicionais. Não se retiram para um banheiro executivo quando a natureza chama, nem socializam com seus pares em cafeterias executivas. A diretoria (se existir) é aberta a todos, do encarregado da correspondência para cima. Funcionários de todos os níveis têm ampla autoridade para gastar o dinheiro da empresa para mandar os clientes para casa felizes. Comissários de bordo da Southwest Airlines já deram um bilhete grátis para um passageiro lesado. Um empregado da L.L. Bean pode dar um novo casaco de lã a uma cliente que devolveu um que ela erroneamente pensou ter comprado lá. A liderança das Empresas Humanizadas sabe que a confiança

---

70 Charles Fishman, "How Teamwork Took Flight", *Fast Company*, outubro de 1999, p. 188.
71 Kevin Kelly, *Out of Control: The New Biology of Machines, Social Systems, and the Economic World*, Addison-Wesley Publishing, 1994, p. 28.

extraordinária nos empregados faz com que eles desempenhem extraordinariamente – transcendam, ou "passem além dos limites, excedam, sobrepujem, ultrapassem", de acordo com o *Dicionário Michaelis*. Funcionários assim considerados geralmente sobem a níveis de desempenho bem acima dos de seus pares em empresas concorrentes, onde os empregados ainda suam sob os calcanhares dos ternos de comando e controle.

Nos sistemas ecológicos naturais, o jogo final são relações equilibradas entre os participantes do sistema. Sem equilíbrio, um ecossistema perde a sua capacidade de sustentar os seus *stakeholders*. Sob estas condições, o sistema eventualmente irá *des* –integrar.

Em vez de manter um grupo de *stakeholder* ou outro como o mais importante, as Empresas Humanizadas atentam ao bem-estar do ecossistema econômico total em que operam. Sem um ecossistema econômico saudável, os interesses de todos os *stakeholders* estão em risco. No equivalente organizacional de autorrealização, as Empresas Humanizadas não estão centradas nos interesses do eu corporativo ou de um único grupo de *stakeholder*. Em vez disso, elas levam em conta os interesses de todos: são ecossistema-cêntricas. Whole Foods Market reflete esta perspectiva em sua visão holística de *stakeholders*, descrita na sua "Declaração de Interdependência."

Paul Hawken, cofundador da marca de material para jardinagem Smith & Hawken, coescreveu *Capitalismo Natural* (Cultrix, 2013) depois de escrever *The Ecology of Commerce* (A Ecologia do Comércio) alguns anos antes. É um manifesto pela transformação histórica na forma como as empresas operam. Exige que as empresas assumam papéis maiores em tornar o mundo um lugar melhor.

O capitalismo natural é um modelo "para aproveitar o talento dos negócios para resolver os mais profundos problemas ambientais e sociais do mundo".[72] Esta não é a marca de capitalismo de Milton Friedman, com certeza.

Peter Senge, autor de *A Quinta Disciplina* (Best Seller, 1990), disse: "Se

---

72 Paul Hawken, Amory Lovins e L. Hunter Lovins, *Natural Capitalism*, Back Bay Books, Divisão da Little, Brown & Company, Boston, 1999, Prefácio, p. ix.

A Riqueza das Nações de Adam Smith foi a bíblia para a primeira revolução industrial, então, *Capitalismo Natural* pode muito bem vir a sê-lo para a próxima".[73]

Palavras proféticas ou não, *Capitalismo Natural* é apenas um dos muitos sinais do crescente papel das empresas na resolução de problemas que tradicionalmente têm sido a principal preocupação do governo.

Hawken e seus coautores escreveram o seguinte: "Nós acreditamos que o mundo está no limiar de mudanças básicas nas condições do negócio. As empresas que ignoram a mensagem do capitalismo natural o fazem por sua conta e risco". Empresas Humanizadas como BMW, Patagonia e Starbucks estão mostrando o caminho. A BMW é uma líder mundial em sustentabilidade empresarial e vai além dos limites de seus próprios interesses *diretos* na abordagem de questões sociais (por exemplo, seu programa contra a violência juvenil). A Patagonia se impõe uma "taxa do planeta", que consiste em 1% das vendas ou 10% dos lucros, o que for maior. A compra de grãos de café da Starbucks é estruturada para ajudar a preservar a pequena agricultura familiar.

O Desafio das Comunicações

A invenção da prensa de tipos móveis de Johannes Gutenberg por volta de 1450 iniciou a democratização do fluxo de informações. Ainda assim, nos cinco séculos e meio que se seguiram, o fluxo de informações para o público permaneceu principalmente sob o controle de seus autores. Os governos muitas vezes foram tão restritivos com o que era permitido às massas lerem quanto a Igreja uma vez o foi. Da mesma forma, as empresas têm promovido uma política de comunicações fortemente controladas. Assessores jurídicos têm desempenhado um grande papel nisso, promovendo a sabedoria expressa por Eurípides há quase 2.500 anos em sua peça *Orestes*: "Quanto menos se disser, melhor". Mas a Internet dissolveu a hegemonia da informação do negócio. O equilí-

---

73 Comentários na contracapa de *Natural Capitalism.*

brio do poder da informação está agora nas mãos das massas. Isso tem mudado as regras de comunicação entre as empresas e os seus *stakeholders*, especialmente os clientes.

Em vez de monólogos controlados pelos negócios, o mercado é agora dominado por conversas. As pessoas conversam entre si como nunca antes sobre as empresas em que trabalham, das quais compram, e nas quais investem, o que está forçando as companhias a operarem com maior transparência. Mas isso não é um problema para as empresas atenciosas comprometidas em tratar bem todos os seus *stakeholders*, como as Empresas Humanizadas descobriram. Transparência ajuda clientes, empregados e outros *stakeholders* a desenvolverem confiança em uma empresa, e se provou eficaz como uma força motivadora entre funcionários.

Embora seja uma empresa privada, a fabricante de calçados esportivos New Balance compartilha dados financeiros e de produção com os empregados para lhes dar uma imagem clara de seu rendimento e dos desafios competitivos que eles e a companhia encaram. Ver resultados medidos fixa referências de desempenho nas mentes dos trabalhadores. Sob liderança inspiradora, isso os estimula a atingir níveis mais elevados de produção. O presidente da New Balance Jim Davis está convencido de que a transparência com a informação é a grande razão pela qual suas fábricas nos Estados Unidos são dez vezes mais produtivas que as fábricas que ele contrata no exterior, como detalharemos no Capítulo 4, "Empregados – de Recursos a Fonte".

The Container Store, empresa privada até 31 de outubro de 2013, compartilhava informações financeiras detalhadas com os empregados, o que lhes dá um forte sentimento de conexão com a gestão e seus objetivos. É também um sinal de que a gestão confia aos empregados informações que, na maioria das empresas privadas, são altamente secretas.

A transparência também pode reduzir a vulnerabilidade à ameaça externa. A Johnson & Johnson reconheceu isso ao lidar com a crise que surgiu quando alguém inseriu cianureto em frascos de Tylenol nas prateleiras das lojas da área de Chicago, em 1982. Tudo começou com a morte misteriosa de Mary Kellerman, de 12 anos de idade, de Elk Grove

EMPRESAS HUMANIZADAS

Village, Illinois. Nos dois dias seguintes, mais seis pessoas, incluindo três de uma mesma família, foram vítimas de mortes misteriosas. O Tylenol foi rapidamente considerado o denominador comum. O alvoroço da cobertura da mídia transformou um evento local em um horror experimentado nacionalmente. O Tylenol enfrentou o despejo vergonhoso nas lixeiras da história da marca. O especialista em publicidade Jerry Della Femina proclamou: "Deve haver alguém da publicidade que pensa poder resolver isso. Se eles o encontrarem, eu quero contratá-lo, porque vou pedir para que ele transforme nosso refrigerador de água em um refrigerador de vinho".[74]

O CEO da J&J James Burke aparentemente concordou com Della Femina. O problema era apenas grande demais para uma solução de publicidade. Então, Burke escolheu a rota de transparência. Nada seria escondido da mídia. De fato, a mídia – incluindo Mike Wallace e sua equipe de câmeras do programa *60 Minutes* – foi convidada para assistir a reuniões espontâneas para lidar com a crise. Reuniões e entrevistas coletivas foram marcadas a tempo de serem passadas no horário nobre. O noticiário da noite de Walter Cronkite era um alvo-chave, já que as pesquisas tinham rotulado Cronkite como a pessoa mais confiável da América. Burke imaginou que o público de Cronkite confiaria nas histórias coletadas nas reuniões e entrevistas coletivas da J&J. O resto é história. A marca foi salva. Depois da restauração às prateleiras das lojas em recipientes invioláveis, o Tylenol acumulou uma participação de mercado ainda maior.

Poderia parecer que a abordagem de Burke aumentaria a vulnerabilidade da J&J. E talvez tenha. Mas ela também reduziu os riscos. Risco não necessariamente aumenta em proporção a aumentos de vulnerabilidade. Na verdade, o aumento da vulnerabilidade pode diminuir o risco, como aconteceu no caso Tylenol.

O atrevido *Manifesto Cluetrain* falou sobre o mercado como uma arena

---

74 Jerry Knight, "Tylenol's Maker Shows How to Respond to Crisis", *The Washington Post*, 11 de outubro de 1982.

para conversações.[75] A maioria das pessoas pensa nisso como decorrente da integração da Internet. No entanto, James Burke resolveu o problema do Tylenol através de conversas com os meios de comunicação e o mercado bem antes de a Internet se tornar um artefato dominante. O que a Internet tem feito é tornar as conversas (também conhecidas como diálogos) menos opcionais. Mas nem todas as empresas já dominam os princípios cruciais do diálogo efetivo, que resumimos em quatro princípios.

Princípio # 1: Estabeleça uma relação positiva (ou reforce uma já existente) antes de começar os negócios

Quando a J&J convidou a mídia para o seu santuário, um relacionamento que de outra maneira poderia ter tomado um rumo adverso, evoluiu positivamente. Isso predispôs a resultados positivos nos noticiários e, por fim, no mercado.

Empresas Humanizadas ganham uma lealdade extraordinária ao cativar os *stakeholders*. Isso predispõe a resultados positivos em toda a volta. Os clientes gastam mais, os empregados trabalham de forma mais produtiva e criativa, fornecedores são mais responsivos, as comunidades são mais acolhedoras, e os acionistas estão mais satisfeitos com seus investimentos.

Princípio # 2: Mostre disposição para ser vulnerável

Este é o princípio da transparência. Sem dúvida, muitos departamentos jurídicos corporativos não gostam deste princípio. No entanto, ele é essencial para se obter os melhores resultados das conversas com os *stakeholders*. Quando uma parte de um diálogo retrai, a outra tende a fazer o mesmo. Vulnerabilidade estratégica ajuda a construir e manter a confiança. Declarações de visão e missão muitas vezes falam com o

---

75 Rick Levine, Christopher Locke, Doc Searls e Dave Weinberger, *The Cluetrain Manifesto: The End of Business As Usual*, Perseus Books, 2000.

objetivo de construir confiança, mas quantas indicam uma disposição da empresa para ser vulnerável?

Líderes de Empresas Humanizadas praticam este princípio com fervor. A Honda ritualiza a vulnerabilidade gerencial através da prática de *waigaya*, um protocolo pelo qual o cargo é deixado de lado para facilitar a resolução de problemas. *Waigaya* permite que os empregados desafiem qualquer política, procedimento ou decisão tomada pelos superiores. Whole Foods Market, L.L. Bean, Harley-Davidson e a maioria das outras Empresas Humanizadas têm suas próprias versões de *waigaya*.

Princípio # 3: Promover empatia recíproca, através da qual os stakeholders retribuem a empatia da empresa

Em *O Cérebro do Futuro: A revolução do lado direito do cérebro* (Campus/ Elsevier, 2007), Daniel Pink cita a empatia como uma das seis dimensões culturais-chave no que ele chama de "Era Conceitual", que se equipara à Era da Transcendência. Cada cliente quer ser compreendido. O mesmo vale para todos os empregados, fornecedores e parceiros de negócios. Este anseio surge das expectativas que as pessoas têm de seus relacionamentos. As empresas que não entendem as expectativas de seus *stakeholders* de uma perspectiva empática, inevitavelmente receberão baixa pontuação de fidelidade.

Alguns devoradores de números corporativos com o "lado esquerdo do cérebro dominante" podem revirar seus olhos ao ouvirem a palavra *empatia* invocada em um contexto de negócios. No entanto, mesmo eles apreciam o valor econômico da lealdade, que é apenas outro termo para afeto. Empatia gera afeto. Projetar empatia aos clientes, funcionários e outros *stakeholders* é como fertilizar um pé de tomate. A relação entre os *stakeholders* e a empresa vai crescer, florescer e dar frutos.

Discussão sobre o valor da conexão empática com os clientes é lugar-comum, especialmente no treinamento de vendas. No entanto, pouco tempo é gasto discutindo o valor de se encorajar os clientes a se conectarem de forma empática com uma empresa. A gigante dos seguros USAA, que serve militares e suas famílias, tem uma história para contar que testemunha o valor de os clientes se ligarem empaticamente com uma empresa. Com uma compreensão empática das dificuldades que ir para a guerra representa para as famílias de militares, a USAA decidiu fazer algo sobre isso após a primeira Guerra do Golfo. Ela enviou restituições aos segurados que tinham ido para o Golfo, abrangendo o período que eles não estavam voltando para casa.

Cerca de 2.500 segurados enviaram as restituições de volta para a USAA. Eles incluíram notas de agradecimento em que diziam "obrigado", mas estavam retornando as restituições para ajudar a manter a USAA financeiramente sã.

Trinta e três anos atrás, quando estava apenas começando no negócio de alimentos naturais, o cofundador do Whole Foods Market John Mackey viu seu sonho virar pesadelo com as águas da enchente causada pelas fortes chuvas que inundaram sua primeira loja em Austin, Texas. Enquanto refletia sobre como o dedo cruel do destino havia devastado o seu negócio, os clientes começaram a fluir de todos os lugares para ajudá-lo a reconstruir sua loja. A consideração empática de Mackey pelos seus clientes foi retribuída pela resposta empática deles com a sua situação.

Estamos nadando em um mar de complexidade e desordem – não apenas nos negócios, mas na vida diária. As empresas podem ajudar clientes e empregados a encontrarem simplicidade e ordem. Conectar-se empaticamente com as pessoas ajuda a fazer isso acontecer. A Empresa Humanizada Trader Joe's entende isso. As lojas são pequenas (900 m^2) e oferecem apenas cerca de 2.000 itens (o supermercado médio comercializa 30.000 itens). Mas os compradores regulares da Trader Joe's não sentem falta nem do tamanho, nem do excesso de opções encontradas em supermercados. Na verdade, pode-se chamar o ambiente da Trader Joe's de um sopro de ar (tropical?) fresco. Com humor, Trader Joe's oferece aos clientes uma trégua da complexidade e da desordem.

Princípio # 4: Conduzir conversas com reciprocidade genuína

Reciprocidade conversacional contribui para boas e duradouras amizades. Um amigo fala, o outro reconhece o que foi dito. De forma intermitente, cada pessoa sinaliza para a outra que o que ele ou ela falou não só está sendo ouvido, mas está tendo uma influência. Clientes e funcionários podem obter alguma satisfação ao falarem, mas essa satisfação é ainda maior se eles sabem que alguém não apenas ouviu, mas também foi influenciado por eles.

The Body Shop começou a vida sem depender de tipos tradicionais de pesquisa de mercado. Mas Anita Roddick manteve seu ouvido atento ao cliente através das caixas de sugestões em todas as lojas. As ideias eram recolhidas e cuidadosamente catalogadas, enquanto membros da equipe escreviam uma resposta pessoal para o autor de cada mensagem. Desta forma, Roddick e sua equipe estavam cumprindo o quarto princípio de diálogos de negócios.

* * *

Então, sim, estamos vivenciando reviravoltas no mundo dos negócios em uma escala sem precedentes, plantando sementes da desordem em toda a nossa volta. No entanto, a previsão para o futuro é brilhante para as empresas cujos líderes são abençoados com altos níveis de competência gerencial e que inspiram funcionários, clientes, fornecedores, acionistas e as comunidades em que suas empresas operam com a visão transcendente que temos visto de maneira uniforme por todo o universo das Empresas Humanizadas.

4

Empregados – de Recursos a Fonte

Wegmans Food Markets, Inc., foi eleita uma das "100 Melhores Empresas para Trabalhar" pela revista *Fortune* por 16 anos seguidos, incluindo estar entre as 10 melhores por 11 anos consecutivos e chegar a número 1 em 2014. Isso é uma honra impressionante para uma empresa em um setor notório pelas margens estreitas, baixos salários e alta rotatividade de empregados. A empresa fomenta uma extraordinária lealdade do cliente. Um colunista do CBS Money Watch pergunta: "Poderia esta ser a melhor empresa do mundo? Eu não sei como uma empresa poderia ser melhor... Os clientes são ferozmente leais e dirão que se sentem como se a Wegmans fosse a "sua" loja. O ator Alec Baldwin contou a David Letterman sobre a recusa de sua mãe em deixar Nova Iorque, porque não existem lojas Wegmans em Los Angeles."[76]

A filosofia da Wegmans é que "pessoas boas, trabalhando para um objetivo comum, podem realizar qualquer coisa que se proponham a fazer". Na altamente competitiva indústria do supermercado, a Wegmans se diferencia através da experiência do cliente. Ela vende 60 mil produtos diferentes, 20 mil a mais do que o supermercado médio. Muitas de suas lojas têm áreas de lazer, permitindo aos pais fazerem compras sem seus filhos. Cafeterias com 100 a 200 lugares servem uma grande variedade de pratos para os clientes.[77]

A maioria dos varejistas deliberadamente contrata empregados pou-

---

76 http://www.cbsnews.com/8301-505143_162-45340815/could-this-bethe-best-company-in-the-world/.

77 Visão geral de www.wegmans.com e
http://www.wegmans.com/about/pressRoom/overview_printable.asp.

co qualificados que podem ser facilmente substituídos, mantendo os salários baixos enquanto aceitam – e até comemoram – alta taxas de rotatividade. Empresas Humanizadas fornecem evidências sólidas do contrário. Elas sabem que salários e benefícios superiores podem realmente *diminuir* custos relacionados aos empregados. Este resultado paradoxal se torna possível pelos menores custos de recrutamento e treinamento e produtividade superior.

A Wegmans não é única a acreditar que se cuidar de seus empregados, eles atenderão melhor os clientes. O que é único (exceto entre outras Empresas Humanizadas) é até que ponto a Wegmans cumpre essa crença. A empresa familiar paga bem acima da média dos salários em sua indústria. Oferece seguro de saúde acessível para os empregados, além do plano de aposentadoria (previdência privada - 401k), no qual a empresa complementa as contribuições dos empregados com 50 centavos a um dólar, até os limites fiscais permitidos.

Mesmo os trabalhadores de meio período se saem excepcionalmente bem na Wegmans. Estudantes de ensino médio trabalhando como caixas e empacotadores podem ganhar um bônus de bolsa de estudos de até US$ 6 mil ao longo de quatro anos.[78] Ao longo dos últimos 27 anos, a Wegmans pagou US$ 81 milhões em bolsas de estudos para mais de 25.000 empregados de meio período e período integral.

Esta empresa de quase US$ 6 bilhões proporciona vasto treinamento a todos os funcionários. O CEO Danny Wegman diz que empregados versados são "algo que nossos concorrentes não têm e que nossos clientes não conseguiriam em nenhum outro lugar".[79] Eles adquirem esse conhecimento não só lendo ou frequentando aulas locais, mas "muitos chefes de departamento viajam para o exterior para trabalhar em pâtisseries francesas ou para visitar o campo e aprender sobre queijos".[80]

---

78 Matthew Swibel, "Largest Private Companies—Nobody's Meal", Forbes, 24 de novembro de 2003.
79 Michael A. Prospero, "Moving the Cheese: Wegmans Relies on Smart, Deeply Trained Employees to Create a 'Theater of Food'", *Fast Company*, Edição 87 (outubro 2004), p. 88.
80 Prospero, *op. cit.*

Karen Shadders, vice-presidente de pessoas na Wegmans, diz: "Se cuidarmos de nossos empregados, eles vão cuidar de nossos clientes. Se os empregados não podem cuidar de suas famílias, eles não podem fazer seus trabalhos. O foco está em libertar as pessoas para que elas possam ser mais produtivas... Nossa remuneração e benefícios são iguais ou acima de nossa concorrência. Isso nos ajuda a atrair funcionários de calibre mais elevado". Bons empregados asseguram maior produtividade, diz ela, o que se traduz em melhores resultados financeiros.[81]

A Wegmans coloca muita fé em seus empregados. Todos têm ampla liberdade para fazer o que for necessário para garantir que um cliente saia da loja totalmente satisfeito – sem a necessidade de consultar um gerente. Um empregado assou um peru de Ação de Graças na loja para uma cliente depois que ela descobriu que a ave era muito grande para o seu forno. Em outra ocasião, um chef da Wegmans foi à casa de uma cliente para ajudar a terminar de preparar uma refeição para convidados que ela tinha estragado.[82]

A experiência da Wegmans mostra a conexão direta entre a confiança depositada nos funcionários e a lealdade deles. Sua taxa de rotatividade voluntária anual para empregados de tempo integral é de apenas 6% em uma indústria em que a taxa de rotatividade anual média excede 100% para empregados de meio período e 20% para empregados de período integral.

As promoções são quase exclusivamente internas. Mais da metade dos gerentes de loja começou na Wegmans ainda adolescente. A empresa utiliza principalmente empregados excepcionais de lojas existentes para montar as novas lojas, e treina todos eles extensivamente antes da inauguração. A empresa gastou US$ 5 milhões em treinamento para apenas uma nova loja em Dulles, Virgínia. Um dos gerentes de uma nova loja que abriu em Burlington, Massachusetts, em 2014, disse que havia

---

81 Swibel, *op. cit.*
82 Matthew Boyle & Ellen Florian Kratz, "The Wegmans Way", *Fortune*, 24 de janeiro de 2005, p. 62.

participado de 87 treinamentos diferentes em 27 anos de empresa.[83]

Os custos salariais diretos da Wegmans são aproximadamente 15 a 17% das vendas. Isto é significativamente superior aos 12% de um supermercado típico. Certamente, se a Wegmans fosse uma empresa de capital aberto, seria profundamente criticada por alguns analistas por pagar salários a taxas que são 25% ou mais além do que seus concorrentes pagam. No entanto, pesquisa mostrou que o custo anual de rotatividade da indústria do supermercado excede seus lucros anuais em cerca de 40%.[84] Não é à toa que o ex-presidente Robert Wegman, filho do cofundador Walter Wegman, disse: "Eu nunca dei mais do que recebi de volta".

Então, o que a Wegmans recebe de volta ao pagar salários mais altos do que a maior parte de seus concorrentes? Sem dúvida, bem diferente do que a maioria dos analistas do setor supermercadista poderia esperar. Suas margens operacionais são o *dobro* das de outros grandes supermercados. Suas vendas por metro quadrado são 50% mais elevadas que o padrão.

Ao descrever a importância de sua equipe, Robert Wegman disse: "Quando visito nossas lojas, os clientes me param e dizem, 'Sr. Wegman, você tem uma grande loja, mas, uau, seu pessoal é maravilhoso'".[85] Pense em quanto dinheiro isso poupa em publicidade e outros custos de marketing. Essa consideração indica por que a remuneração de empregados não deve ser avaliada em um vácuo. Ela não é uma variável independente. Empregados tanto beneficiam quanto oneram cada dimensão da existência de uma empresa. O grau em que eles entregam um ou outro é essencialmente uma função da cultura da empresa e da visão da liderança do valor de seus empregados.

---

83 http://homenewshere.com/daily_times_chronicle/news/burlington/article_0fcaf680-de78-11e2-b275-0019bb2963f4.html.
84 Estudo da Coca Cola Retailing Research Council, citado por Boyle & Kratz, *op. Cit.*
85 Visão geral de www.wegmans.com e http://www.wegmans.com/about/pressRoom/pressReleases/FortuneTop100.asp?sd=home&dt=top100.

Empresas Humanizadas dão Sentido à Experiência do Trabalho

Houve um tempo em que trabalho era simplesmente um meio de receber salário, para a maioria das pessoas. Ele era geralmente maçante, em condições muitas vezes desumanas. Ao longo do tempo, as condições de trabalho melhoraram dramaticamente, mas o trabalho em si continua a ser monótono, repetitivo e unidimensional para muita gente

O Instituto Gallup ganhou uma merecida reputação por seu trabalho na investigação do engajamento dos empregados. As conclusões da empresa pintam uma imagem sombria do local de trabalho típico: ao longo de um período de 13 anos entre 2000 e 2012, o engajamento médio dos empregados nos Estados Unidos variou entre 26 e 30%. A proporção de funcionários descritos como "ativamente desengajados" (em outras palavras, profundamente infelizes e até mesmo hostis) variou de 16 a 20%. Esta é uma situação chocante e aponta para um desperdício colossal e trágico do potencial humano. A culpa por isso deve ser depositada aos pés de líderes empresariais; a maioria simplesmente falhou em criar as condições em que as pessoas possam usar os seus dons e verdadeiramente prosperar.

Na Era da Transcendência, as pessoas buscam mais do que um cheque pelo seu trabalho; elas anseiam por uma "renda psíquica", bem como monetária. Os níveis de educação aumentaram e a consciência global de opções de vida e possibilidades explodiu por causa da Internet. Cada vez mais, as pessoas querem um trabalho que as envolva totalmente, que preencha suas necessidades emocionais e sociais, que seja significativo – em suma, trabalho psicologicamente gratificante. Emblemáticas do escopo das mudanças culturais que estão ocorrendo nos primeiros anos da Era da Transcendência, as pessoas querem ver seus trabalhos como um chamamento, algo que elas nasceram para fazer, que responda a uma necessidade superior. Isso contribui muito para dar às Empresas Humanizadas o caráter inspiracional de seus modelos de negócios. Seus empregados sentem um chamado para ajudar os clientes a terem uma vida melhor e para fazerem o que puderem para melhorar a sociedade e o planeta em que vivemos.

Líderes de Empresas Humanizadas facilitam, encorajam, premiam, reconhecem e celebram seus empregados por estarem a serviço de suas comunidades e do mundo em geral, simplesmente porque essa é a coisa certa a fazer. A melhor forma de responsabilidade social corporativa não é fazer doações monetárias para instituições de caridade, mas o envolvimento dedicado de todos em uma empresa em buscas significativas que vão além do resultado financeiro. Em Empresas Humanizadas, é comum ver executivos, gerentes e trabalhadores da linha de frente trabalhando ombro a ombro, forjando laços inabaláveis através do serviço compartilhado aos outros em todos os grupos de *stakeholders*. Isto promove um senso de cooperação e apoio dentro da empresa. Faz com que os empregados ajudem uns aos outros a prosperarem, em vez de se enxergarem como rivais para o avanço.

A fabricante de vestuário e equipamentos outdoor Patagonia tem um programa de estágio ambiental que dá aos empregados até dois meses por ano, com remuneração integral e benefícios, para voluntariar em uma organização ambiental de sua escolha. A Fundação Harley-Davidson chama cerca de 50 funcionários para ajudar a avaliar e direcionar as doações da empresa. A fabricante de roupas REI apoia organizações comunitárias (US$ 4 milhões em doações em 2012), mas apenas faz doações a organizações indicadas por funcionários. A soma total de todas essas atividades realizadas por Patagonia, REI, Harley-Davidson e semelhantes não é apenas um exercício de responsabilidade social corporativa. Os outros componentes dos modelos de Empresas Humanizadas e Gestão de Relacionamento com Stakeholders que circundam essas atividades claramente socialmente responsáveis constituem um sistema estratégico que reduz custos, aumenta a produtividade, e gera lealdade superior de clientes e empregados, permitindo que estas empresas superem os seus concorrentes em uma base consistente e entreguem retornos excepcionais aos acionistas.

Empresas Humanizadas podem se dar ao luxo de serem altamente seletivas no recrutamento de empregados porque são locais atraentes para se trabalhar e classificam bem acima da média em suas categorias de salários e benefícios. No entanto, uma questão interessante a se considerar é se esse alto grau de seletividade no recrutamento é *causa* ou *efeito* do sucesso dessas empresas. Se a seletividade afiada no recrutamento é um condutor do sucesso das Empresas Humanizadas, então, seria improvável que empresas trabalhando com empregados de calibre inferior conseguissem duplicar o sucesso das Empresas Humanizadas. Também sugeriria que o número de Empresas Humanizadas seria limitado pelo número de empregados de alto calibre disponíveis no mercado de trabalho. Por outro lado, caso se trate de um *efeito* da maneira de ser da Empresa Humanizada, outras empresas podem de fato ser capazes de emular esse sucesso. A Nissan nos oferece uma lição sobre este ponto que demonstra como trabalhadores comuns e inexperientes podem se tornar colaboradores extraordinários, altamente qualificados. (veja o quadro "O Milagre Mississippi").

O Milagre Mississipi

O CEO da Nissan Carlos Ghosn realizou uma notável reviravolta na empresa, levando-a de perdas íngremes e dívida maciça no final dos anos 1990, para as maiores margens de lucro de qualquer grande montadora do mundo. Pense no que a Nissan foi capaz de fazer com sua fábrica em Canton, Mississippi, inaugurada em maio de 2003. Um dos estados mais pobres e menos industrializados dos EUA, Mississippi é um lugar improvável para se colocar uma fábrica de última geração de US$ 2 bilhões. A fábrica teve de contar com uma força de trabalho não testada, em grande parte inexperiente, produto do péssimo sistema educacional do estado. A Nissan ofereceu para pagar quase o dobro do salário industrial prevalecente no estado. A empresa realizou feiras de emprego em todos os 82 condados do estado, e algumas filas de candidatos chegavam a quase 1 km de comprimento. O governador pediu a Ghosn que prometesse que metade dos trabalhadores da nova fábrica seria afro-americano; a empresa excedeu esse limite em 2005. A fábrica de Canton tem alcançado alguns dos mais altos índices de qualidade do mundo. Seu sucesso ultrapassou as expectativas, e o orgulho e a alegria dos trabalhadores é palpável. Reuniões de funcionários assumiram um ar de renascimento religioso. Em uma cerimônia de graduação para novos supervisores, um deles disse: "Vir para a Nissan foi uma das melhores decisões que já tomei". Outro disse: "Se você não sabe como construir relações com as pessoas, a Nissan lhe mostrará". Uma mulher levantou-se para falar, sua voz trêmula e os olhos cheios de lágrimas, e disse: "Eu não posso nem falar porque estou tão cheia de alegria". Muitos céticos pensaram que instalar uma montadora de automóveis altamente sofisticada na fatia de terra mais educacionalmente e economicamente atrasada dos EUA era o auge do mau julgamento. Mas os céticos mudaram de tom. Em 2013, a força de trabalho da fábrica tinha crescido para 5.200, e agora produz 450 mil carros por ano. Um proeminente ex-crítico diz que o que a Nissan realizou no Mississippi é "um milagre".[86]

Com base em sua pesquisa, o Prof. Charles O'Reilly, de Stanford, concluiu que "pessoas comuns" podem ajudar a construir grandes empresas e alcançar resultados extraordinários. Em seu livro *Hidden Value: How Great Companies Achieve Extraordinary Results with Ordinary People* (Valor Oculto: Como Grandes Empresas Alcançam Resultados Extraordinários com Pessoas Comuns), ele mostra que se as empresas criarem uma cultura em que os empregados tenham posse psicológica, até mesmo os empregados médios podem desempenhar em altos níveis. Eles precisam sentir que são ouvidos e apreciados, e que podem fazer a diferença. Se isso acontecer, eles certamente farão diferença.

---

86 G. Paschal Zachary, "Dream Factory", *Business 2.0*, junho de 2005, pp. 97–102.

A maioria das Empresas Humanizadas, especialmente aquelas que atendem a estilos particulares de vida dos clientes, tenta contratar empregados com paixão pelo propósito do negócio. Por exemplo, Patagonia, L.L. Bean e REI tentam contratar apenas entusiastas de atividades outdoor. Isso reforça vínculos entre empregados e clientes. Trader Joe's, Wegmans e Whole Foods recrutam *foodies* (apaixonados por alimentos). Empregados da empresa de design IDEO vêm de uma incrível variedade de formações em pensamento sistêmico, de médicos a arquitetos.

A liderança executiva nas Empresas Humanizadas normalmente provém dos escalões. Este é um grande motivador para os novos empregados, dando-lhes esperança e sonhos brilhantes sobre o seu futuro com a empresa. CarMax e Trader Joe's têm ambas planos de carreira claramente definidos. Na CarMax, os novos empregados escolhem uma das quatro vias de carreira: Vendas, Compras, Operações ou Escritório de Negócios. O funcionário pode ser promovido através de vários níveis dentro de cada via. Na Trader Joe's, novas contratações geralmente começam como "Noviços", progredindo para Especialista, Negociante, Primeiro ou Segundo Suboficial e, em seguida, Capitão ou Comandante.

A Vantagem da Parceria na Gestão de Relações com o Sindicato

O Prof. Jeffrey Pfeffer, da Universidade de Stanford, argumenta que se a liderança da empresa e os sindicatos puderem manter uma relação cordial, as empresas sindicalizadas tendem a ter melhor desempenho do que as não sindicalizadas. Claro, se o relacionamento se tornar antagonista, o oposto acontece. O maior benefício direto da sindicalização são os salários mais altos, que atraem empregados melhores e reduz a rotatividade. O impacto do lucro líquido tende a ser zero (e pode até ser positivo) porque a rotatividade é cara e trabalhadores experientes são mais produtivos. Quando a Kaiser Permanente finalmente lançou uma parceria com os seus sindicatos, os resultados melhoraram dramaticamente. A satisfação dos empregados disparou, a satisfação dos clientes aumentou, e a parceria levou a uma redução de custos de US$ 100 milhões.[87]

Empresas Humanizadas se enquadram em um de dois perfis de relações trabalhistas: forte gestão de parcerias com um sindicato (como Southwest e Harley-Davidson têm) ou gestão de parcerias diretamente com os empregados em empresas com excelentes condições de trabalho e sólidos pacotes de remuneração e benefícios, de tal forma que pouco reste para um sindicato negociar (como acontece com o Whole Foods Market).

A maioria dos empregados da Harley-Davidson é sindicalizada. Quando o futuro da empresa esteve seriamente ameaçado no início dos anos 1980, o sindicato manteve-se fiel para ajudar a superar o período difícil. Desde então, a gestão tem mantido um relacionamento aberto incomum com o sindicato. Tanto empresa como empregados se beneficiam, assim como os acionistas.

Na Harley-Davidson, gestão e sindicato têm o mesmo objetivo: trabalhar juntos para o benefício de ambos, empresa e empregados, equilibrando as necessidades e objetivos de cada um. A Harley tenta, sempre que possível, usar soluções internas (*in-sourcing*) para fazer o trabalho dentro de casa, no intuito de evitar demissões. O sindicato é conhecido por repreender seus próprios membros por trabalho insatisfatório. Gestão e sindicato têm trabalhado em conjunto para melhorar o ambiente de segurança da empresa.[88]

Na Southwest, o relacionamento da empresa com o sindicato dos pilotos é bastante tranquilo. Os dois lados partilham opiniões abertamente e há respeito por todos os envolvidos.[89] Esta relação respeitosa entre a administração e os sindicatos foi realmente posta à prova depois dos ataques terroristas de 11 de Setembro. O CEO Herb Kelleher respondeu às consequências daquele dia trágico recusando-se a fazer qualquer demissão. Ele disse: "Nós poderíamos ter dado licenças em vários momentos e ter sido mais rentáveis, mas eu sempre achei que isso era mesquinho.

---

87 Jeffery Pfeffer, "In Praise of Organized Labor", *Business 2.0*, junho de 2005, p. 80.

88 Lois Caliri, "Harley-Davidson: Win-Win for Workers", *Central Penn Business Journal*, 18 de abril de 1997.

89 Jody Hoffer Gittell, *The Southwest Airlines Way: Using the Power of Relationships to Achieve High Performance*, McGraw-Hill, 2002, p. 169.

EMPRESAS HUMANIZADAS

Você quer mostrar ao seu pessoal que você os valoriza e não vai prejudicá-los apenas para obter um pouco mais de dinheiro no curto prazo".[90]

Líderes em Empresas Humanizadas não sindicalizadas tendem a ver os primeiros sinais de interesse na sindicalização como um alerta de que estão decepcionando seus funcionários. Essa é, certamente, a maneira como o fundador e CEO do Whole Foods Market, John Mackey, vê isso. Quando os empregados da loja em Madison, no estado do Wisconsin, votaram (65 a 54) pela sindicalização por causa do aumento dos custos de saúde e preocupações com o código de vestimenta, Mackey reagiu rapidamente. Ele reconheceu publicamente: "Há espaço para melhorias. Como o Whole Foods assumiu proporções de uma empresa de US$ 3,2 bilhões, o equilíbrio entre a atenção da empresa para com seus empregados e os outros *stakeholders* pode ter ficado um pouco desajustado".[91]

Mackey voltou para o lema da empresa – "*Whole Foods, Whole People, Whole Planet*" (Comida Saudável, Pessoas Saudáveis, Planeta Saudável) – para se recarregar. Ele decidiu visitar todas as 145 lojas para reconectar e realizar reuniões com os membros da equipe. Depois dessas reuniões, decidiu realizar um votação em toda a empresa sobre como os benefícios dos empregados deveriam ser reestruturados. Devido ao "toque de despertar" de Madison, a empresa decidiu pagar 100% dos prêmios de seguro de saúde. E foi mais longe: emitiu "cartões de bem-estar pessoal" para todos os empregados em tempo integral na forma de cartões de débito, com US$ 1.700 para gastar em despesas médicas e dentárias. O sindicato na loja de Madison se recusou a permitir que seus membros naquela loja recebessem esses benefícios, uma vez que não os tinha negociado. Os empregados da loja responderam votando pela revogação da sindicalização em novembro de 2003.

---

90 Gittell, *op. cit.*, p. 243.
91 Michelle Breyer, "Whole Foods Market Woos its Staff", *Knight Ridder Tribune Business News*, 6 de junho de 2003.

Construindo Confiança

Uma marca característica das Empresas Humanizadas é o alto grau de confiança que existe em seu interior. Construir confiança é um processo lento, e sustentá-la é sempre um desafio. Pense em como The Container Store constrói e sustenta a confiança entre os seus empregados. A empresa é claramente muito bem sucedida em fazer isso, pois é considerada uma das melhores empresas para se trabalhar nos EUA. A revista *Fortune* a classificou duas vezes como número 1, em 2000 e 2001; número 2, em 2002 e 2003; e número 3, em 2004, e a empresa faz parte desta cobiçada lista há 14 anos seguidos. Os novos empregados passam por uma semana de orientação, conhecida como Foundation Week (Semana de Fundamento), durante a qual eles aprendem o funcionamento interno e a filosofia da empresa. Este é o primeiro passo na construção de uma relação de confiança mútua. Barbara Anderson, ex-gerente de relações com os empregados, disse o seguinte:

> "Muitos de nossos novos empregados trabalharam para outras empresas que os decepcionaram. Quando ouvem pela primeira vez sobre a nossa cultura, eles querem acreditar, mas aprenderam a ser cautelosos. Nossa Semana de Fundamento não resolve completamente este problema; confiança leva tempo. Mas ela acelera as coisas. O gerente da loja passar o dia inteiro com os novos contratados é um enorme endosso".[92]

Empresas Humanizadas lançam mão de quatro elementos-chave para construir a confiança com os funcionários: respeito pelos indivíduos, transparência, formação de equipe e empoderamento.

Respeito pelos Indivíduos

Empresas Humanizadas veem cada empregado como uma "pessoa integral", em vez de um "componente de produção" impessoal. O respeito

---

92 Leonard L. Berry, *Discovering the Soul of Service*, New York: The Free Press, 1999.

pelos indivíduos é demonstrado pelo incentivo da administração para que os funcionários participem das tomadas de decisão da empresa, independentemente de sua função. Por exemplo, lembre-se de nossa discussão anterior sobre Empresas Humanizadas consultarem seus empregados sobre causas dignas para a filantropia corporativa (REI e Harley-Davidson), sobre permitirem que os empregados decidam a melhor maneira de mandar os clientes para casa plenamente satisfeitos (Wegmans), e sobre apoiarem a contribuição de tempo e experiência dos empregados a causas nobres (Patagonia e L.L. Bean).

Transparência

Empresas Humanizadas não partilham da paranoia de muitas empresas sobre o compartilhamento de informações com todos os empregados, bem como com outros *stakeholders*. As Empresas Humanizadas seguem o caminho do sol, mesmo nas empresas privadas como New Balance e The Container Store (que recentemente abriu o capital). Ambas abrem seus livros para os empregados. New Balance compartilha informações sobre processos de fabricação, números e custos de produção. Isso gera confiança, mas também ajuda seus empregados nas fábricas americanas a entenderem quanto custa para a empresa produzir os calçados nos EUA versus em outros países. A administração considera esse um fator importante para melhorar a eficiência e se manter competitiva, o que protege empregos domésticos.

Construção de Equipes

Empresas Humanizadas cultivam um senso forte e fora do comum de participação de equipe, um fator importante nas suas baixas taxas de rotatividade. Na empresa de design industrial baseada em San Francisco IDEO, as equipes são incentivadas a tirarem uma tarde de folga de vez em quando para assistirem a um filme ou a um jogo juntas. Os funcionários desenvolvem um senso distinto de identidade. Os empregados do Google são chamados de Googlers – uma casta a parte. Trader Joe's criou uma identidade distinta para os seus funcionários, que usam camisas havaianas no trabalho e são conhecidos como Capitão, Primeiro Parceiro, e assim por diante. A equipe de gestão da Jordan's Furniture criou o conceito de "J-team" (Time J), para institucionalizar o fato de que todos devem trabalhar juntos para encantar os clientes e proporcionar experiências memoráveis. A ideia de igualdade entre cliente e empregado, e até mesmo entre a gestão e os contratados em tempo parcial, é fundamental para a crença do J-team.

Empoderamento

Empregados das Empresas Humanizadas geralmente têm a autoridade (e a obrigação) para gastar os recursos necessários para fazer um cliente feliz ou corrigir um problema de produção. Isso, naturalmente, constrói a confiança dos funcionários na empresa, porque a empresa confia neles. IDEO pede que os novos empregados gerenciem um projeto tão logo eles são contratados. A Southwest, em seus primeiros anos, foi forçada a vender um de seus quatro aviões. Em vez de operar um horário reduzido (o que exigiria menos pessoas), os empregados vieram com um plano para manter o esquema de quatro aviões existente com apenas três aviões. Para conseguir isso, eles reduziram o tempo médio de permanência no portão para 10 minutos com a colaboração de todos: pilotos e gestão ajudavam com o manuseio da bagagem, os comissários de bordo simplificaram a limpeza da cabine, e o pessoal de terra renovou o processo de reabastecimento de bebidas. Na Jordan's, através do conceito de J-team, todos os empregados têm o poder de fazer o que for preciso para servir os clientes. Vistos pela administração como embaixadores para o cliente, eles têm um senso de propósito em suas ações diárias. Saber que o seu desempenho afeta diretamente a experiência do cliente promove a autonomia e proporciona a satisfação de um trabalho bem feito.

O Prazer do Trabalho

Empresas Humanizadas promovem um ambiente de trabalho divertido, colegial, produtivo e com propósito. Este é um fator-chave para atrair, motivar e reter empregados. Essas empresas criam uma atmosfera que permite que as pessoas deem o seu melhor sem se sentirem pressionadas. Os empregados são produtivos sem serem estressados. Eles são sérios sobre seu trabalho, mas o fazem com senso de humor. Eles experimentam uma forma de "concentração relaxada" que maximiza o potencial de cada um.

Até o final da década de 1970, a Toyota não tratava bem os seus trabalhadores da linha de montagem. Há relatos sobre horas passadas em frente a correias transportadoras que nunca paravam. "Tempo livre" durante o horário de trabalho foi muitas vezes confiscado para aumentar a produção sem aumentar o número de trabalhadores. Os trabalhadores eram atados às esteiras até que elas parassem, o que não acontecia até o dia em que a meta de produção fosse alcançada. De acordo com Satoshi Kamata, um ex-trabalhador da linha de montagem, a empresa não tolerava faltas, os suicídios eram bastante frequentes, e muitos empregados desenvolveram problemas no ombro, braço e pescoço devido às longas horas gastas em posições e movimentos corporais não naturais.[93]

Felizmente, a Toyota viu a luz e começou a reconhecer que saúde e segurança de todos os seus empregados é uma questão de suma importância. Focou fortemente em eliminar acidentes e doenças ocupacionais através de educação e conscientização. A empresa realiza exames de saúde anuais e lançou uma campanha de melhoria de estilo de vida para promover uma melhor saúde entre os empregados. A preocupação com a saúde mental inspirou a Toyota a implantar cursos de escuta ativa para os supervisores, como meio de prevenção e detecção precoce de problemas de saúde mental entre os empregados.

Os ambientes de trabalho das Empresas Humanizadas são diverti-

---

93 S. Kamata, *Employee Welfare Takes a Back Seat* at Toyota, Pantheon Books, 1982.

dos, flexíveis, equilibrados (entre trabalho e vida pessoal) e oferecem aos empregados benefícios criativos de qualidade de vida.

Diversão

Na Southwest, Herb Kelleher realizou inúmeras acrobacias para criar uma atmosfera divertida e promover a companhia aérea, tais como queda de braço com o diretor-executivo de outra empresa pelos direitos de slogan publicitário (um evento que atraiu enorme publicidade na mídia e contou com 1.800 funcionários da Southwest vestidos como líderes de torcida), vestir-se como uma *drag queen* ou Elvis Presley.[94] A personalidade divertida de Kelleher permeia a cultura da Southwest Airlines e seus empregados piadistas. A cultura agora está profundamente enraizada. Para garantir que ela continue, a empresa criou um "Comitê de Cultura", que consiste de quase uma centena de empregados nomeados por seus pares de todos os níveis e localidades. Este grupo tem a responsabilidade de "fazer o que for preciso para criar, aprimorar e enriquecer o espírito e a cultura especiais da Southwest que fizeram dela uma maravilhosa empresa/família". Ele organiza eventos especiais através de todo o sistema Southwest, como festas de reconhecimento de empregados, festas por realizações parciais de metas, e banquete anual de premiação que homenageia funcionários pelo tempo de serviço.

O logotipo do Google (a empresa cria centenas de variações sobre ele, de acordo com cada ocasião e contexto) conota diversão e brincadeira. O slogan irônico da The Container Store para os clientes é "Contenha-se," ("Contain Yourself", em inglês, uma brincadeira com o nome da empresa), ao mesmo tempo em que incentiva os empregados a "Pensar Fora da Caixa" ("Think Outside the Box", idem). A empresa tem um "Comitê de Diversão", que patrocina atividades e eventos que conectam os empregados uns aos outros. Ele foi criado para combater a

---

94 David Field, "Southwest Succession", *Airline Business*, abril de 2002, Volume 18, Edição 4, p. 34.

EMPRESAS HUMANIZADAS

despersonalização e o anonimato do funcionário, o que normalmente acontece conforme uma empresa cresce. Como Len Berry escreveu em seu livro *Discovering the Soul of Service* (Descobrindo a Alma do Serviço), "Famílias investem tempo e dinheiro em se divertirem juntos, assim como as organizações de alto nível de confiança. Diversão é uma grande construtora de confiança, pois transmite carinho".[95]

Há alguns anos, a Jordan's Furniture surpreendeu todos os seus empregados ao fechar suas lojas e fretar quatro aviões jumbo para transportar todo o J-team – 1.200 pessoas na época – para Bermuda, no Caribe, por um dia, proporcionando "um dia na praia a 32°C, churrasco, música ao vivo, jogos aquáticos e dança".[96] Esta recompensa reforçou a filosofia do J-team. A empresa queria agradecer seus funcionários pelo trabalho árduo e lealdade. Ao invés de dar uma viagem para cada um separadamente, todos viajaram juntos, estreitando o senso de trabalho em equipe. Todos aproveitaram a viagem juntos, pois tinham trabalhado juntos para merecê-la.

Na IDEO, o fundador David Kelly acredita que "a diversão estimula o espírito inovador".[97] Pausas não planejadas são a norma, e distrações e pegadinhas bobas entre os empregados são valorizadas. Eles fazem muitas excursões juntos e são encorajados a brincar no trabalho. Muitos jogam minigolfe internamente e bolas de espuma nos corredores.

Equilíbrio e flexibilidade

"Equilíbrio" na vida de uma pessoa é um delicado estado de estabilidade que pode ser perturbado por qualquer número de eventos. Se uma empresa proporciona flexibilidade em como, quando e onde seus empregados fazem o seu trabalho, eles podem continuar a satisfazer suas necessidades e obrigações pessoais enquanto cumprem seus compromissos profissionais.

---

95 Leonard L. Berry, *Discovering the Soul of Service*, New York: The Free Press, 1999.
96 Arthur Lubow, "Wowing Warren", *Inc. Magazine*, março de 2000.
97 "Seriously Silly" (entrevista com David M. Kelley, CEO e fundador da IDEO) *Business Week*, 13 de setembro de 1999, p. 14; Tom Kelley e Jonathan Littman, *The Art of Innovation* (New York: Double Day 2001), p. 95.

Empresas Humanizadas estão dispostas a acomodar as necessidades únicas de agenda de seus empregados. Patagonia e New Balance oferecem horários de trabalho flexíveis, permitindo que mães, por exemplo, estejam em casa com seus filhos depois da escola. O ex-CEO da Timberland Jeffrey Swartz acredita: "Executivos enganam a si mesmos se não reconhecerem que as pessoas que eles gerem têm necessidades importantes fora do trabalho". Ele costumava verificar os registros de segurança da Timberland periodicamente para ver se algum funcionário estava vindo ao escritório de forma consistente nos fins de semana. Quando identificou uma tendência, imaginou que deveria haver um problema – falta de equipamento suficiente ou falta de pessoal. "Nada é mais ineficaz do que pessoas angustiadas, exauridas.", diz Swartz.[98]

Pernille Spiers-Lopez, presidente da IKEA América do Norte, tenta manter horários regulares e não levar trabalho para casa, evita viagens de negócios nos fins de semana, e espera que seus empregados façam o mesmo. A IKEA demonstra um compromisso com seus empregados e os desenvolve nas épocas de baixa. A empresa espera que todos os supervisores e gerentes sirvam como mentores e ajustem as necessidades de suas lojas às dos empregados. Para conseguir isso, ela oferece horários de trabalho flexíveis, trabalho partilhado e semanas de trabalho comprimidas. A IKEA realiza pesquisas regulares com os funcionários para avaliar o moral e identificar questões que ela precisa tratar.

Uma peculiaridade do modelo de negócios e da cultura do Google é "20% do tempo". O Google concede aos empregados o direito de gastar 20% de seu tempo no trabalho em projetos independentes de sua própria escolha. Vários destes se transformaram em importantes novas ofertas para a empresa, incluindo Ad Sense para Conteúdo, Google News e Orkut (rede social).[99] Há pouca hierarquia corporativa, e todos usam diversos chapéus. Por exemplo, o webmaster internacional que cria os lo-

---

98 Pam Mendels, "When Work Hits Home: Few CEOs Seem to Realize That It Pays to Offer a Balance", *Chief Executive*, março de 2005, Volume 206.

99 SEC 8/13/04, File 333-114984, Accession Number 1193125-4-139655, p. 28. http://www.secinfo.com/d14D5a.148c8.htm (11 de abril de 2005).

gotipos de feriado do Google passou uma semana traduzindo o site para o coreano. A Southwest também tem uma cultura de flexibilidade das fronteiras de trabalho que, em última análise, ajuda a companhia operar de forma mais eficiente do que seus concorrentes. Gerentes e supervisores trabalham lado a lado com os empregados da linha de frente.[100]

Uma incrível história de equilíbrio, flexibilidade e empoderamento de empregados vem de uma empresa no Brasil.

Em meados da década de 1980, a Semco era uma empresa de peças de navio, com sede em São Paulo, lutando para sobreviver. Ela fabricava bombas e hélices para navios mercantes. Assim como a economia brasileira, estava afundando lentamente. Ricardo Semler assumiu o lugar de seu pai e lançou um ambicioso plano para diversificar o negócio. Ele passou a controlar todos os aspectos da empresa, delegando muito pouco e afastando muitos empregados experientes. Estabeleceu um ritmo tão frenético para si mesmo que, por fim, entrou em colapso enquanto visitava uma fábrica no norte do estado de Nova Iorque e teve que se internar na Clínica Lahey, perto de Boston. Os médicos lhe disseram para diminuir o ritmo, ou logo teria um ataque cardíaco.[101]

Ricardo levou a advertência a sério. Ele começou a mudar a sua empresa, bem como a si mesmo. Decidiu criar equilíbrio entre seu trabalho e sua vida pessoal, e fazer o mesmo para os seus empregados.

Para sua surpresa, descobriu que este novo ritmo, mais moderado, melhorou não só o seu desempenho e o de seus funcionários, mas da Semco também. Os empregados se tornaram mais produtivos, fiéis e versáteis, conforme ele lhes deu mais liberdade para traçar seus próprios cursos. Ele acabou com recepcionistas, organogramas e até mesmo o escritório central. Pediu aos empregados para sugerirem seus níveis salariais, avaliarem o desempenho de seus chefes, e aprenderem como fazer os trabalhos uns dos outros. Abriu os livros para todos e criou um plano transparente de participação nos lucros.

---

100 Gittell, *op. cit.*, p. 157.
101 Brad Weiners, "Ricardo Semler: Set Them Free", *CIO Magazine*, 1o de abril de 2004.

Semler não parou por aí. Em uma reversão quase estranha de tradição, tornou todas as reuniões voluntárias, e as férias obrigatórias. A empresa diz aos empregados que eles podem, e devem, deixar qualquer reunião se não estiverem mais interessados. Desta forma, as únicas pessoas restantes são aquelas que estão realmente interessadas e têm uma participação real em um problema.

Como a Semco se saiu financeiramente de tudo isso? As vendas aumentaram de US\$35 milhões para US\$212 milhões, em seis anos. O número de empregados cresceu de várias centenas para 3.000, com um índice de rotatividade inédito de apenas 1%.

Semler escreveu dois livros sobre sua experiência.[102] Aqui ele explica sobre os empregados definindo suas próprias horas:

> Nós sempre assumimos que estamos lidando com adultos responsáveis, e estamos. Mas quando você começa a tratar os empregados como adolescentes, dizendo que não podem se atrasar, não podem usar este banheiro – é quando você começa a despertar o adolescente nas pessoas... Nosso pessoal equilibra suas vidas muito melhor, e há um número excepcionalmente alto de pessoas que levam seus filhos para a escola, etc. Mas uma estatística recente mostrou que 27% de nossos empregados estão online no domingo às 20h00. Então, eles provavelmente trabalham duro.

E aqui estão as palavras dele relativas a uma perspectiva de *stakeholder*:

> Eu acho que o que fizemos está sendo imitado por causa da quantidade de insatisfação desenfreada entre trabalhadores, mas também entre *stakeholders*... Considere a indústria aérea. Acredito que é a única indústria até agora que conseguiu fazer todos os *stakeholders* perderem. Os acionistas não ganham nenhum dinheiro. Os executivos não duram. Os aviões não melhoram. Os controladores de tráfego aéreo têm o pior emprego do mundo. A tripulação nunca está feliz. Os pilotos estão em greve. A comida é simplesmente horrível. Não há uma coisa boa que se possa

---

102 *Maverick: The Success Story Behind the World's Most Unusual Workplace* (1993) e *The Seven-Day Weekend: Changing the Way Work Works* (Portfolio, 2004).

dizer sobre o negócio de voar. Então... o modelo tradicional não está funcionando. E há incentivo para começar a procurar outra coisa.[103]

Benefícios Criativos de Qualidade de Vida

Pequenas coisas fazem uma grande diferença quando se trata da qualidade de vida do empregado. A IDEO os incentiva a projetarem seus próprios espaços de trabalho de maneira que expressem e estimulem a criatividade. Ela já concordou em gastar US$ 4.000 em uma velha asa de avião que um empregado queria como parte da decoração de seu escritório. Mais convencionalmente, a Timberland oferece sala de amamentação e creche no local. O Google proporciona aos empregados médicos no local, massagens gratuitas, uma sala de jogos, chuveiros, creche subsidiada, almoço gourmet grátis cinco dias por semana, lavanderia, conselheiros fiscais, serviços pessoais e familiares, e serviços jurídicos de negócios. A Toyota oferece creche 24 horas em sua fábrica em Georgetown, no Kentucky. A instalação de 1.700 m² tem 115 funcionários, incluindo 90 professores, e abriga salas de aula, salas de lição de casa, espaços de atividades, camas e um centro de bem estar. A Patagonia oferece aos empregados benefícios "verdes", de acordo com a sua cultura. Ela regularmente proporciona aulas de "alimento para o cérebro", cobrindo tópicos como surfe, yoga, gestão do tempo, introdução à cultura francesa, comunicação empresarial e desobediência civil não violenta. Os funcionários que compram veículos híbridos são reembolsados em US$ 2.000.

O impacto de tais benefícios pode ser enorme. A creche subsidiada no local que a Patagonia oferece "permite à empresa integrar o local de trabalho do pai/mãe ao ambiente cotidiano das crianças, minimiza o atrito e a ansiedade para o pai/mãe e a criança, e aumenta a satisfação no local de trabalho e a produtividade dos empregados".[104] É muito comum ver pais almoçando com seus filhos no restaurante subsidiado

---

103 Weiners, *op. cit.*
104 Leslie Goff, "What it's Like to Work at Patagonia", *Computerworld*, 2 de novembro de 1999.

da empresa, que serve apenas alimentos saudáveis, locais e orgânicos feitos diariamente. É alguma surpresa que a Patagonia receba 10.000 formulários de inscrições para cerca de 100 vagas abertas a cada ano? Para os poucos sortudos que são contratados, a empresa oferece uma maneira ideal de integrar a sua vida doméstica, sua vida profissional e sua vida de lazer.

Quando se trata de proporcionar os benefícios "certos" aos empregados, é claro que fazer tudo não é uma opção. Contudo, há uma abundância de evidências baseadas em pesquisa para orientar os CEOs esclarecidos sobre como eles devem criar pacotes de benefícios para o impacto ótimo.[105]

Treinamento e Desenvolvimento são Prioridades em Empresas Humanizadas

As pessoas devem se desenvolver e crescer ao longo da vida, e empregados não são exceção. Mesmo os mais experientes e altamente qualificados precisam e se beneficiam da formação contínua. Empresas Humanizadas são exemplares em seu foco em ajudá-los a maximizar o seu potencial através de treinamento, desenvolvimento e aconselhamento. Elas constantemente celebram as conquistas e sucessos de seus funcionários, grandes e pequenos.

The Container Store tem uma reputação de longa data como uma das melhores empregadoras no país. Além de ser repetidamente citada no topo, ou próximo dele, na lista anual da revista *Fortune* das melhores empresas para se trabalhar, The Container Store também ganhou o prêmio da revista *Workforce* pela excelência geral em estratégias de gestão de pessoas. Uma das principais razões para o seu sucesso é seu compromisso com o treinamento. A empresa média do setor varejista proporciona sete horas de formação.

---

105 Veja, por exemplo, Thomas Davenport, *Thinking for a Living: How to Get Better Performances and Results from Knowledge Workers*, Harvard Business School Press, 1995; empresas de consultoria como Watson Wyatt Worldwide também vêm desenvolvendo experiência significativa em definir os benefícios "certos" para empregados em determinado contexto.

EMPRESAS HUMANIZADAS

Novos funcionários na The Container Store recebem 263 horas de treinamento só no primeiro ano, e, pelo menos, 160 horas por ano depois disso.

A maioria das Empresas Humanizadas têm suas "Universidades" para treinar os funcionários. A Southwest tem a sua Universidade para Pessoas (*University for People*), onde novos empregados recebem meses de treinamento. Os funcionários da Toyota recebem treinamento técnico extensivo através de *kaizen* (melhoria contínua) de pessoa para pessoa. A formação contínua na UPS inclui programas que oferecem 1,3 milhões de horas de treinamento por ano para mais de 74.000 motoristas. A empresa fornece 3,8 milhões de horas de treinamento de segurança anualmente, gastando aproximadamente US$ 120 milhões por ano. No total, a UPS gasta US$ 300 milhões por ano em treinamento.

Em 1999, a UPS lançou seu programa "Ganhe e Aprenda". Em dois anos, ele tinha ajudado mais de 20.000 empregados em tempo parcial a cursarem a faculdade. Só no primeiro ano, a UPS gastou mais de US$ 9 milhões em mensalidades, taxas e livros para empregados de meio período. A gestão da UPS acredita que isso ajuda a desenvolver futuros empregados de tempo integral e proporciona as habilidades necessárias para os de tempo parcial serem promovidos a cargos de supervisão de período integral. A UPS projetou o programa para trabalhar com 242 faculdades para permitir o postergamento do faturamento para os alunos, tornando a oportunidade muito mais acessível e encorajando o envolvimento.[106] Atualmente, todos os empregados são elegíveis para até US$ 20 mil em assistência para frequentar a faculdade durante a sua permanência na empresa.

Na IDEO, mentores de projeto desempenham o papel do departamento de RH; eles ajudam os novos empregados a se inscreverem nas aulas de formação exigidas e a se adaptarem ao seu primeiro projeto e ao ambiente de trabalho.

Recorde nossa discussão anterior sobre a importância da inteligência emocional (IE) nas organizações. Em nenhum lugar isso é mais impor-

---

106 Greg Gunsauley, "UPS Delivers Tuition Aid to Recruit Army of Part-Timers", *Employee Benefit News*, 1o de junho de 2001.

tante do que no processo de seleção e treinamento de funcionários. Empregados que possuem alta IE são muito cuidadosos para selecionar empresas para trabalhar que espelhem seus próprios valores e sejam capazes de ressoar com eles emocionalmente. Para esses candidatos, é importante que os seus trabalhos sejam extensões significativas de si mesmos, e não apenas uma maneira de ganhar a vida.[107] Empregados e equipes de trabalho que têm um alto nível de IE desfrutam de muitos benefícios, tais como níveis mais baixos de estresse, maior satisfação no trabalho, maior comprometimento organizacional, aumento da criatividade, menor rotatividade e maior produtividade.[108]

Reconhecimento e Celebração têm Alta Prioridade em Empresas Humanizadas

A maioria das Empresas Humanizadas têm culturas intensivas de celebração. Diz a ex-COO e presidente da Southwest Colleen Barrett (que começou como secretária jurídica de Kelleher, e como presidente da empresa foi responsável em ajudar a manter a cultura da empresa), "Nós não somos tensos. Nós celebramos tudo. É como uma fraternidade, uma

---

107 Cliona Diggins (2004), "Emotional Intelligence: The Key to Effective Performance", *Human Resource Management International Digest*, Volume 12, Edição 1, p. 33.

108 Citado em L. Melita Prati, Ceasar Douglas, Gerald R. Ferris, Anthony P. Ammeter e M. Ronald Buckley (2003), "Emotional Intelligence, Leadership Effectiveness, and Team Outcomes", *International Journal of Organizational Analysis*, Volume 11, Edição 1, pp. 21–40; "níveis mais baixos de estresse": K. S. Rook (1987), "Social Support Versus Companionship: Effects on Life Stress, Loneliness, and Evaluations by Others", *Journal of Personality and Social Psychology*, Volume 52, Edição 6, pp. 1132–1147; "maior satisfação no trabalho": N. Eisenberg R.A. Fabes (1992), "Emotion, Regulation, and the Development Of Social Competence", em M. Clark (Ed.), *Review of Personality and Social Psychology: Emotion and Social Behavior* (Volume 14, pp. 119–150), Newbury Park, CA: Sage Publications; "maior comprometimento organizacional": S.G. Scott e R.A. Bruce (1994). "Determinants of Innovative Behavior: A Path Model of Individual Innovation in the Workplace", *Academy of Management Journal*, Volume 37, Edição 3, pp. 580–607; "aumento da criatividade": T.P. Moses e A.J. Stahelski (1999), "A Productivity Evaluation of Teamwork at an Aluminum Manufacturing Plant", *Group and Organization Management*, Volume 24, Edição 3, pp. 391–412; "menor rotatividade e maior produtividade": P.E., Tesluk, R.J. Vance, e J.E. Mathieu (1999), "Examining Employee Involvement in the Context of Participative Work Environments", *Group and Organization Management*, Volume 24, Edição 3, pp. 271–299.

EMPRESAS HUMANIZADAS

irmandade, uma reunião. Estamos tendo uma *festa*!"[109]

O Google se destaca em capacitar seus empregados e reconhecê-los por seu importante papel em ajudar a empresa a atingir os seus objetivos. Ele dá um prêmio no valor de milhões de dólares para os empregados que trabalham em projetos extraordinários. Os dois primeiros Founders' Awards (Prêmio dos Fundadores) consistiram de ações restritas no valor de US$ 12 milhões, concedidas a duas equipes de cerca de uma dúzia de empregados cada. Diz o cofundador Sergey Brin, "Temos pessoas que só fazem coisas fenomenais aqui. Eu queria um mecanismo para recompensar isso."[110]

Bob Chapman criou uma extraordinária história de sucesso de negócio. Ele dirige um conglomerado industrial de US$ 1,5 bilhão chamado Barry-Wehmiller, com dezenas de empresas de produção independentes. Chapman implantou uma filosofia que ele chama de "Liderança Verdadeiramente Humana", que criou uma extraordinária cultura compartilhada repleta de carinho e celebração. A empresa utiliza frases como "Construir grandes pessoas é o nosso negócio" e "Medimos o sucesso pela forma como tocamos a vida das pessoas". Como Bob diz, "Acreditamos que as empresas têm a oportunidade de se tornar a influência positiva mais poderosa na nossa sociedade ao proporcionar um ambiente cultural em que as pessoas possam exercer os seus dons, aplicar e desenvolver seus talentos, e experimentar um verdadeiro sentimento de satisfação por suas contribuições em busca de uma visão inspiradora comum". Uma grande parte da cultura da empresa é a celebração com base em reconhecimento pelos pares. Os empregados são frequentemente nomeados pelos seus pares para os prêmios, e um comitê de colegas revisa cada indicação e entrevista o candidato. Os reconhecimentos não custam muito dinheiro; uma recompensa típica é o uso de um veículo especial da empresa por uma semana. Estes carros tornaram-se bem conhecidos nas pequenas comunidades em que

---

109 Andy Serwer, "Southwest Airlines: The Hottest Thing in the Sky", *Fortune*, 8 de março de 2004, p. 101.
110 Katie Hafner, "New Incentive for Google Employees: Awards Worth Millions", *The New York Times*, 1o de fevereiro de 2005, Seção C, p. 10.

a empresa opera e geram muita atenção e orgulho. Cerimônias de reconhecimento incluem a família estendida do premiado. A ênfase de Barry-Wehmiller na criação de tais culturas tem sido uma parte importante do sucesso da empresa em resgatar e crescer seus muitos negócios adquiridos.[111]

Como Empresas Humanizadas veem Empregados de Tempo Parcial

Nos últimos anos, a proporção de pessoas trabalhando em tempo parcial aumentou. Aqueles que trabalham menos de 35 horas por semana responderam por 20% da força de trabalho em 2013, acima dos 18% em 1996, de acordo com o U.S. Bureau of Labor Statistics (Departamento de Estatísticas do Trabalho dos EUA). A tendência provavelmente vai continuar, conforme um número crescente de *baby boomers* passar a trabalhar em tempo parcial durante a aposentadoria.

Relativamente poucas empresas oferecem benefícios para trabalhadores de tempo parcial. No ano 2000, apenas 13% dos trabalhadores de tempo parcial em empresas grandes e médias receberam benefícios de saúde, e apenas 12% receberam qualquer contribuição para a sua aposentadoria. Contudo, Empresas Humanizadas geralmente são exceções a esta norma. A maioria oferece generosos benefícios para empregados de tempo parcial, em alguns casos para aqueles que trabalham apenas 15 horas por semana. Empregados da Wegmans ganham direito à cobertura de saúde gratuita e contribuições de divisão de lucro ao plano de aposentadoria se trabalharem 17,5 horas por semana. A empresa especificamente tenta contratar mães solteiras como trabalhadores de tempo parcial, vendo isso como um ganha-ganha: a empresa obtém recursos humanos durante horas difíceis, e mães solteiras conseguem o que elas mais precisam – cobertura de saúde. Os empregados de tempo parcial sindicalizados na UPS têm seguro-saúde gratuito, bem como

---

111 www.trulyhumanleadership.com.

auxílio para pagar a faculdade. Isto tem transformado beneficamente as vidas de incontáveis funcionários e suas famílias. A trabalhadora de tempo parcial Christine Virelli começou como separadora de pacotes na UPS depois que seu marido se machucou e não podia mais trabalhar. Ela tinha abandonado o ensino médio e estava fora do mercado de trabalho há 16 anos. A UPS pagou para ela conseguir o seu diploma e cursar a faculdade. "Eu não posso deixar a UPS. Ela fez tanto por mim que não consigo me imaginar não trabalhando para ela", disse Virelli. "Algum dia, quero trabalhar no departamento de RH aqui na UPS. A UPS ajudou a transformar minha vida, e eu ainda estou crescendo. Meu objetivo principal é que eu quero crescer na empresa".[112]

Conectando o Topo com a Base

Ao contrário de empresas tradicionais, trabalhadores da linha de frente em Empresas Humanizadas frequentemente têm a oportunidade de interagir diretamente com líderes seniores. Na verdade, é raro encontrar empregados que estejam nessas empresas por qualquer período de tempo que não tenham tido contato pessoal com o líder – no caso das empresas menores, com bastante regularidade.

Empresas Humanizadas tentam reforçar tais conexões por duas razões. Em primeiro lugar, elas são altamente energizantes para o CEO e motivadoras para os funcionários. Em segundo lugar, seus líderes sabem que eles não são a fonte de toda sabedoria estratégica na empresa; se solicitados, empregados de qualquer nível podem oferecer ideias brilhantes que podem beneficiar imensamente a empresa.

A equipe de gestão sênior da REI visita cada loja várias vezes por ano para distribuir prêmios e colher sugestões, e compartilha todas as decisões significativas com funcionários do escalão inferior. A empresa dá mais de US$ 4 milhões em doações para organizações sem fins lu-

---

112 Elayne Robertson Demby, "Nothing Partial about These Benefits", *HR Magazine*, agosto de 2003.

crativos anualmente, com base nas indicações de funcionários. A L.L. Bean tem um programa para os empregados falarem – "*Speak-Up*", que incentiva o feedback e os incorpora em seus programas de melhoria da qualidade. A Costco organiza regularmente dias de apreciação do funcionário, em que os líderes e gestores servem os empregados regulares. A Harley-Davidson desenvolveu uma prática chamada "Liberdade com Cercas", em que os funcionários são incentivados a assumir riscos ao desafiar as ideias e conceitos desenvolvidos na organização. A empresa segue uma política de "porta aberta", que dá a todos os empregados o acesso a todos os níveis da organização, incluindo o CEO.

A BMW incentiva seus empregados a questionarem a necessidade do trabalho que estão fazendo. Na cultura de confiança da empresa, eles podem fazê-lo sem qualquer medo de perderem seus empregos. Em vez de demiti-los, a BMW os treina para desempenhar outra função na empresa. A Honda instituiu uma prática chamada *waigaya*, que se traduz grosseiramente como "barulhento-ruidoso". Ela se refere a uma sessão informal na qual os participantes colocam os cargos de lado para abordar o problema em questão. Qualquer empregado pode invocar um *waigaya*, e os executivos devem participar se chamados. Foi através de um *waigaya* que a Honda escolheu sua campanha de publicidade original para suas motos: "Você Conhece as Pessoas Mais Legais em uma Honda". Os gerentes seniores tinham preferido uma abordagem mais conservadora, mas um empregado do baixo escalão foi capaz de convencê-los do contrário em um *waigaya*.[113]

O Departamento de RH do Futuro

A função de recursos humanos (RH) é vital para a própria existência das Empresas Humanizadas. Acima de tudo, estas empresas são exemplares recrutadoras, gestoras, desenvolvedoras e motivadoras do talento

---

113 Henry Mintzberg, Richard T. Pascale, Michael Gould e Richard P. Rumelt, "The Honda Effect Revisited", *California Management Review*, Volume 38, No. 4, Verão de 1996, p. 88.

humano. Elas sabem como construir pontes empáticas com as mentes das pessoas

As práticas inovadoras e humanistas que as Empresas Humanizadas seguem ao lidar com os empregados refletem um profundo entendimento do que as pessoas estão procurando em suas vidas no trabalho hoje. Durante muito tempo, relativamente poucas empresas viram uma conexão entre as necessidades pessoais dos empregados e seu desempenho no trabalho. Eles eram geralmente vistos como recursos, semelhantes ao capital, tecnologia e material de guerra. É por isso que o tradicional departamento de pessoal se transformou em "recursos humanos" na última metade do século XX. Mas, agora, o termo "recursos humanos" está cada vez mais sob fogo. Assim como os clientes foram objetificados como consumidores, empregados têm sido objetificados como recursos ou bens a serem explorados no serviço dos objetivos da empresa. Tudo isso agora está mudando, e as Empresas Humanizadas estão liderando o caminho.

Aqui está uma melhor maneira de pensar sobre pessoas: um ser humano não é um recurso, mas uma *fonte*.[114] Um recurso é como um pedaço de carvão; uma vez usado, ele acaba, se esgota. Uma fonte é como o sol – praticamente inesgotável e gerando continuamente energia, luz e calor. Não há fonte mais poderosa de energia criativa no mundo que um ser humano motivado e empoderado. As Empresas Humanizadas criam conscientemente condições que energizam e capacitam pessoas a dedicar sua melhor contribuição no serviço das suas paixões pessoais e dos nobres propósitos mais elevados da empresa.

Refletindo a nova mentalidade, muitas empresas começaram a se referir ao RH como departamento das "Pessoas". Aqui está como o Departamento de Pessoas da Southwest coloca isso: "Reconhecendo que as nossas pessoas são a vantagem competitiva, nós entregamos os recursos e serviços para prepará-las para serem vencedoras, para apoiar o cres-

---

114 Essa metáfora foi sugerida por Debashis Chatterjee, diretor do Indian Institute of Management, Kozhikode.

cimento e rentabilidade da empresa, preservando os valores e a cultura especial da Southwest Airlines".[115]

No passado, a função do RH era uma espécie de fim-de-mundo corporativo, uma função principalmente administrativa de lidar com folha de pagamento e força de trabalho. Isso está mudando rapidamente, já que as empresas têm terceirizado as funções básicas de administração de planos de benefícios e folhas de pagamento. Isso libera o RH para se concentrar em questões mais estratégicas, como engajamento dos funcionários, desempenho e retenção, que podem afetar diretamente o resultado financeiro. As empresas estão começando a ver que contratar, desenvolver e reter os empregados certos pode ser uma grande fonte de vantagem competitiva. Os profissionais de RH têm um papel fundamental a desempenhar na sustentação da cultura corporativa e em incutir valores éticos nos empregados. CEOs agora olham para líderes de RH que possam ser conselheiros confiáveis para eles. Mais CEOs estão agora vindo da função de RH.[116]

Pernille Spiers-Lopez, presidente da IKEA América do Norte, é uma desses líderes. Passou quatro anos como gerente de recursos humanos antes de ser nomeada Presidente. Ela criou uma cultura na IKEA que equilibra trabalho e família, com a família tendo precedência. Em 2003, a revista *Working Mother* lhe concedeu o Family Champion Award. A IKEA oferece benefícios completos e horários flexíveis para empregados que trabalham mais de 20 horas por semana. De acordo com Spiers-Lopez, a liderança é "sobre o que eu represento e meus valores". Os gerentes devem lutar para serem autênticos e abertos, e devem tentar criar uma confiança bidirecional com os empregados. As pessoas que são confiadas produzem muito além de suas próprias expectativas.[117]

Essencialmente, isso se resume em tratar os empregados da forma

---

115 Charles O' Reilly e Jeffrey Pfeffer, "Southwest Airlines (A): Using Human Resources as a Competitive Advantage", *Harvard Business School* Case HR-1A , p. 7.

116 Kris Maher, "Human-Resources Directors Are Assuming Strategic Roles", *The Wall Street Journal*, 7 de junho de 2003, p. B8.

117 *Knowledge@Wharton*, "IKEA: Furnishing Good Employee Benefits Along with Dining Room Sets", 6 de abril de 2004.

EMPRESAS HUMANIZADAS

como os clientes devem ser tratados: com respeito e uma compreensão profunda de suas necessidades. O objetivo final da equipe de gestão da Jordan's Furniture é criar "fãs maníacos"[118] dentre seus empregados, ao proporcionar oportunidades de crescimento interno, oferecer benefícios extensivos, e considerá-los como outra forma de cliente. Costco, SAS Institute e Toyota monitoram a satisfação dos empregados por meio de pesquisas. A UPS realiza uma pesquisa que avalia a opinião dos empregados sobre recrutamento, retenção e motivação para medir o que é chamado de "Índice do Empregador de Preferência."

Benefícios que Fluem aos Acionistas por Fazer o que é Certo

A mensagem principal deste capítulo é bastante simples: boa gestão de pessoas é um grande negócio. Mesmo à medida que mais e mais atividades se tornam automatizadas, a importância do capital humano no desempenho de uma organização continua a crescer. Assim como as empresas agora monitoram o valor da marca e do cliente, também devem monitorar o valor de seus empregados.

Os dois principais indicadores do forte valor de empregados são baixa rotatividade e alta produtividade. Sem exceção, todas as Empresas Humanizadas têm um índice de rotatividade muito menor que o padrão de sua indústria. Funcionários de Empresas Humanizadas também são altamente produtivos. Elas excedem suas concorrentes não humanizadas por grandes margens de receita por empregado. A Jordan's gera US$ 10,2 mil por metro quadrado de vendas, em comparação com US$ 1,6 mil da loja média de móveis, e vira seu inventário 13 vezes por ano, contra 1-2 vezes da loja de móveis média. A Toyota lidera as montadoras de automóveis globalmente em vendas por empregado. A Honda ocupa o segundo lugar mundial em produtividade de montagem e o primeiro na produtividade de motores.

A New Balance continuou a fabricar calçados nos EUA e no Reino

---

118 http://www.jordans.com/careers/reviewed em 15 de novembro de 2003.

Unido muito tempo depois de seus concorrentes terem enviado toda a produção para nações com baixos salários. A empresa faz isso com orgulho, mas não devido a qualquer sentimento de caridade. Em uma entrevista de 2002 com *Industry Week*, o CEO da New Balance Jim Davis fez o seguinte comentário:

> A filosofia aqui é que nós não estaríamos nos saindo tão bem como estamos se todas as pessoas que trabalham aqui não fossem tão comprometidas. É por causa delas que somos capazes de fazer bem, é por causa delas que somos capazes de retribuir. É fornecendo o maquinário certo, desenvolvendo novas técnicas [de fabricação] e capacitando os associados para que eles melhorem continuamente o processo.[119]

Baixa rotatividade e alta produtividade estão relacionadas uma à outra porque a baixa rotatividade cria funcionários mais experientes ao longo do tempo, o que se traduz em maior produtividade. Como resultado, as empresas podem ter custos gerais relativamente baixos e ser altamente competitivas ao pagar bons salários e proporcionar benefícios generosos. As empresas devem aos seus acionistas a elevação das condições de trabalho dos homens e mulheres em suas folhas de pagamento, materialmente, emocionalmente, e experimentalmente. Empresas Humanizadas nos mostram que o veio principal de riqueza não corre através dos corredores executivos, mas através da paisagem vocacional dos funcionários da linha de frente.

---

119 Patricia Panchak, "Manufacturing in the U.S. Pays Off", *IndustryWeek*, dezembro de 2002, pp. 18–19.

5

Clientes – Cura vs. Oportunismo

Não nos faltam ideias sobre como manter os clientes voltando: encante seus clientes. Supere suas expectativas. Ouça o que eles dizem. Dê a eles o que eles querem. No final, manter os clientes voltando sempre se resume ao índice de "uau" de suas experiências. Como eles se *sentem* geralmente tem mais poder de conexão do que como eles *pensam*. A lealdade do cliente é como o amor: ele não cresce da razão, mas do coração.

Coração não é uma palavra frequentemente ouvida nas escolas de negócios. Mas coração – um símbolo de empatia, amor, carinho, doação – recentemente deu um salto quântico e caiu bem no meio da consciência de negócios tradicional. Tudo bem agora falar sobre amor no ambiente corporativo – em sentido platônico, claro. Tudo bem agora promover o amor entre supervisores e pessoal de linha (mesmas regras básicas). Tudo bem agora pensar em relacionamentos cliente/empresa em termos de amor.

O Novo Paradigma do Marketing

Já deixamos o século XX, mas você não saberia disso ao olhar para muito do marketing que ainda vem sendo feito em 14 anos do século XXI. O marketing continua fortemente comprometido com um paradigma do século XX baseado em sedução, conquista e manipulação dos clientes. Reflita um pouco sobre o título de um livro de marketing do final do século sobre vendas: *Triggers: 30 Sales Tools You Can Use to Control the Mind of Your Prospect to Motivate, Influence and Persuade* (1999) (Gatilhos: 30 Ferramentas de Vendas que Você Pode Usar para Controlar a Mente do seu Cliente Potencial para Motivar, Influenciar e Persuadir). O livro continua a vender bem 15 anos após sua publicação inicial. Este e muitos outros livros similares sugerem que legiões de marqueteiros e vendedores ainda estão obcecados em descobrir como controlar as mentes dos consumidores. A ideia de colaborar com os clientes para melhor atender às suas necessidades é em grande parte estranha para eles. A maior parte dos treinamentos de vendas ainda é sobre assumir o controle das mentes dos consumidores.

Já ouviu falar do termo *taxa de captura de mercado*? Isso veio direto do paradigma do marketing do século XX, que as Empresas Humanizadas neste livro rejeitaram antes mesmo de o século terminar.

A principal característica do paradigma do marketing do século XX foi o oportunismo – promoção e venda agressivos que punham os objetivos dos vendedores à frente das necessidades *reais* dos consumidores. Os elementos das técnicas de vendas dos charlatães neste paradigma nunca foram completamente mascarados pelo glamour, pompa e brilho da Madison Avenue. Cotas de vendas foram usadas em todos os lugares para manter a pressão sobre os gestores, agentes de vendas e outros para vender, vender, vender. Pouca atenção foi dada ao fato de que quando a segurança do emprego está ligada a cotas, a ética e os princípios morais estão em grande risco. Os clientes se tornam presas. Os comerciantes e vendedores tornam-se predadores. Acreditamos que este modelo de marketing e vendas está indo para as lixeiras da história empresarial.

Sim, sempre haverá indivíduos e empresas que são inclinados à exploração de clientes, mas estamos falando sobre o caráter moral dominante do marketing no futuro. Melinda Davis, CEO e prognosticadora líder do The Next Group, um centro de estudos futurista em Nova Iorque, oferece uma nova visão animadora da profissão de marketing:

> "A possibilidade de diferenciação real não vem no produto em si, mas em como você colabora com a necessidade do consumidor de se curar... Este é o novo imperativo: o comerciante deve agora ser um curador."[120]

---

120 Bill Breen, "Desire: Connecting with What Consumers Want", *Fast Company*, fevereiro de 2003, p. 86.

EMPRESAS HUMANIZADAS

Bem-vindo ao marketing na Era da Transcendência. Como um nevoeiro aveludado se estendendo sobre a terra fria de um inverno agonizante para sinalizar o calor emergente de uma nova primavera, uma cultura de amor e cura está se espalhando por todo o cenário dos negócios. Ela permeia os locais de trabalho em todos os lugares, do nível executivo à sala de correspondência. Enlaça as células do cérebro com uma disposição sedutora para reverter as marés da exploração do cliente que atingiram o auge no último quarto do século XX. Foi quando as empresas ganharam vantagem de informação sem precedentes sobre os clientes. Elas utilizaram a tecnologia da informação para nos transformar em conjuntos de dados desumanizados. Nós fomos variadamente rotulados por termos estéreis como *assentos, globos oculares, vidas* e *usuários finais* sem rosto. Fomos reduzidos a mecanismos de estímulo-resposta praticamente desprovidos de vontade por programas de modelagem preditiva que supostamente nos conheciam melhor do que nós mesmos. Essa mentalidade foi sucintamente capturada no título de um documentário da rede de televisão PBS de 1990 sobre marketing direto com o nefasto título: "Nós Sabemos Onde Você Mora".

O amor é o antídoto para essa desumanização. Parece muito *New Age* (Nova Era), talvez? Pare por um momento e considere: o ex-diretor do Meredith Publishing Magazine Group, o Diretor de Soluções do Yahoo!, o CEO do Whole Foods Market, e o CEO de uma das maiores agências de publicidade do mundo falam de amor no mercado sem se preocuparem com o levantar de sobrancelhas. Talvez o amor tenha, de fato, estabelecido uma cabeça de ponte segura no pensamento do negócio tradicional. Em todo o caso, não é possível entender plenamente como Empresas Humanizadas superam seus concorrentes mais próximos sem a compreensão do papel do amor em seu sucesso. Executivos de Empresas Humanizadas lideram com estruturas robustas e determinação dedicada, mas mantêm a sua capacidade de amar e inspirar amor – no local de trabalho, no mercado, e em todo o espectro de seus grupos de *stakeholders*.

Curiosamente, os participantes de nossos seminários e workshops normalmente captam a ideia de amor mais rápido do que eles entendem a ideia de cura. "Marqueteiros como curadores? Você deve estar brincando." Mas nós não estamos brincando. Amor e cura são inseparáveis, como pedras preciosas e suas facetas.

A New Balance é uma amorosa Empresa Humanizada com uma estratégia de mercado baseada em cura. Isto transparece fortemente em suas comunicações de marketing. Dada a sua história, não é de surpreender que a New Balance tenha sido uma das primeiras praticantes da ideia enobrecedora de que o marketing deve ser sobre cura. O que se segue está no site da empresa:

> A história da New Balance começa na aurora do século XX (1906), em Boston, Massachusetts, quando William J. Riley, um imigrante inglês de 33 anos, se comprometeu a ajudar pessoas com problemas nos pés fazendo palmilhas ortopédicas e calçados de prescrição para melhorar o ajuste dos sapatos.

Quando Jim Davis comprou a empresa... no dia da Maratona de Boston em 1972, ele se comprometeu a sustentar os valores do fundador de amoldamento, desempenho e fabricação. Quando Anne Davis (esposa de Jim) começou sua jornada com a New Balance em 1978, seu foco se tornou construir uma cultura superior para os associados da NB e aqueles que fazem negócios com a empresa em todo o mundo.

Agora você sabe por que a New Balance oferece mais opções de largura do que outras grandes fabricantes de tênis.[121] Conforto dos pés e cura dependem do amoldamento correto. A New Balance foi fundada em princípios de cura que Jim e sua esposa e parceira de negócios Anne Davis continuam a apoiar um século após a fundação da empresa. Cura está no DNA da New Balance. Conforme a sociedade envelhece e os problemas podológicos se tornam mais comuns, a New Balance parece ainda mais dedicada ao modelo de comercialização de cura. A empresa tem feito grandes esforços visando aumentar a conscientização com forma e ajuste

---

121 Em uma recente maratona de Chicago, corredores utilizaram 140 variações de tamanho e largura do Modelo de Corrida 991.

apropriados entre especialistas em pé e outros profissionais que cuidam de pés infelizes. Mas não é só através dos atributos funcionais de seus calçados que a New Balance revela sua cultura de cura. Isso é especialmente evidente na sua sensibilidade para com os *baby boomers* em seus anos de meia-idade.

A meia-idade é um momento oportuno para crises ou, pelo menos, desafios novos, desconhecidos. Inquietações perenes da meia-idade para mudar a energia psíquica para longe da *realização social* e na direção da *autorrealização* perturbam o status quo pessoal. Realização social é um processo de desenvolvimento preocupado em ganhar aceitação social que facilita o sucesso profissional e material. Isto nos obriga a subordinar parte de nosso eu interior para as demandas e expectativas dos outros no mundo exterior. No entanto, isso muda quando nos aproximamos da meia-idade. Começamos a experimentar uma necessidade reconhecida pelo slogan da New Balance, "Conecte-se com você mesmo. Alcance um Novo Equilíbrio" (*"Connect With Yourself. Achieve New Balance"*). A seriedade do processo de mudar energias psíquicas mais para o ser interior se reflete nas palavras colocadas em *The Seasons of a Man's Life* (As Estações da Vida de um Homem), de Daniel Levinson et al., cuja pesquisa foi a principal fonte de insights sobre a meia-idade sobre os quais Gail Sheehy escreveu em seu famoso best-seller *Passagens: Crises Previsíveis da Vida Adulta* (Francisco Alves, 1980). Levinson escreveu:

> Na Transição da Meia-Idade, conforme um homem revê sua vida e considera como dar a ela um significado maior, ele deve aceitar, de uma nova maneira, destruição e criação como aspectos fundamentais de sua vida. Seu reconhecimento crescente de sua própria mortalidade o torna mais consciente da destruição como um processo universal. Sabendo que sua própria morte não está distante, ele está ansioso para afirmar a vida para si e para as gerações futuras. Ele quer ser mais criativo. O impulso criativo não é meramente "fazer" alguma coisa. É trazer algo à existência, fazer nascer, gerar vida... Assim, ambos os lados da polaridade Destruição/Criação são intensificados na meia-idade.[122]

---

122 Daniel J. Levinson, et al., *The Seasons of a Man's Life*, Ballantine Books, 1978, p. 223.

Um tema da meia-idade comumente expresso é "Agora é a minha vez", ou "meu tempo", como Abigail Trafford diz em seu livro *My Time: Making the Most of the Rest of Your Life* (Meu Tempo: Fazendo o Máximo com o Resto da sua Vida), sobre como "se conectar com você mesmo".[123] No entanto, este não é "meu tempo" no sentido de uma maior autoabsorção, mas sim no sentido que Levinson fala sobre quando descreve as tarefas centrais do desenvolvimento da meia-idade e as considera como baseadas na criatividade, em oposição ao consumo.

Na meia-idade, os antigos catalisadores do desenvolvimento da personalidade em nossos genes nos empurram para níveis cada vez mais elevados de maturação psicológica, desde que tenhamos ultrapassado nossas necessidades de sobrevivência básica, segurança e pertencimento social. Como Maslow sugeriu, isto acontece quando a autorrealização, um processo de desenvolvimento que reduz a influência do mundo exterior em nossas visões de mundo e comportamento, começa a emergir. Começamos a voltar mais atenção para o eu interior. Em termos junguianos, começamos a dissolver a *persona*[124] autoconsciente e socialmente pretensiosa da qual necessitávamos durante a adolescência e o início da vida adulta.

Da sede da Empresa Humanizada New Balance, não muito longe do campus da Universidade Brandeis, de Abraham Maslow, o presidente Jim Davis mostrou uma compreensão intuitiva notável das necessidades de autorrealização e a influência que elas têm sobre o comportamento das pessoas na segunda metade da vida. Seus insights aparecem claramente em uma comparação de valores promovida por New Balance e Nike, respectivamente, em seu marketing (ver Figura 5.1). Note que os valores promovidos pela Nike são perfeitamente legítimos e suscetíveis de serem altamente bem-sucedidos em uma cultura dominada por jovens com um forte viés na direção de valores masculinos. Os valores promovidos pela New Balance, por outro lado, estão cada vez mais bem adaptados a uma cultura que está se tornando dominada pelos valores de meia-idade

---

123 Abigail Trafford, *My Time: Making the Most of the Rest of Your Life*, Basic Books, 2003.
124 *Persona*, "máscara", em latim.

e o aumento de valores de femininos.

Em um anúncio da New Balance, um homem está correndo ao longo de uma estrada esculpida na lateral de uma montanha, com vista para um mar cintilante. O título do anúncio lê "a distância mais curta entre dois pontos não é o ponto". A Nike poderia ter executado um anúncio visualmente semelhante, mas ressaltado desempenho superior e vencedor. Com a New Balance, é uma pessoa contra ela mesma, ou Homem *com* Natureza – nunca *corpo a corpo*, como muitas vezes visto ou implícito em anúncios da Nike.

Figura 5.1 Comparação dos valores projetados por Nike e New Balance

Valores Projetados por Nike e New Balance

Valores Nike	Valores New Balance
Vencer	Melhoramento do ser
Rugido da multidão	Harmonia interna
Esforço extremo	Esforço equilibrado
O cheiro do suor	O cheiro da natureza
Desenvolvimento físico	Desenvolvimento espiritual

Nike apela para ser masculino, jovem, narcisista.   **New Balance apela para o ser feminino, centrado no outro, experiente.**

Quando somos jovens desconexos ou recém-adultos empenhados em atingir o auge do sucesso, gastamos muito da nossa energia tentando chegar à frente de nossos concorrentes no amor, trabalho e jogo. Mas, conforme a meia-idade se aproxima, nossa própria humanidade nos inclina a transformar nossas energias em outras buscas. O marketing da New Balance reflete isso. Seus anúncios não apresentam nada do machismo que geralmente fundamenta a comercialização de calçados esportivos. Os anúncios da empresa pressupõem que o valor de alguém não é medido por sua superioridade sobre outros, mas pela medida de sua fidelidade para com seu *verdadeiro eu*.

Assim, quando as pessoas começam a despertar para o fato de que elas não podem correr ou jogar com tanta intensidade quanto costumavam fazer, quando elas começam a se perguntar por que "coisas" já não mais satisfazem a alma como antes, quando elas começam a se fazer as eternas perguntas da meia-idade, tais como "Isso é tudo?" e "Qual é o sentido da vida... da *minha vida*?" a New Balance está lá com suas mensagens reconfortantes sobre autodescoberta e novas perspectivas.

A Nova Consciência

É preciso uma mentalidade diferente do que aquela que produziu o paradigma do marketing do século XX de oportunismo para entrar em sincronia com o novo paradigma de marketing do século XXI. Lembre-se da sabedoria duradoura de Einstein sobre a importância de mudar a consciência quando velhas maneiras já não funcionam: um problema não pode ser resolvido no mesmo nível de consciência em que surgiu.

Em quase todos os relatos, o marketing está atolado em problemas. Abandonar velhas formas de pensar, cujas regras você conhece, por novas formas de pensar, cujas regras você não conhece, é um desafio. É um desafio intelectual, e também emocional. Pesar pela passagem dos "bons e velhos dias" e o estresse de se sentir perdido em um novo território mental inquieta o espírito. Como resultado, a maioria das pessoas continua se debatendo em um problema no mesmo nível de consciência em que ele surgiu, fazendo a mesma coisa repetidamente, esperando resultados diferentes todas as vezes. Já não ouvimos que fazer a mesma coisa repetidamente, esperando resultados diferentes, é uma definição de insanidade?

O sucesso invejável das Empresas Humanizadas flui da liderança inspirada trabalhando a partir de uma consciência diferente da usada por suas concorrentes não humanizadas. O fundador da Nike Phil Knight

EMPRESAS HUMANIZADAS

é um líder inspirador em seu próprio direito, mas opera a partir de uma consciência muito diferente da de Jim Davis, da New Balance. Nike vê o mercado de tênis através da lente de competitividade. Vendo o mercado desse ponto de vista, faz sentido gastar dezenas de milhões de dólares de marketing para atletas icônicos endossarem os produtos e mais dezenas de milhões na divulgação desses apoios. Considere que a Adidas assinou com o astro do futebol David Beckham por cerca de US$ 160 milhões, o maior contrato publicitário da história. A Nike assinou com o novato LeBron James um acordo estimado de US$ 90 milhões no maior contrato de patrocínio da história – após ter assinado com Tiger Woods por US$ 100 milhões – o maior contrato publicitário da história do golfe.

A New Balance vê mercados de tênis através da lente de uma consciência diferente. Primeiro, ela vê a si mesma como uma empresa que *fabrica* tênis. Trinta por cento de seu estoque é manufaturado em suas próprias fábricas nos EUA. Jim Davis vê seus concorrentes mais próximos, incluindo a Nike, como empresas de *comercialização* de tênis. Eles não fabricam; eles terceirizam toda a produção.

A fundação do marketing da New Balance é a adequação e o desempenho do seu produto. Mas algumas pessoas também compram seus produtos porque querem reconhecer a resistência da New Balance (na medida do exequível) à terceirização. Não fazemos nenhum julgamento moral da terceirização, mas chamamos a atenção para a crescente *meta*-necessidade dos consumidores de apadrinhar empresas e marcas que partilham de seus valores.

Estilo, que é fundamental entre seus maiores concorrentes, é secundário na New Balance. A Nike e outras empresas veem os clientes principalmente em termos de seu eu social (se adequar, impressionar os outros, e competitividade). A New Balance vê os clientes em termos do ser interior (vida com equilíbrio e sentido). Esta visão dos clientes não depende de endossos caros e ampla publicidade para expressão.[125] Ela

---

125 Mais recentemente, a New Balance vem contratando jogadores de beisebol para avalizar acordos – essa influência é, em parte, do novo líder de marketing que veio da Nike. A empresa está fazendo isso para atrair o consumidor mais jovem. Nós acreditamos

deixa um monte de dinheiro para a pesquisa, bem como para cuidar e alimentar os parceiros varejistas (no que a New Balance se sobressai). Além disso, ajuda a cobrir os custos salariais mais elevados de operações de fabricação nos EUA, embora a produtividade superior dos empregados americanos da empresa vá muito além na realização deste objetivo.

Você pode perguntar: "Mas quão bem-sucedida tem a New Balance sido com a sua visão não convencional dos mercados de tênis?" Extremamente bem-sucedida. Ela subiu do 12° lugar na categoria de tênis em 1990 para a 2ª colocação em 2004, antes da fusão Adidas-Reebok. Conseguiu esses ganhos durante uma época em que os mercados de tênis estavam se tornando menores como resultado do encolhimento das populações de jovens e adultos jovens. Durante os anos 1990, a população de 18 a 34 anos encolheu cerca de 9 milhões de usuários de tênis potenciais. Nos mercados dos EUA, Nike, Reebok e Adidas experimentaram declínio tanto nas vendas de tênis como na participação de mercado. Durante o mesmo período, as vendas de tênis e a participação de mercado da New Balance cresceram dramaticamente. Seu crescimento anual de vendas foi em média 25% entre 1990 e 2003. Em 2013, suas receitas estavam próximas de US$ 2 bilhões, e a sua participação de mercado global era de 6%, atrás apenas de Nike, Adidas e Puma, e empatada com Reebok. Ser uma Empresa Humanizada tem realmente compensado generosamente para a New Balance.

Os marqueteiros da marca Dove, da Unilever, de produtos para a pele, também entraram em uma nova consciência. Eles fizeram isso em uma partida radical do marketing tradicional na categoria de produtos para cuidados pessoais: a Dove abraçou a ideia do comerciante como curador. Ela passou de uma consciência que percebe a beleza em termos idealizados para uma consciência que vê beleza em termos reais. Esta mudança na consciência foi motivada por uma pesquisa que revelou que apenas 2% das mulheres se consideravam bonitas. Escassos

---

que esse é um enfoque equivocado, uma vez que eles estão muito bem posicionados no mercado mais maduro. Mas a sabedoria popular tem uma forma de se manifestar nas empresas mais arrojadas.

13% estavam "muito satisfeitas" com o seu peso corporal e apenas 13% estavam "muito satisfeitas" com sua beleza. Os marqueteiros da Dove viram isso como sinais de uma oportunidade não reconhecida anteriormente.

Eles começaram a pensar sobre o início de atitudes de inadequação física das mulheres na adolescência. Baixa autoestima e transtornos que emergem destas atitudes condenam incontáveis meninas a uma vida que não consegue atingir o seu potencial. Então, a Unilever estabeleceu o Fundo de Autoestima Dove, que serve como um agente de mudança nas atitudes das jovens sobre si mesmas e as inspira com uma definição mais ampla de beleza do que o marketing tradicional de produtos pessoais abrange.

A grande maioria das mulheres – jovens, de meia-idade e idosas – não se identifica com as representações sensuais de beleza juvenil na publicidade. Os marqueteiros da Dove viram nisso uma oportunidade. Ela lançou sua muito elogiada campanha global para redefinir beleza. Um site dedicado à "Real Beleza" foi criado, oferecendo "Inspiração de e para Mulheres Reais", e prometendo "ajudar mulheres reais a revelarem a sua própria e verdadeira beleza com artigos destinados a informar, inspirar e incutir confiança em você". Um anúncio da Dove apresentava três mulheres mais velhas com uma questão crucial ao lado cada imagem:

- Grisalha ou Gloriosa?
- Enrugada ou Encantadora?
- Imperfeita ou Impecável?

O poder da mensagem de cura da Dove vem de sua conexão empática com as clientes. "Mas será que vende sabonete?", alguém poderia perguntar. Sim. Retumbantemente, sim. Na Europa, onde a campanha foi lançada primeiro, os resultados superaram todas as expectativas. As vendas da Loção Firmadora Dove, por exemplo, excedeu as previsões em 110% na Europa Ocidental em 2004. No Reino Unido, as vendas da loção passaram de 280.000 frascos em 2003 para 2,3 milhões nos primeiros seis meses de 2004. Em 2013, a Dove lançou outra campanha inovadora para fazer as mulheres reconhecerem e admitirem sua própria beleza. Chamada de "Retratos da Real Beleza", a campanha contou com um artista desenhando rostos de mulheres com base em suas autodescrições e também em descrições fornecidas por outros. Os baseados em autodescrições eram invariavelmente menos atraentes e menos reflexivos da realidade. A publicidade atraída pela campanha gerou 4,3 bilhões de impressões em menos de um mês.

Não se engane sobre isso: a cura, um traço distintivo na cultura corporativa de Empresas Humanizadas, está substituindo o oportunismo como a alma do marketing.

Não é Novidade: Empregados Comprometidos Rendem Clientes Comprometidos

Quase todo mundo nos negócios parece reconhecer a verdade incorporada no título desta seção. Mas quantas empresas realmente a aplicam? Empresas Humanizadas o fazem. Elas sabem que um excelente atendimento ao cliente começa com a contratação de pessoas que têm uma elevada capacidade de se importar com o seu trabalho e com os clientes a que servem. Elas sabem que o trabalho de empregados imensamente satisfeitos rende clientes imensamente satisfeitos. Elas assumem a visão de longo prazo que pagar aos seus funcionários maiores salários e benefícios do que os seus concorrentes geralmente reduz custos trabalhistas e aprimora a experiência do cliente.

Elas também sabem que esta visão de longo prazo leva à diminuição dos custos de marketing e maiores vendas por cliente. Tudo isso pode parecer absurdo, mas, caso após caso, Empresas Humanizadas com custos de mão de obra mais elevados, na verdade, têm menor custo de trabalho por dólar de renda, bem como menores custos de marketing. Olhando através da lente da consciência do proverbial obcecado por números não é fácil enxergar como salários e benefícios mais elevados podem levar a resultados tão venturosos.

A maneira de olhar para os custos linha por linha, tratando cada item de linha como uma variável independente, inevitavelmente obscurece as conexões cruciais entre remuneração e produtividade, renda e lucro.

Tudo nos negócios faz parte de uma peça. As empresas integram ecossistemas econômicos em que todos os participantes são interrelacionados e interdependentes. Ações em um grupo de participantes podem influenciar o bem-estar e o comportamento dos participantes em outros grupos. Diante disso, salários e benefícios devem ser vistos no contexto do quadro completo. Olhe para a questão desta forma: baixos salários e benefícios escassos inevitavelmente levam a baixo envolvimento de empregados e alta rotatividade. Isso deprime a produtividade, além de aumentar os custos de recrutamento e treinamento. Por último, mas não menos importante, reduz a receita por cliente e promove sua maior rotatividade.[126]

Para nós, é evidente que um maior envolvimento dos empregados leva a um desempenho superior. As corporações são uma forma de energia humana incorporada. Essa energia procura cada vez mais se expressar na direção de fins mais nobres. Se um líder pode ajudar a criar as condições para que isso aconteça, o desempenho financeiro inevitavelmente segue.

Em 2008, o Instituto de Pesquisa Kenexa descobriu que o quartil superior de empresas em engajamento têm rendimentos líquidos que são o dobro das do quartil inferior. O retorno para os acionistas foi sete vezes maior ao longo de cinco anos.[127] Um estudo da Towers Perrin em 2011 constatou que empresas com alto engajamento tiveram margens de lucro líquido 6% mais elevadas.

Kevin Kruse chama o processo pelo qual isso acontece de "cadeia de engajamento-lucro", semelhante à clássica cadeia de serviço-lucro descrita por Jim Heskett e Earl Sasser:

---

126 Frederick F. Reichheld, *The Loyalty Effect: The Hidden Force Behind Growth, Profits and Lasting Value*, Harvard Business School Press, 1996. Este livro influente examina a lealdade de clientes, empregados e acionistas, demonstra quantitativamente a correlação entre eles, e defende que empresas com baixa rotatividade de empregados e acionistas têm maiores resultados por ação.

127 http://www.kenexa.com/getattachment/8c36e336-3935-4406-8b7b-777f1afaa57d/The-Impact-of-Employee-Engagement.aspx.

"Empregados engajados levam a... maior serviço, qualidade e produtividade, o que leva a... maior satisfação do cliente, o que leva a... aumento das vendas (provenientes de repetição de negócios e indicações), o que leva a... níveis mais elevados de lucro, o que leva a... maiores retornos para os acionistas (preço das ações)."[128]

Doug Conant tornou-se CEO da Campbell's Soup em 2000, encontrando uma empresa com péssimos níveis de engajamento dos empregados. Ele tornou a melhora disso uma prioridade, e conseguiu de forma dramática. Em 2009, a Campbell's tinha 23 funcionários engajados para cada desengajado, e suas ações estavam superando dramaticamente o mercado.

Empresas Humanizadas procuram explicitamente por contratações que tenham um interesse genuíno – até mesmo um pouco fanático sobre o propósito da existência da empresa. Por exemplo, o foco de mercado da Empresa Humanizada Patagonia são os entusiastas de escalada. Ela quer que os empregados sejam apaixonados pela "cultura da vida ao ar livre" (*the dirt bag culture*) da escalada. O foco da L.L. Bean também é a vida ao ar livre, por isso, procura empregados que zelem pela natureza. No mesmo setor, a REI se preocupa profundamente em reconectar as pessoas com a natureza, e seus funcionários são, inevitavelmente, entusiastas de caminhadas e camping.

Como mencionamos anteriormente, a filosofia de negócios do Whole Foods Markets é resumida por seu lema, "Whole Food, Whole People, Whole Planet" (Comida Saudável, Pessoas Saudáveis, Planeta Saudável). A empresa não quer apenas corpos quentes, mas *foodies* (aficionados por alimentos) entusiasmados que levem a vida com gosto, no espírito do lema. Ela sabe que este entusiasmo não só proporcionará aos clientes uma agradável experiência de compras, mas levará a uma renda maior por dólar de custo de mão de obra.

O entusiasmo dos funcionários é uma grande razão pela qual o Whole Foods Market e outras Empresas Humanizadas superam seus

---

128 http://www.openforum.com/articles/how-employee-engagementleads-to-higher-stock-prices.

EMPRESAS HUMANIZADAS

concorrentes. As pessoas apadrinham as Empresas Humanizadas em parte por causa da diversão que experimentam. Um de nós é um *foodie* que divide seu tempo de compras entre as Empresas Humanizadas Trader Joe's, por itens básicos e diversão; Whole Foods Market, por saúde e diversão; e Wegmans Food Market por diversão e... bem, diversão. Wegmans é um paraíso para os *foodies*!

Anteriormente no livro, discutimos a importância da inteligência emocional (IE) em empregados e na alta gerência. Além de seus benefícios dentro da organização, a IE também é fundamental nas relações com clientes. Por exemplo, considere as muitas vezes conflitantes e ambíguas demandas colocadas sobre os vendedores profissionais. Eles são cobrados para simultaneamente gerar lucros imediatos por meio de vendas, construir a satisfação do cliente, promover fidelização do cliente para a vida toda, e contribuir para a viabilidade econômica no longo prazo da empresa. Uma pesquisa mostrou que a habilidade de um vendedor para ser bem-sucedido em conciliar e cumprir todas essas prioridades está fortemente relacionada ao seu nível de IE.[129] Empresas Humanizadas são caracterizadas por altos níveis de IE entre todos os empregados e, especialmente entre os funcionários que lidam com os clientes regularmente.

Como não Criar Confiança

Incontáveis declarações de visão e missão citam a construção de confiança com clientes como o principal objetivo. Isso coloca uma conotação improdutiva em por que uma empresa está no negócio. A confiança não deveria ser um objetivo principal do negócio. É mais propriamente considerada como um resultado de consistentemente atender ou superar as expectativas dos clientes. Em outras palavras, a confiança é uma medida de quão bem a empresa serve seus clientes e,

---

129 Elizabeth J. Rozell, Charles E. Pettijohn e R. Stephen Parker (2004), "Customer-Oriented Selling: Exploring the Roles of Emotional Intelligence and Organizational Commitment", *Psychology & Marketing*, Junho, Volume 21, Edição 6, p. 405.

em sentido mais amplo, o quão bem ela serve todos os *stakeholders*.

Lee Surace, ex-diretor financeiro da L.L. Bean, não foi um obcecado por números comum. Ele tinha um senso profundamente enraizado de missão em seu trabalho, não relacionado a dólares. Ele não pensava em estratégias para construir confiança, mas para ajudar todos os *stakeholders* da empresa. Ele encarava seu trabalho com uma humildade e reverência quase sacerdotais:

> "Para mim, este negócio não tem a ver com dinheiro. Você tem uma sensação de que está realmente melhorando a vida das pessoas... Quando você toma consciência da responsabilidade social que tem não somente com os seus trabalhadores, mas também com todos os seus fornecedores, vendedores, clientes e sua comunidade, percebe que este negócio não é sobre quanto dinheiro você vai ganhar como uma empresa."[130]

A cultura definida quase um século atrás pelo aventureiro apaixonado L.L. Bean, nomeado pelo *The Wall Street Journal* como um dos 10 Melhores Empreendedores do século XX, permanece intacta hoje. Garantias ilimitadas são parte dessa cultura. Há uma história que, alguns anos atrás, um cliente devolveu um casaco puído, comprado na década de 1950, e recebeu um novinho em troca, em cumprimento das garantias sem limites de tempo da L.L. Bean. A empresa de equipamentos e vestuário de atividades ao ar livre de US$ 1,5 bilhão sabe que suas garantias ilimitadas dizem aos clientes "Nós confiamos em você". Os clientes respondem, "Nós confiamos em vocês também", dando à empresa sua total lealdade.

Costco é outra Empresa Humanizada que pontua alto na confiança dos clientes. No entanto, o fundador e ex-CEO Jim Sinegal não gastou muito tempo pensando sobre construir a confiança com os clientes. Ele era mais devotado em manter a consistência ao expressar os valores fundamentais da Costco diariamente (os valores centrais estão listados

---

130 Eduardo Araiza e Pablo Cardona, "L.L. Bean Latin America", *International Graduate School of Management*, Case #ISE088.

EMPRESAS HUMANIZADAS

no Capítulo 8, "Sociedade – O Stakeholder Supremo").

A paixão de Sinegal por cuidar dos clientes começou limitando a margem de lucro de qualquer marca de produto em 14%, e 15% em produtos de sua marca própria, Kirkland. Alguns anos atrás, filmes da marca Kirkland de 35 mm começaram a voar das prateleiras. O fornecedor continuou a reduzir o preço de atacado para a Costco conforme as vendas continuavam a subir. Isso aumentou as margens sobre o filme para além dos 15% limites. Surgiu uma preocupação na gestão de que reduzir o preço para ficar dentro do limite da margem de 15% poderia corroer o valor da marca. A solução adotada pela Costco foi a redução do preço por rolo, mas acrescentando mais rolos ao pacote para manter o preço dele.

Assim como acontece com a L.L. Bean e algumas outras Empresas Humanizadas, os clientes da Costco têm permissão geral para devoluções: sem nota fiscal; sem perguntas; sem limite de tempo, com exceção de computadores, que têm um período de tolerância de seis meses. A Costco confia nos clientes e os clientes confiam na Costco. A confiança é sempre mais forte em relacionamentos onde ela acontece em ambas as direções. Incontáveis empresas querem que os clientes confiem nelas, mas não retribuem essa confiança. Empresas Humanizadas entendem a recompensa em cuidar e confiar dos clientes. Sim, de vez em quando um cliente vai abusar do sistema, mas Empresas Humanizadas não comprometerão os benefícios que fluem para muitos por causa das transgressões de alguns.

A disposição da Costco de confiar em seus *stakeholders* começa nas suas relações com os empregados. Sinegal estabeleceu um exemplo que deixou claro para os funcionários que os executivos da empresa não estão no jogo para tirar proveito deles, dos clientes, dos fornecedores ou de qualquer outra pessoa que puderem para ganho pessoal. Ele demonstrou isso ao aceitar um salário que é troco em comparação com o que a maioria dos outros diretores-executivos de grandes corporações recebem. A remuneração total média (incluindo opções de ações) para CEOs nas top 350 empresas em receita em 2010 foi de aproximadamente US$ 12 milhões. Embora a Costco tenha acumulado impressionantes (e rentáveis) US$ 71 bilhões em receitas em 2010, a renda total de Sinegal naquele ano foi US$ 540 mil (US$ 350 mil de salário, com um bônus de US$ 190 mil).

Sinegal estava profundamente comprometido com a ideia de que faz mais sentido nos negócios ter um bom lucro, mas não uma bolada, e investir mais nos atuais 175.000 trabalhadores da Costco. "Eu não vejo o que há de errado com um empregado ganhar o suficiente para ser capaz de comprar uma casa ou ter um plano de saúde para a família", diz ele.[131]

Empresas Humanizadas têm Alma

Harvey Hartman está interessado na alma. Não música da alma ou alimento da alma, mas a alma de empresas e suas culturas. A maioria das pessoas acredita que a alma humana é o que mais nos distingue dos outros animais. Hartman acredita que a alma corporativa é o que mais distingue empresas umas das outras. Fundador e CEO do Grupo Hartman, uma empresa de pesquisa de mercado com alma em Bellevue, Washington, ele vê a questão da alma da empresa como cada vez mais importante para a sobrevivência e o crescimento dos negócios. "É o resultado da nossa mudança da industrial Era da Razão para a pós-moderna Era da Alma", diz ele.

Perguntado sobre o que ele quer dizer quando se refere a uma empresa como "tendo alma", Hartman respondeu: "Eu quero dizer uma empresa que tem uma autêntica narrativa da origem do produto, que defende atributos não materialistas e valores morais". Isso é outro exemplo do *zeitgeist* (espírito de época) da Era da Transcendência, que está dirigindo a transformação social do capitalismo.

As pessoas não vão ao Walmart para alimentar a alma. Mas elas vão ao Whole Foods Market com isso em mente. Elas também vão aos batalhões para o supermercado familiar e de serviço impecável Wegmans Food Markets para experiências comoventes. Elas compram na Jordan's Furniture (agora propriedade da Berkshire-Hathaway, Inc., de Warren Buffett) com sua bonança comprentretenimento (*shoppertainment*) para

---

131 Jim Hightower, "A Corporation That Breaks the Greed Mold", *Working for Change*, http://www.workingforchange.com/article.cfm?itemid=16603, 17 de julho de 2005.

uma experiência emocionante repleta de diversão. As pessoas saem de seu caminho para pegar um voo da Empresa Humanizada Southwest, a companhia aérea piadista com um sorriso perpétuo no rosto que diminui um pouco do medo de voar – uma experiência definitivamente com alma.

Ter alma é uma marca registrada das Empresas Humanizadas. É um componente distintivo da cultura na Era da Transcendência que se reflete por um aumento do interesse na espiritualidade – por sua vez, um reflexo do envelhecimento da sociedade. Aspirações por experiências mais cheias de alma na vida diária estão reduzindo o sabor materialista da sociedade. Os consumidores estão olhando mais e mais para além do caráter funcional de produtos e serviços para experiências que melhorem a satisfação com a vida. Joe Pine e Jim Gilmore documentaram isso ricamente em seu best-seller de negócios, *The Experience Economy* (A Economia da Experiência).

Claro, varejistas de "valor" como o Walmart vão continuar atraindo pessoas para as quais o preço é o principal critério na escolha de onde comprar. Mas, na Era da Transcendência – similar à Era da Alma de Hartman e à Era Conceitual de Daniel Pink – preço não é o principal critério nas decisões de compras para uma proporção crescente de clientes. Agora, a maioria das pessoas que conhece o Whole Foods Market provavelmente já ouviu a falsa acusação de que Whole Foods é "Whole Check" (Cheque Inteiro, em referência ao preço dos produtos). De qualquer maneira, milhões de pessoas fazem suas compras lá. Elas aceitam a realidade de que custa mais para produzir alimentos organicamente e também para produzir carnes e produtos lácteos de animais que vivem soltos. Assim, os clientes do Whole Foods Market têm prazer em pagar US$ 3,49 por uma dúzia de ovos de categoria A produzidos por galinhas caipiras, mesmo que eles possam comprar ovos "normais" em qualquer outro supermercado por menos.

Assim, "preço elevado, alma elevada" é de fato uma estratégia de negócio praticável. Mas "preço baixo, alma elevada" é viável? Não procure além de Costco, Trader Joe's, Southwest Airlines, Jordan's Furniture, Toyota, IKEA – todas empresas que oferecem grande valor e preços baixos.

A Costco e outras Empresas Humanizadas sobrevivem e prosperam usando um modelo de negócio que inspira sentimentos de amor entre os seus clientes, bem como entre os empregados e outros *stakeholders* – amor, o sentimento indescritível de afeto que nos une a outro ser, e, no mercado, a marcas, empresas e empregados das empresas que amamos. Nós prontamente falamos sobre o valor da propriedade intelectual de uma empresa; por que não levar sua propriedade emocional em consideração na avaliação do valor do investimento?

6

Investidores – Colhendo o que Empresas Humanizadas Semeiam

Chris é um bem-sucedido gerente de investimento em uma das maiores instituições financeiras dos EUA. Por razões óbvias, não podemos identificá-lo, nem a sua instituição, com mais especificidade. Em uma reunião convocada no outono de 2005 para discutir o estabelecimento de um fundo de investimento de uma Empresa Humanizada, Chris disse que vinha acompanhando a Empresa Humanizada Whole Foods Market há algum tempo. "Quando os relatórios chegam a cada trimestre, digo para mim mesmo: 'A relação entre preço e desempenho não pode subir mais.' Mas sempre sobe." Na época da reunião do fundo de investimento, as ações do Whole Foods tinham ganhado 70% para o ano. Quem acreditaria que uma empresa varejista em um setor que tem, provavelmente, a mais estreita margem de negócio, poderia ter tal desempenho? Chris confessou ter ficado perplexo com esse fenômeno.

Mas quando ele foi apresentado ao modelo de negócio das Empresas Humanizadas, a imagem do notável desempenho financeiro do Whole Foods ficou mais clara.

Recorde uma discussão anterior sobre as empresas humanizadas citadas coletivamente terem tido uma performance excepcionalmente boa para os investidores ao longo de vários horizontes de tempo. E lembre-se, as Empresas Humanizadas foram selecionadas para inclusão neste livro com base na sua dedicação aos interesses de todos os *stakeholders*, o que acreditamos ser um bom presságio para seu sucesso futuro. Só então as analisamos em detalhe pelo seu desempenho financeiro passado. Como dissemos anteriormente, esperávamos intuitivamente uma boa performance, mas nada próximo do que descobrimos ser o caso.

Fornecemos um breve resumo dos incríveis resultados financeiros gerados por essas empresas no Capítulo 1, "Construindo o Negócio com Amor e Cuidado". Nós os comparamos com o mercado de ações global, representado pelo índice S&P 500. Também comparamos o desempenho das Empresas Humanizadas com as empresas identificadas por Jim Collins como tendo feito a transição de "Good to Great".

Neste capítulo, apresentamos mais detalhes sobre a performance financeira das Empresas Humanizadas. Antes de entrar em números, no entanto, gostaríamos de discutir várias questões relacionadas aos investidores enquanto *stakeholders*.

O Estilo Whole Foods para Riqueza dos Acionistas

A Empresa Humanizada Whole Foods se destaca como um exemplar vívido do modelo de negócio de gestão de relacionamento com *stakeholders* (SRM), gerando retornos acumulados para os investidores de 2.270% para os 20 anos terminados em 30 de setembro de 2013. A filosofia de negócios da empresa está incorporada em sua "Declaração de Interdependência", afixada em todas as lojas, e que reflete a interconexão de seus *stakeholders*. Em parte, ela afirma o seguinte (a totalidade pode ser lida em www.wholefoods.com/company/declaration/html):

"Whole Foods Market é um líder dinâmico no negócio de comida de qualidade. Somos uma empresa orientada por missão que visa estabelecer os padrões de excelência para os varejistas de alimentos. Estamos construindo um negócio em que altos padrões permeiam todos os aspectos da nossa empresa. A qualidade é um estado de espírito no Whole Foods Market."

"Nosso lema – Comida Saudável, Pessoas Saudáveis, Planeta Saudável – enfatiza que a nossa visão vai muito além de ser apenas um varejista de alimentos. Nosso sucesso no cumprimento de nossa visão é medido pela satisfação do cliente, excelência e felicidade dos Membros da Equipe, retorno sobre o investimento de capital, melhoria no estado do meio ambiente, e apoio da comunidade local e mais ampla."

EMPRESAS HUMANIZADAS

"Nossa capacidade de incutir um senso claro de interdependência entre nossos diversos *stakeholders* (as pessoas que se interessam e se beneficiam do sucesso de nossa empresa) depende de nossos esforços para comunicar com mais frequência, de forma mais aberta, e com mais compaixão. Melhor comunicação equivale a melhor compreensão e mais confiança."

Mais adiante, na *Declaração de Interdependência*:

"Satisfazer todos os nossos *stakeholders* e alcançar nossos padrões é o nosso objetivo. Uma das responsabilidades mais importantes da liderança do Whole Foods Market é garantir que os interesses, desejos e necessidades de nossos vários *stakeholders* sejam mantidos em equilíbrio. Nós reconhecemos que este é um processo dinâmico. Ele exige participação e comunicação de todos os nossos *stakeholders*. Ele requer ouvir com compaixão, pensar com cuidado e agir com integridade. Qualquer conflito deve ser mediado, e soluções ganha-ganha, encontradas. Criar e nutrir esta comunidade de *stakeholders* é fundamental para o sucesso de nossa empresa no longo prazo."

O Whole Foods Market fornece uma ilustração interessante de como o mercado de ações pode reagir de forma exagerada aos acontecimentos externos. Após lançar as ações a alturas irracionais e insustentáveis índices preço-dividendo (*price-earnings*), o mercado oscilou para o outro extremo quando a grande recessão de 2008 chegou. De uma alta de cerca de US$ 70, as ações foram derrubadas até US$ 7. O crescimento das vendas das mesmas lojas da empresa tinham abrandado e ainda mostravam uma pequena tendência negativa. Mas, como o CEO John Mackey colocou, ainda era a mesma empresa que tinha sido estimada em dez vezes mais algum tempo antes. Recusando-se a deixar a cauda de Wall Street abanar o cão do negócio, a empresa manteve-se fiel ao seu propósito e à sua filosofia de gestão. As ações logo dispararam em uma corrida histórica, atingindo cerca de US$ 112 (preço ajustado) até o momento da elaboração deste livro.

Quem são os Investidores de Hoje?

Possuir ações e títulos costumava ser reservado aos ricos e privilegiados. Isso não é mais o caso. O Levantamento de Finanças do Consumidor feito pelo *Federal Reserve* (Banco Central) descobriu que a porcentagem de famílias americanas que possuem ações subiu de 19% em 1983 para 32% em 1989, 41% em 1995, e 51,9% em 2001.[132] (O percentual na verdade diminuiu para 46,9% em 2010.) Ainda mais significativo, os investidores tornaram-se uma importante força política. Na eleição de 2004, pesquisas de boca de urna descobriram que 70% dos eleitores possuíam ações.[133]

A generalização da posse de ações ajudou a dirigir o movimento rumo a uma maior transparência corporativa. Mas também está tendo outro efeito. Muitos investidores individuais estão trazendo seus valores morais pessoais para as suas decisões de investimento. Eles subscrevem à ideia de investimento sustentável e responsável que tenha um impacto positivo no mundo. Steven J. Schueth, presidente da First Affirmative Financial Network, LLC, escreveu o seguinte no site de sua empresa:

> "As motivações dos investidores que são atraídos para investimentos socialmente responsáveis tendem a cair em duas categorias, muitas vezes complementares. Alguns desejam colocar seu dinheiro para trabalhar de uma maneira que está mais alinhada com e reflete seus valores pessoais e prioridades sociais. Outros estão interessados em colocar o capital de investimento para trabalhar de maneira a apoiar e encorajar a melhoria da qualidade de vida da sociedade em geral. Este grupo está mais focado no que o seu dinheiro pode fazer para catalisar o movimento em direção a um mundo mais economicamente justo e ambientalmente sustentável que trabalhe para todos os habitantes. Eles tendem a ser mais interessados nas estratégias de mudança social que são parte integrante do investimento socialmente responsável nos EUA."[134]

---

132 http://www.federalreserve.gov/pubs/oss/oss2/scfindex.html.
133 Matthew Continetti, "I, Eliot", *The Weekly Standard*, 7 de março de 2005, Volume 10, Edição 23, pp. 24–30.
134 http://www.firstaffirmative.com/news/sriArticle.html , em 11 de novembro de 2005

Vinte anos atrás, o principal guru da administração da América, o falecido Peter Drucker, escreveu: "A ascensão dos fundos de pensão como proprietários e credores dominantes representa uma das mudanças mais surpreendentes na história econômica".[135] Continuando, ele disse:

"Tudo dito, os investidores institucionais, incluindo os fundos de pensão, controlavam perto de 40% das ações ordinárias das maiores (e muitas de médio porte) empresas do país. Os maiores fundos de crescimento rápido, aqueles dos funcionários públicos, não se contentam mais em serem investidores passivos."[136]

Refletindo sobre ideias de Drucker e o fato de que mais da metade das famílias americanas possuem ações, veem à mente os insights reveladores de Frederick Reichheld sobre como os investidores tanto acrescentam como subtraem do valor das ações. Ele criticou os *day traders* e outros especuladores de curto prazo por serem destruidores de valor ao pressionarem os executivos a tomarem decisões míopes em detrimento do longo prazo. Reichheld aconselha as empresas a desenvolverem estratégias que atraiam os interesses desses investidores de longo prazo, como os fundos de pensão e as famílias americanas em geral. Ele mostra com métricas convincentes como os investidores de longo prazo agregam valor a uma empresa. Esta é uma característica fundamental de *todos* os *stakeholders* no modelo de negócio das Empresas Humanizadas. De clientes a comunidades, a gestão de Empresas Humanizadas vê a criação de valor da mesma forma que Reichheld. Todos os principais *stakeholders* agregam valor e se beneficiam dos ganhos em valor. Ao envolver todos os *stakeholders*, as empresas podem explorar um conjunto mais amplo e profundo de recursos para criar muito mais valor.

Empresas Humanizadas são o tipo de investimento de Warren Buffett. Quando questionado por quanto tempo prefere manter um investimento,

---

135 Peter F. Drucker, *Managing the Future: The 1990s and Beyond*, Truman Talley Books, 1992, p. 237.
136 Ibid, p. 235.

ele geralmente diz, "Para sempre".[137] Comentando sobre sua visão de rotatividade no relatório anual da Berkshire Hathaway de 1992, Buffett declarou o seguinte: "... nós acreditamos que nossas ações viram muito menos ativamente do que as ações de qualquer outra empresa com muitos acionistas... Os custos friccionais de negociação – que funcionam como um importante "imposto" sobre os proprietários de muitas empresas – são praticamente inexistentes na Berkshire Hathaway".[138]

Nós valorizamos as opiniões de Reichheld e Buffett. O primeiro estudou diligentemente a relação entre rotatividade de ações e erosão de valor para o acionista; o segundo se tornou o segundo homem mais rico do mundo, em parte por entender aquela relação, e também os condutores de criação de valor no longo prazo, e investindo de acordo. Então, por que é que mais empresas não têm pontos de vista semelhantes? Será que os conselhos de administração incitam os altos executivos a tomarem decisões de curto prazo destruidoras de valor ao recompensá-los apenas pelos ganhos de curto prazo?

A Forma Zen de ver a Busca do Lucro

A visão que promovemos por todo este livro – e que está convencendo cada vez mais pessoas nesta nova era – é que atingir sucesso nos negócios é menos uma questão de obsessão sobre finanças do que se concentrar em como uma empresa pode criar valor para todos os seus *stakeholders*. Empresas Humanizadas o fazem ao contribuir para solucionar os problemas dos *stakeholders*, possibilitando que atinjam o seu potencial e melhorem a sua qualidade de vida. Em apoio a essa abordagem indireta para perseguir lucros, o célebre economista britânico John Kay nos lembra que a maioria dos objetivos são mais bem perseguidos indiretamente ou tangencialmente.[139] Por exemplo, se você tentar

---

137 Frederick Reichheld, *The Loyalty Effect: The Hidden Force Behind Growth, Profits, and Lasting Value*, Harvard Business School Press, 1996.
138 1992 *Annual Report*, Berkshire-Hathaway, Inc., p. 20.
139 John Kay, "The Role of Business in Society", 3 de fevereiro de 1998 (www.johnkay.com).

aprender a fazer malabarismo, será informado: "Concentre-se em jogar, não se preocupe em pegar".[140] O truque é que se você joga direito, a bola volta sozinha para a sua mão, e isso se torna bastante trivial. Nos negócios, isto significa que devem atender a um princípio muito espiritual: eles devem se concentrar em consistentemente tomar as ações corretas, e não serem conduzidos por um objetivo predeterminado, ou como Buda colocou, um "resultado acolhido". Um negócio que é obsessivamente focado nesse resultado desejado provavelmente empreenderá ações "erradas", aquelas que, no final, inevitavelmente, levarão a consequências negativas por todos os lados.

O princípio da perseguição de um objetivo se reflete indiretamente no seguinte paradoxo Zen: tentar muito ganhar dinheiro muitas vezes leva a ganhar menos dinheiro. Para colocar de outra forma, as empresas mais voltadas ao lucro não são geralmente as mais rentáveis, enquanto a maioria da empresas altamente rentáveis não estão focadas em fins lucrativos. Como Peter Drucker explicou: "O lucro não é a explicação, causa ou razão do comportamento de negócios e decisões de negócios, mas sim o teste da sua validade".[141] Lembre-se do diretor-financeiro da L.L.Bean Lee Surace dizendo no capítulo anterior: "Para mim, esse negócio não tem a ver com dinheiro. Você tem uma sensação de que está realmente melhorando a vida das pessoas..." Essas são palavras que você nunca esperaria ouvir de um diretor-financeiro – a não ser que fosse o diretor-financeiro de uma empresa humanizada.

Uma pesquisa feita pela McKinsey, empresa líder de consultoria no mundo, demonstra claramente a eficácia de se tomar uma visão de longo prazo e deixar os lucros cuidarem de si, por assim dizer, como uma bola de malabarismo encontrar seu caminho, quase que misteriosamente, de volta para as mãos do malabarista. Em uma edição de 2005 do *The McKinsey Quarterly*, Richard Dobbs examinou a relação entre o desempenho da empresa no curto prazo e sua saúde de longo prazo.

---

140 Michael J. Gelb, *Lessons From the Art of Juggling: How to Achieve Your Full Potential in Business, Learning, and Life*, Harmony, 1994.

141 Peter F. Drucker, *Management: Tasks, Responsibilities, Practices*, Harper & Row, 1974.

Empresas saudáveis sustentam um desempenho superior ao longo do tempo. Elas são caracterizadas por "uma estratégia robusta; ativos bem conservados; produtos e serviços inovadores; uma boa reputação com clientes, órgãos reguladores, governos e outros *stakeholders*; e a capacidade de atrair, reter e desenvolver empregados de alto desempenho".[142]

Infelizmente, especialmente para os investidores, muitas empresas falham em perceber que a busca para alcançar resultados excepcionais de curto prazo pode ser prejudicial para a sua saúde no longo prazo. Isso é análogo aos atletas de elite que tomam esteroides e outras drogas que melhoram o desempenho a fim de ganhar uma competição, mas sofrem consequências devastadoras em longo prazo. As empresas podem certamente estimular o desempenho de curto prazo através da redução de pessoal, cortes dos níveis de serviço, eliminação dos benefícios dos empregados, e outras ações. No entanto, tais medidas aumentam significativamente as chances de mau desempenho no futuro. É certamente comum ver as ações de uma empresa subirem quando demissões em larga escala são anunciadas. Isso pode aquecer a negociação e produzir ganhos para os *day traders*, mas os investidores de longo prazo devem encará-lo como um aviso sobre o futuro da saúde da empresa.

Aqui está a posição da McKinsey sobre a busca de lucros:

> "Paradoxalmente, a linguagem de valor para os acionistas... dificulta que as empresas maximizem o seu valor para o acionista. Praticado como um mantra irrefletido, 'o negócio do negócio é o negócio' pode levar os gestores a se concentrarem excessivamente na melhoria do desempenho de curto prazo dos seus negócios, negligenciando, assim, importantes oportunidades e questões de longo prazo, incluindo as pressões sociais, a confiança dos clientes, e investimentos em inovação e outras perspectivas de crescimento."[143]

Uma grande quantidade de gerentes permanece altamente suscetível

---

142 Dobbs, *op. cit.*
143 Richard Dobbs, Keith Leslie e Lenny T. Mendonca, "Building the Healthy Corporation", *The McKinsey Quarterly*, 2005 Special Edition: Value and Performance.

EMPRESAS HUMANIZADAS

a pressões de curto prazo. Um estudo realizado pelo National Bureau of Economic Research encontrou que a maioria dos gestores *não* faria um investimento que oferecesse um retorno atraente se isso significasse perder seus objetivos de lucros trimestrais. Surpreendentemente, mais de 80% dos executivos cortariam despesas de pesquisa e desenvolvimento pela mesma razão, mesmo se eles realmente acreditassem que isso poderia prejudicar a empresa no longo prazo.[144] E muitos conselhos os premiam com bônus em dinheiro e opções de ações por pensarem desta maneira.

As pressões trimestrais colocadas em empresas de capital aberto por influentes analistas de ações é um fenômeno bem conhecido. A boa notícia é que, apesar de muitos analistas, de fato, exercerem pressão sobre a gestão para entregar resultados de curto prazo, o mercado acionário como um todo recompensa ações que produzem valor no longo prazo.

As empresas devem dissociar a compensação gerencial dos resultados de curto prazo e vinculá-la mais de perto com os indicadores multidimensionais de saúde das empresas em longo prazo.[145]

Vinculando Investidores, Empregados e Clientes

Os investidores, empregados e clientes de uma empresa podem ser atrelados de uma maneira que resulte em maior estabilidade para a empresa e na harmonização dos interesses pelos grupos de *stakeholders* (ver Figura 6.1). Por exemplo, em empresas mais bem administradas, e, certamente, nas Empresas Humanizadas, os empregados são incentivados a se tornarem clientes da empresa, desfrutando de descontos consideráveis sobre produtos e serviços. Em muitos casos (especialmente com produtos de estilo de vida), as empresas descobrem que suas melhores contratações vêm das fileiras de seus clientes mais fiéis e exigentes. A maioria dessas empresas também têm generosos programas de compra de ações por empregados (ESOP – *employee stock ownership programs*). Em

---

144 John R. Graham, Campbell R. Harvey e Shivaram Rajgopal, "The Economic Implications of Corporate Financial Reporting", *NBER Working Paper Number* 10550, 11 de janeiro de 2005.
145 Dobbs, Leslie e Mendonca, op. cit.

vez de simplesmente conceder opções de ações (que podem ser de curto prazo) para os empregados, Empresas Humanizadas os incentivam a comprar e manter as ações da empresa no longo prazo.

As possíveis ligações entre clientes e investidores estão mais incomuns e, em alguns aspectos, mais interessantes. As empresas devem incentivar relacionamentos híbridos, fazendo seus investidores se tornarem clientes. Na verdade, eles devem considerar oferecer aos investidores de longo prazo descontos semelhantes aos dos empregados. Por outro lado, algumas empresas começaram a experimentar novos tipos de programas de fidelização para seus melhores clientes, recompensando-os com ações. Por exemplo, a Jameson Inns recompensa os clientes que ficam três ou mais noites por ano em seus hotéis com ações da empresa no valor de 10% de sua diária do quarto.[146] Quando a Boston Beer Company abriu o capital em 1995, o CEO Jim Koch queria mover os clientes da empresa para a frente da fila, em vez de favorecer investidores profissionais. Os clientes puderam comprar ações a US$ 15, contra US$ 20 para aqueles que as adquiriram na oferta pública.

Figure 6.1 Relacionamentos híbridos

---

146 Business Week, Upfront, 8 de agosto de 2005, p. 12 (veja também www.jamesoninns.com).

As vantagens de se conectar os *stakeholders* desta maneira são óbvias. *Stakeholders* com múltiplos relacionamentos com a empresa têm mais chance de serem valiosos para a empresa, e também são mais propensos a permanecerem com a empresa quando ela passa por períodos turbulentos. *Stakeholders* devem ser ligados não apenas uns aos outros, mas também diretamente com a empresa. Elas não devem hesitar em trazer representantes de todos os *stakeholders* (e não apenas os três mencionados aqui) diretamente para o seu processo de planejamento estratégico de longo prazo.

Resultados para os Acionistas

O que torna as Empresas Humanizadas diferentes aos olhos dos investidores? O que faz os preços de suas ações superarem as empresas *Good to Great* no longo prazo?[147] Nós descobrimos que as Empresas Humanizadas geralmente ganham maiores retornos para os acionistas, normalmente têm índice preço-dividendo (P/E) *premium*, mas não incorrem em maior risco do que o mercado global de ações.

Para comparar os retornos dos acionistas, pesquisamos o histórico de atividade de preço de 28 empresas americanas de capital aberto, 11 empresas *Good to Great* (G2G), e as S&P 500 durante períodos de tempo de três, cinco, dez e 15 anos, encerrados em 30 de setembro de 2013. Estes intervalos de tempo abrangem uma gama de condições de mercado, incluindo o alvorecer do *boom* da Internet, o estouro da bolha de tecnologia, uma recuperação lenta, e a Crise Financeira Global de 2008-2009.

Eis como calculamos os retornos:

- Retornos de período trimestral calculados utilizando preços de fechamento e dividendos extraídos dos terminais Bloomberg de 01/10/1998 a 30/09/2013.
- Retorno total calculado acumulando retornos de períodos (*Holding period returns* - HPRs) para contabilizar os dividendos reinvestidos.

---

147 Jim Collins, *Good to Great*. New York: HarperCollins, 2001.

- Índice Beta calculado por uma regressão linear de preço das ações de 01/10/1998 a 30/09/2013, como por Bloomberg.
- As empresas que abriram capital durante este período foram adicionadas assim que os dados do preço da ação foram disponibilizados; isto é, não ter um preço de ação não resultou em um retorno de 0% para a empresa, já que isso arrastaria para baixo os retornos para o grupo.

Tabela 6.1 e Tabela 6.2 mostram que o desempenho do preço das ações das Empresas Humanizadas ofuscou o das S&P 500 durante todos os horizontes de tempo incluídos. Empresas Humanizadas também superaram empresas G2G nos períodos de tempo mais longos.

Tabela 6.1 Retornos Acumulados (Empresas de Capital Aberto)

Performance acumulada	15 anos	10 anos	5 anos	3 anos
Empresas Humanizadas americanas	1681,11%	409,66%	151,34%	83,37%
Empresas Humanizadas internacionais	1180,17%	512,04%	153,83%	47,00%
Empresas Good to Great	262,91%	175,80%	158,45%	221,81%
Índice S&P 500	117,64%	107,03%	60,87%	57,00%

Tabela 6.2 Retornos Anualizados

Performance Anualizada	15 anos	10 anos	5 anos	3 anos
Empresas Humanizadas americanas	21,17%	17,69%	20,24%	22,40%
Empresas Humanizadas internacionais	18,53%	19,86%	20,48%	13,70%
Empresas Good to Great	8,97%	10,68%	20,91%	47,64%
Índice S&P 500	5,32%	7,55%	9,98%	16,22%

EMPRESAS HUMANIZADAS

Índices Preço/Dividendos (P/E) e Beta

Índices P/E podem ser usados para avaliar se as ações estão supervalorizadas, subvalorizadas ou razoavelmente valorizadas. Tradicionalmente, ações que têm um P/E abaixo de sua média histórica ou da indústria podem ser consideradas subvalorizadas. Neste estudo, no entanto, estávamos tentando provar uma teoria diferente, a de que as Empresas Humanizadas superam e se distanciam de avaliações tradicionais P/E, e são reconhecidas com índices P/E *premium*. Um índice P/E *premium* é um indicador de que uma empresa conseguiu balancear seus principais *stakeholders* efetivamente e está posicionada para um crescimento sustentado no futuro (em parte, à custa de seus concorrentes com fins lucrativos mais tradicionais). Nós esperamos que as empresas humanizadas continuem a ter índices P/E mais elevados em relação às suas indústrias e ao mercado em geral (S&P 500), desde que continuem a operar dessa maneira.

Beta é uma medida do risco ou volatilidade de uma ação. Encontramos que o índice beta para as Empresas Humanizadas Combinadas atualmente é de 1,02, um risco um pouco maior em relação ao S&P 500 (ver Tabela 6.3). Mas um beta mais baixo nem sempre é melhor. A ideia é recompensar os investidores com retornos acima do mercado sem incorrer muito em risco adicional. Isto é exatamente o que Empresas Humanizadas tipicamente fazem, entregando retornos ajustados ao risco muito mais elevados que o mercado como um todo (ver Tabela 6.4).

Tabela 6.3 Indicadores Fundamentalistas*

Índices	P/E	Beta
Empresas Humanizadas americanas	26,15	1,02
Empresas Good to Great	17,20	0,91
Empresas Humanizadas internacionais	23,57	0,81

* Data-base 04/out/13

Tabela 6.4 Retornos Acumulados de Empresas Humanizadas Americanas

Empresas	15 anos	10 anos	5 anos	3 anos
3M	222%	72%	74%	37%
Adobe Systems	1.096%	164%	32%	99%
Amazon.com	1.580%	546%	330%	99%
Autodesk	526%	383%	23%	29%
Boston Beer Company	3.268%	1434%	414%	265%
CarMax	629%	284%	172%	43%
Chipotle	-	674%	673%	149%
Chubb	182%	174%	62%	56%
Cognizant	16.239%	801%	260%	27%
Colgate-Palmolive	244%	111%	57%	53%
Costco	388%	271%	77%	78%
FedEx	411%	77%	45%	34%
Google	-	576%	119%	67%
Harley-Davidson	333%	33%	71%	125%
IBM	188%	109%	58%	37%
J. M. Smucker	359%	148%	88%	72%
Marriott International	277%	109%	72%	24%
MasterCard Worldwide	1.302%	1.302%	279%	200%
Nordstrom	353%	351%	94%	50%
Panera	5.103%	287%	211%	79%
Qualcomm	2.147%	223%	56%	49%
Schlumberger	287%	264%	13%	43%
Southwest Airlines	62%	-18%	0%	11%
Starbucks	1.602%	435%	418%	200%
T. Rowe Price	388%	247%	33%	43%
UPS	55%	43%	44%	36%
Walt Disney	157%	224%	110%	95%
Whole Foods Market	1.011%	324%	484%	215%

Conclusões

Não alimentamos nenhuma fantasia de que a visão estreita tradicional de que o único objetivo dos negócios é a maximização do lucro vai se tornar obsoleta em breve. Mas estamos confiantes de que o número de empresas seguindo nessa direção filosófica diminuirá e, cada vez mais, serão colocadas em desvantagem por empresas com uma visão mais consciente do seu lugar nas vidas e comunidades de todos os seus *stakeholders*. Esta é a filosofia de negócios preferida por um número crescente de clientes, empregados, fornecedores e outros *stakeholders*. Empresas Humanizadas demonstram que os acionistas aguentam ter maiores ganhos no longo prazo investindo em empresas com culturas humanistas. Claro, gestão saudável e capitalização adequada continuam críticas. No entanto, dada a presença dessas condições, os investidores conseguem colher ganhos significativos com menos risco ao investir em empresas que são mais humanas.

7

Parceiros – Harmonia Elegante

Os produtores de café em Chiapas, no México, brincam desconsoladamente que eles têm o negócio do futuro – porque sempre será melhor no *próximo* ano. Erwin Pohlenz trabalhou, se preocupou e suou durante anos, antes que *aquele* próximo ano chegasse. Em 1998, sua plantação de café Santa Teresa de 505 hectares perdeu uma encosta inteira de pés com as chuvas torrenciais. No mesmo ano, bandidos invadiram sua casa e tentaram extorquir US$ 100 mil. Pohlenz se viu no papel de um Jó dos dias atuais. O calor escaldante em anos sucessivos causou estragos em suas plantações. Uma infestação de brocas varreu a plantação. A produção de Santa Teresa despencou. Em seguida, os preços também despencaram em todo o mundo. O que mais poderia dar errado? Era com essa pergunta que Pohlenz acordava todos os dias. Uma coisa que poderia dar errado seria uma mudança do paladar das pessoas pelo café. E foi exatamente o que aconteceu. A demanda mudou na direção de cafés especiais de qualidade mais elevada do que aqueles que Santa Teresa estava produzindo. A falência da plantação iniciada pelo pai de Pohlenz, o imigrante alemão Ernesto, mais de meio século atrás parecia iminente.

Então, a maré implacável de infortúnio começou a virar. O comerciante de *commodities* Agroindustrias Unidas de México S.A. (AMSA) veio ao resgate da fazenda da família Pohlenz. AMSA é a unidade mexicana de um dos maiores grupos de comércio de *commodities* do mundo. Eduardo "Teddy" Esteve, chefe de café da AMSA, sabia que Santa Teresa tinha sido abençoada com elevada altitude e a desejável variedade *Mundo Novo* de café arábica – ingredientes-chave no cultivo de tipos especiais que os compradores estavam começando a exigir. Mas quando Esteve enviou técnicos para investigar, eles descobriram que as operações de Santa

Teresa apresentavam inúmeros problemas de qualidade: cerejas verdes não eram pré-separadas da fruta madura e "bóias" inferiores não eram peneiradas na lavagem. Santa Teresa também fermentava os grãos mais que o necessário, arriscando desidratação e perda de óleos saborosos. Pohlenz diligentemente ponderou o conselho da AMSA. Ele enfrentou as falhas de processamento e negociou com sucesso um contrato com AMSA para a safra do ano seguinte.

A transformação de Santa Teresa estava apenas começando. Em 2003, conservacionistas do Rainforest Alliance e da Conservation International visitaram Santa Teresa. O que eles viram os inspirou a recomendar Santa Teresa como uma fazenda-piloto para o então novo programa de incentivo de compra da Starbucks, C.A.F.E. (Coffee and Farmer Equity).

A Starbucks estabeleceu as Práticas C.A.F.E. para avaliar, reconhecer e recompensar produtores de cafés de alta qualidade produzidos de forma sustentável. O programa foi desenvolvido em colaboração com a Scientific Certification Systems (SCS), uma empresa de avaliação e certificação de terceira parte. Ela promove atividades que geram benefícios sociais e ambientais. Produtores que progridem seguindo as Diretrizes Práticas C.A.F.E. ganham pontos para chegar ao status de fornecedor preferencial ou para preservar essa designação, uma vez que já a tenham atingido. Durante uma reunião de 2003 com fornecedores, Esteve apresentou os benefícios financeiros e sociais que tal programa poderia trazer. "Naquela altura," Pohlenz diz, "nossa visão tomou forma de uma fazenda que estaria muito melhor com natureza, produtor e trabalhadores juntos."

Pohlenz começou a dar mais atenção ao conforto e ao bem-estar de seus trabalhadores. Ele construiu uma barreira de concreto para evitar que as águas das chuvas com humo malcheiroso que desciam as encostas atravessassem os alojamentos dos trabalhadores; instalou latrinas biodegradáveis; e construiu duas cozinhas ao ar livre com grelhadores para substituir as fogueiras que os trabalhadores usavam para preparar as refeições.

Pohlenz percebeu que era preciso mais. A agenda das melhorias necessárias foi parcialmente impulsionada por uma nova visão de gestão, em parte por uma obrigação contratual com a Starbucks de reservar 22

EMPRESAS HUMANIZADAS

centavos por quilo de vendas para melhoramentos sociais ou ambientais. Mas o crédito de fornecedor preferencial que Santa Teresa havia recebido sob o sistema de incentivo C.A.F.E. também foi um impulsionador. Cada melhoria ganhou pontos na direção do status de fornecedor preferencial. Pohlenz sabia que ele não podia se dar ao luxo de descansar em realizações passadas. "Eu não acho que a Starbucks já tenha total confiança de que Santa Teresa será um fornecedor de longo prazo", disse ele. "Mas não são eles que têm que vir nos salvar – nós temos que fazer isso sozinhos. Se produzirmos um produto de qualidade sob as melhores práticas, então, a Starbucks vai nos pagar um preço justo que nos permitirá continuar ao longo de muito tempo."

Não esquecendo os padrões de sustentabilidade das Práticas C.A.F.E. da Starbucks, a AMSA proporciona aos seus produtores serviços dos tipos que se provaram valiosos em transformar Santa Teresa, que estava à beira do desastre, em uma operação modelo. Essa assistência é contrária à tradicional imagem de intermediários como a AMSA predando os agricultores e levando uma fatia dos lucros do valor mínimo. Mas, como o sucesso de Santa Teresa com a Starbucks demonstrou, "realmente compensa no longo prazo fazer a coisa certa", diz Eric Ponçon, diretor comercial da AMSA. "E isso significa estender a visão para o nosso próprio negócio para assumir responsabilidades ambientais e sociais da fazenda." Na verdade, conforme compradores como Starbucks demandam volumes crescentes de café de qualidade nos próximos anos, o futuro da AMSA e de outros comerciantes depende de encontrar e cultivar mais produtores que possam entregar as mercadorias com uma consciência social e ambiental animada. "A história de Santa Teresa," promete Ponçon, "não é um caso isolado."

De todas as histórias que ouvimos em nossa pesquisa, nenhuma mostrou empresas participando de ecossistemas econômicos com maior pungência do que a história da fazenda de café da família Pohlenz em Chiapas, México. Porque a Starbucks é uma empresa orientada para pessoas, em vez de números, tem uma influência de cuidado nas vidas e organizações dentro de seu ecossistema econômico. Starbucks inspira burocratas, comerciantes de *commodities*, operadores de exploração agrícola, lavradores e outros em países produtores de café para irem além de objetivos egoístas imediatos e contribuírem para tornar melhor a vida de todos os que caem na sua esfera de influência.

A liderança da Starbucks em encabeçar soluções para questões sociais e ambientais dentro de seu ecossistema econômico exemplifica um notável desenvolvimento na empresa privada: o papel em expansão de negócios nas áreas de bem-estar público tradicionalmente dominadas pelo governo. E quem teria a ousadia de cobrar o fundador e CEO da Starbucks Howard Schultz por desperdiçar a riqueza dos acionistas? As ações da Starbucks valorizaram seis vezes ao longo da última década, e dez vezes entre 2009 e 2013. É importante ressaltar aqui que a Starbucks não se tornou uma marca global seguindo o tradicional modelo de publicidade pesada e promoção. Ela o fez ao diligentemente dedicar atenção para as necessidades de cada grupo de *stakeholder*, começando por seus fornecedores. Chame de uma consciência social no trabalho, se desejar, mas nós simplesmente pensamos que, sob a liderança inspirada e inspiradora de Howard Schultz, a Starbucks é apenas uma empresa muito bem gerida que alcançou o arranjo harmonioso ("*concinnity*") que distingue as empresas que operam sob o modelo de negócio não tradicional das Empresas Humanizadas.

Indicadores que Importam

Concinnity é um antigo substantivo inglês, pouco usado hoje. Usaremos no texto a expressão consonância para retratar essa ideia. Talvez seja um sinal dos nossos tempos. Impaciência crônica para se chegar ao "resultado" ou ao "ponto" entorpece a sensibilidade para o que o termo representa. Atenção refinada necessária para apreciar consonância é escassa em uma sociedade que analisa a realidade em frases de efeito e grosseiramente a transforma em "*reality shows*" na TV que não têm nada de realidade.

Consonância significa "uma combinação hábil de partes alcançando uma harmonia elegante". É encontrada nas descrições poéticas de artefatos finamente trabalhados. Também é usada para descrever pensa-

EMPRESAS HUMANIZADAS

mentos elegantemente construídos. Mas organizações também podem alcançar esse estado.

As empresas que operam além das fronteiras morais do modelo auto-centrado de propósito corporativo de Milton Friedman têm uma maior probabilidade de alcançar a consonância. Elas são como uma pessoa que alcançou um estado de autorrealização: tudo se juntou em harmonia elegante. Abraham Maslow provavelmente veria as Empresas Humanizadas como negócios que projetam comportamento de autorrealização. Autor-realização, disse ele, era sobre "ser tudo o que você pode ser". (Ele disse isso muitos anos antes da frase se tornar um *slogan* de marketing do Exér-cito dos EUA.) Alcançar o estado elevado de "ser tudo o que você pode ser" envolve se libertar do ego. Este ato relaxado muda a visão de mundo de uma pessoa do egocentrismo para o altruísmo. Mas isso não significa sacrificar o interesse próprio. O interesse próprio pode ser bem servido nos níveis mais altos de maturidade, quando o desejo do ego de controlar tudo ao seu alcance é diluído por uma perspectiva mais ampla da vida. Isso é verdade tanto para empresas como para seres humanos. Acredita-mos firmemente que, na Era da Transcendência, as empresas vencedoras serão aquelas que se esforçam para criar valor para todos os *stakeholders*, não apenas os acionistas, e, ao fazê-lo, operam em um estado de conso-nância, no qual *stakeholders* em todas as categorias sustentam a experi-ência sublime de interagirem uns com os outros em elegante harmonia.

Inevitavelmente, surge a pergunta: "Como pode uma empresa ser me-nos autofocada e, ainda assim, ter mais sucesso?" Tradicionalistas acre-ditam que a ampliação da preocupação de uma empresa para abranger todos os *stakeholders* só pode ser feita a um custo para os acionistas. Eles afirmam que isso dilui o foco corporativo em fins lucrativos ao ponto que os lucros não conseguem atingir níveis ótimos. O erro em seu argumen-to vem de modos de pensar *ou/ou* (excludente) e *se/então* (consequente), que estreitam as opções para apenas duas. Empresas Humanizadas são dirigidas por CEOs capazes de traçar as direções de suas empresas em termos de pensamentos mais inclusivos como *ambos/e*. Opções extraídas de tal pensamento são literalmente ilimitadas.

Consonância Entre Concorrentes

Em 9 de novembro de 2005, depois de anos de expectativa, a IKEA abriu sua primeira loja de Massachusetts, na cidade de Stoughton.

Em preparação para a abertura, a IKEA tinha colado seu logo amarelo e azul nos trens do metrô e distribuído mais de um milhão de catálogos para os domicílios da área. Ela também tinha rebocado um quarto em uma redoma de vidro pela cidade. A presidente da IKEA América do Norte, Pernille Spiers-Lopez, estava presente para a tradição sueca de serrar um tronco na frente da loja antes da abertura. A loja de 320 mil m² (6,5 vezes o tamanho de um campo de futebol) atraiu cerca de 25 mil clientes, alguns de lugares tão distantes como Atlanta. Muitos deles tinham acampado na porta por mais de uma semana para estarem entre os primeiros compradores (os primeiros 100 ganharam cadeiras POÄNG, no valor de US$ 99), e milhares tiraram folga do trabalho para não perderem a quarta-feira da abertura. Funcionários da IKEA receberam os compradores com gritos e aplausos, batendo varetas azuis e amarelas. Os clientes se dirigiram para o café da manhã de 99 centavos e, mais tarde, para o almoço com almôndegas suecas de US$ 3,99, enquanto seus filhos brincavam no salão com supervisão. Por que todo esse entusiasmo com a abertura de uma loja de móveis? É que a IKEA tem adoradores dentre os clientes (assim como muitas Empresas Humanizadas), e seus fãs da região de Boston esperavam por esse dia há muitos anos. O que foi, talvez, mais interessante sobre esta abertura foi a reação das vizinhas da IKEA em Stoughton: as também Empresas Humanizadas Jordan's Furniture e Costco. Ambas ofereceram para deixar a IKEA usar seus estacionamentos adjacentes para a grande inauguração, e a Jordan's colocou catazes na rua dizendo "Jordan's dá Boas Vindas à

IKEA".[148] Isso de um concorrente direto no negócio de móveis! Na cruel imagem "darwiniana" de concorrentes nas mentalidades tradicionais capitalistas, nunca se ajuda um concorrente. Mas Empresas Humanizadas estendem seu carinho a todos, até mesmo seus concorrentes. Lembre-se das palavras de Tim Sanders, do Yahoo!, no Capítulo 1, "Construindo o Negócio com Amor e Cuidado":

"Eu não acho que haja algo mais elevado que o amor... O amor é tão expansivo. Eu tive muita dificuldade para chegar a uma definição de Amor no meu livro, mas eu o defino como a promoção altruísta do crescimento do outro."[149]

E lembre-se do seguimento do CEO da Saatchi & Saatchi Kevin Roberts à declaração:

"Na Saatchi & Saatchi, nossa busca do Amor e do que isso poderia significar para os negócios tem sido focada e intensa. Seres humanos precisam de Amor. Sem isso, eles morrem. Amor é sobre responder, sobre percepção delicada e intuitiva. Amor é sempre de mão dupla. Quando não é, não faz jus ao seu nome. Amor não pode ser comandado ou exigido. Ele só pode ser dado."[150]

Clientes, empregados, fornecedores, membros da comunidade e outros contemplando o tapete de boas vindas estendido por Jordan's e Costco dificilmente podem fazer algo além de admirar a simpatia de dois concorrentes estabelecidos à entrada de um terceiro concorrente em seu meio. É um verdadeiro exemplo de harmonia, ou consonância.

---

148 Jenn Abelson, "Nervous Rivals Gird for IKEA Opening; Stores Seek Ways to Compete on Selection and Price", *The Boston Globe*, 4 de novembro de 2005; Jenn Abelson, "Devotees, the Curious Flock to IKEA's Opening", *The Boston Globe*, 10 de novembro de 2005.
149 Tim Sanders, *Love Is the Killer App: How to Win Business and Influence Friends*, Crown Business, 2002.
150 Kevin Roberts, *Lovemarks: The Future Beyond Brands*, PowerHouse Books, New York, 2004, p. 49.

Alguns podem achar estranho se referir a empresas como entidades que se autorrealizam. No entanto, não é nada estranho. Afinal de contas, empresas são extensões de pessoas. Especialmente, elas são extensões ou análogas das personalidades que as dirigem. Então, faz sentido descrever o comportamento de uma empresa com os mesmos termos que usamos para descrever o comportamento das pessoas.

Por exemplo, algumas empresas são injustificadamente agressivas, assim como algumas pessoas. Estas empresas perseguem seus próprios interesses a ponto de cruelmente passar por cima dos interesses dos outros. Algumas empresas podem ser precisamente descritas como tendo *transtorno de personalidade limítrofe (borderline)*. TPB é caracterizada por padrões rígidos de pensamento e comportamento de longa duração, incluindo pensamento extremamente "preto e branco", oscilações de humor e raciocínio emocionalmente aterrado em demasia. Sofredores de TPB experimentam continuamente relações interrompidas e dificuldade de funcionar de uma maneira que a sociedade aceita como normal. A maioria de nós pode rapidamente chegar a uma meia dúzia de empresas que têm os sintomas de uma personalidade *borderline*. Nós descrevemos essas empresas como *desenvolvimentalmente retardadas*, pois operam nos níveis mais baixos do estado de "ser humano".

Daí, existem empresas que parecem ter o juízo perfeito. Incluídas neste grupo feliz estão as empresas humanizadas. Elas operam com um coração humano e seguem um curso moral com intenção inflexível. Mas que não haja nenhum erro: Empresas Humanizadas são bem geridas. Seus líderes sabem que as intenções de fazer o bem só podem ser cumpridas quando suas empresas se saem bem. Mas eles também sabem que, ao cuidar dos interesses de todos os grupos de *stakeholders* dos quais o seu sucesso depende, são mais propensos a fazer melhor no cumprimento dos objetivos financeiros. Nós descrevemos essas empresas como *desenvolvimentalmente maduras*.

A famosa visão de propósito corporativo de Milton Friedman falha em ver conexões entre harmonia organizacional e a evolução de uma empresa em uma grande empresa *duradoura*. Não obstante as exaustivas métricas utilizadas na seleção das empresas exemplares em *Good to Great*, de Jim

Collins, o que é preciso para ser uma empresa excelente e duradoura não pode ser tão precisamente medido como as atividades financeiras e os resultados podem. As coisas da grandeza corporativa só podem ser aproximadas. É mais um produto do despercebido do que do percebido. Ele não pode ser compreendido através de paradigmas contábeis. Análises tradicionais de empresas no estilo de Wall Street dependem excessivamente de dados "hard" (factuais), com a exclusão de análises rigorosas de dados "soft" (intangíveis). No final, a grandeza corporativa baseia-se em quão bem as partes organizacionais se encaixam e como essas partes dão vida ao todo. Como isso é feito é amplamente narrado por dados intangíveis. O que os investidores precisam é de um "índice de consonância" (*"concinnity index"*) que lhes diga o quão bem uma empresa integrou as suas partes.

Consonância dos Stakeholders vs. Exploração

Líderes de Empresas Humanizadas veem *stakeholders* como parceiros, não como objetos de exploração ou meios para seus fins financeiros. Eles não *objetificam* os *stakeholders*. Em vez disso, os encorajam a colaborar com eles para tocar suas empresas para frente. A cada cinco anos, o Whole Foods reúne representantes dos seus principais grupos de *stakeholders* para colaborar na concepção da visão estratégica dos próximos cinco anos. É um processo chamado *Future Search* (Busca do Futuro). Clientes e vendedores participam lado a lado de vários outros grupos de *stakeholders* da empresa para moldar os planos para o futuro do Whole Foods.

Várias décadas atrás, a feminista Gloria Steinem notadamente cobrou que os homens humilhavam as mulheres ao objetificá-las. Muitas empresas fazem o mesmo com os *stakeholders*. A principal diferença é que as empresas o fazem em busca de dinheiro, não de sexo. Steinem também disse que a sociedade paga um preço alto por tolerar a objetificação das mulheres: é cruel, desumano e impede muitas de atingirem seu potencial. Da mesma forma, os *stakeholders* – especialmente os investidores – pagam um duro preço quando as empresas os objetificam. Fazer isso impede a empresa e os *stakeholders* de realizarem seu pleno potencial.

A era da exploração de *stakeholders* está em declínio. As empresas não podem mais tirar proveito de seus *stakeholders* impunemente. Isto não é uma denúncia. É a realidade de mercado na luz da aurora de uma nova era nos negócios. Liberta dos efeitos distorcidos de apetites excessivamente materialistas, a população de hoje, mais velha mais experiente e mais sábia, é mais rápida em reconhecer e reagir a sinais de exploração. Além disso, a Internet aumentou muito o poder de consumidores, empregados e outros *stakeholders* para compartilhar e distribuir informações. Quando o imperador estiver nu, a Internet revelará. O célebre comediante George Allen observou: "A coisa mais importante na vida é a sinceridade – se você puder fingir isso, já conseguiu". O que é preciso para ser uma Empresa Humanizada não pode ser falsificado; deve ser real.

Associação com Stakeholders Aumenta o Potencial de Sucesso

No rastro do 11 de Setembro, um dos dias mais calamitosos da história dos EUA, uma onda sem precedentes de falências varreu a indústria aérea. À medida que as companhias aéreas prosseguiam com as demissões e grandes reduções nos salários para recuperar viabilidade, as relações da administração com os empregados e seus sindicatos despencou para novos mínimos. A Southwest Airlines foi uma exceção notável. Sozinha entre as principais companhias aéreas, a Southwest escolheu enfrentar a tempestade sem fazer demissões. E nunca pediu qualquer retribuição.

Kim Cameron, um professor de negócios da Universidade de Michigan, estudou resiliência corporativa na sequência do 11 de Setembro. Ele descobriu que "as empresas aéreas que evitaram demissões e investiram em preservar relacionamentos... mostraram mais resiliência que aquelas que violaram compromissos contratuais, instituíram demissões, e cancelaram benefícios de indenização. Antecipando-se ao enxugamento (*downsizing*), estas empresas criaram recursos de enfrentamento que possibilitaram a seus empregados responderem de forma coesa à crise de maneiras inovadoras, permitindo que o desempenho organizacional retornasse mais rapidamente para níveis anteriores à crise".[151]

Mas há mais para a resiliência da Southwest após o 11 de Setembro do que rejeição de demissões e cortes salariais. A Southwest experimenta os mesmos desafios econômicos que American, United, Delta e outras grandes companhias aéreas. No entanto, por mais de quatro décadas, ela tem atravessado cada recessão econômica sem jamais ter tido um ano negativo. Isso em uma indústria que perdeu mais dinheiro do que ganhou.[152] Você lembra (do Capítulo 4, "Empregados – de Recursos a Fonte") como a Southwest encarou a venda de um dos seus quatro aviões no início? Os funcionários da linha de frente resolveram a ameaça de perda de receita desenhando uma maneira de ter três aviões fazendo o trabalho de quatro. Quando os tempos estão difíceis, os empregados da Southwest respondem à altura das circunstâncias. Assim como os sindicatos que os representam.

Não faz muito tempo, um importante analista de companhias aéreas tentou explicar em um encontro de alunos do MIT (Massachussetts Institute of Technology) como em uma indústria frequentemente atormentada por anos não rentáveis, a Southwest nunca teve um ano em que perdesse dinheiro. "A Southwest não é algemada pelos sindicatos tradicionais", disse aos estudantes.[153] Mas ele estava errado. A Southwest é uma das companhias aéreas mais altamente sindicalizadas dos EUA. O que ela tem a seu favor é que nenhuma das suas principais concorrentes tem uma parceria forte com todos os grupos de *stakeholders*, incluindo os sindicatos de seus empregados. Sindicatos também são *stakeholders*. Tratá-los como parceiros pode ser tão rentável como fazê-lo com clientes e fornecedores.

A maioria das empresas com forças de trabalho sindicalizadas vê os sindicatos como empecilhos. A Southwest os vê como parceiros. Esta empresa "fora da caixa", com a personalidade de um bobo da corte e

---

151 Bernie de Grote, "Companies In Crisis: Money, Relationships Aid In Recovery", *The University Record Online*, University of Michigan, 1o de novembro de 2004.

152 http://seekingalpha.com/article/1312991-southwest-airlines-40-consecutive-years-of-profits.

153 Jody Hoffer Gittell, *The Southwest Airlines Way: Using the Power of Relationships to Achieve High Performance*, McGraw-Hill, 2002, p. 5.

espírito de amor por todos os *stakeholders* (o símbolo de suas ações é LUV – gíria para *love*), tornou-se a maior operadora do tráfego doméstico da nação não apesar dos sindicatos, mas, em parte, por causa deles.

A cultura corporativa da Southwest é baseada em cinco princípios básicos definidos há muitos anos por seu CEO de longa data Herb Kelleher:

- Foque na situação, problema ou comportamento – não na pessoa.
- Mantenha a autoconfiança e a autoestima dos outros.
- Mantenha relações construtivas com seus empregados, colegas e gerentes.
- Tome a iniciativa de fazer as coisas melhor.
- Lidere pelo exemplo.

Observe a tendência "orientada nos outros" desses princípios. Cada princípio está de acordo com a descrição de personalidades de autorrealização de Maslow. Em nenhum princípio há uma sugestão do mais prevalente modelo de negócios guiado por comando e controle. Pessoas autorrealizadas não procuram controlar os outros. Em vez disso, ganham uma maior eficácia liderando através de exemplos e orientação em lugar de comandos e demandas. Empresas autorrealizadas fazem o mesmo.

Quando perguntado sobre sua filosofia de liderança, Herb Kelleher respondeu: "Uma empresa é muito mais forte se ela está ligada por amor, em vez do medo". Aqui está a palavra *amor* outra vez! Relacionamentos formam a espinha dorsal do modelo de negócio da Southwest – correção: relacionamentos *amorosos* formam a espinha dorsal. Sim, nós sabemos que a palavra amor quase nunca foi usada em um livro sobre economia, mas como alguém pode argumentar contra o seu valor econômico depois de examinar a incrível história de uma companhia aérea cujo símbolo das ações é LUV e cujo cofundador apregoa sem pudor a prática do amor como a base do sucesso da empresa?

O modelo de negócio da Southwest se distingue dos modelos de negócio dos seus principais concorrentes em dois aspectos cruciais. Primeiro, ele repousa sobre uma fundação definida por princípios de comporta-

EMPRESAS HUMANIZADAS

mento humano. Segundo, suas operações são movidas por uma estrutura organizacional flexível que muda para se adequar às circunstâncias. Os modelos de negócios das outras grandes companhias aéreas descansam sobre uma base de números. As operações das companhias aéreas tradicionais são dirigidas por estruturas hierárquicas rígidas em que os empregados são organizados por funções especializadas. Quem já viu os pilotos em outras companhias aéreas ajudarem comissários de bordo e pessoal de terra a preparar um avião para a sua próxima etapa? Isso acontece rotineiramente na Southwest. A economia no tempo de reutilização da aeronave se traduz em milhões de dólares de receita adicional anualmente, sem um dólar de custo adicional envolvido. Isso só poderia acontecer em uma empresa sem uma estrutura hierárquica, onde o amor entre os funcionários da linha de frente, seus sindicatos e gestão prevalece.

A Harley-Davidson também vê os sindicatos como parceiros. O CEO aposentado Richard Teerlink merece muito do crédito pelo relacionamento harmonioso que existe entre a gerência e os empregados e seus sindicatos: "Coube a nós, gestores, sermos os impulsionadores da mudança. Para o negócio funcionar, tudo deve funcionar bem e em conjunto, todos devem estar animados em vir trabalhar de manhã".[154] Os parceiros sindicais da Harley têm sido fundamentais em fazer essa filosofia funcionar.

Os sindicatos se mantiveram ao lado da Harley-Davidson durante tempos difíceis no início dos anos 1980, quando 13 executivos compraram a empresa quase falida da AMF. A administração da Harley nunca esqueceu a ajuda dos sindicatos na sua luta pela sobrevivência após a gestão da AMF tê-la levado à beira da extinção. Apesar de muitos altos e baixos na economia, a Harley não dispensou trabalhadores por razões econômicas por 25 anos. Muitas vezes, em vez de dispensar trabalhadores, a empresa trazia de volta tarefas terceirizadas. Em anos recentes, a empresa teve de fazer algumas reduções em sua força de trabalho, mas tem sido capaz de fazê-lo em condições humanas, trabalhando em estreita colaboração com seus sindicatos para determinar o melhor modo.

---

154 Martha Peak, "Harley-Davidson: Going Whole Hog to Provide Stakeholder Satisfaction", *Management Review.* Junho de 1993.

Refletindo seus laços estreitos com a administração, os sindicatos da Harley são conhecidos por repreender trabalhadores por desempenho insatisfatório. Seus sindicatos e a Harley há muito trabalham em uma parceria dedicada a melhorar a segurança no trabalho. Isso tem fomentado comunicações abertas que permitem que empregados em todos os níveis falem sobre qualquer problema. Mais uma vez, todos os grupos de *stakeholders*, incluindo os acionistas, são beneficiados por isso.

Sob a AMF, a relação da Harley com as concessionárias chegou ao fundo do poço. Concessionárias eram simplesmente metas de marketing para vendas de motocicletas. Mas desde os primeiros dias de sua emancipação da AMF, a Harley vê as concessionárias como parceiras de negócios. No início de sua reencarnação, a Harley lançou um programa para ajudar as concessionárias a aprimorarem suas habilidades de negócios e marketing. Hoje, esse programa continua sob o amparo da Universidade Harley-Davidson.

Em 1983, a gestão da Harley teve a ideia de transformar os motociclistas em missionários para a marca. Ela organizou os HOGs – Harley Owners Group (Grupo de Proprietários de Harley). Eles desempenharam um importante papel ao ganhar tempo com motociclistas e concessionárias enquanto a empresa mergulhava em um programa de emergência para restaurar os níveis de qualidade que prevaleciam antes da fusão com a AMF em 1969.

A vida da Harley sob a gestão da AMF tinha se transformado em um desastre. Sua participação de mercado nos EUA despencou de 77% em 1973 para 23% no início dos anos 1980. A revitalização da Harley-Davidson não foi o resultado de comandos e controle de uma organização hierárquica. O que trouxe a Harley-Davidson de volta dos mortos e restaurou seu brilho icônico foi o cuidado atento aos relacionamentos que foram habilmente entrelaçados por 13 executivos que ainda acreditavam em uma das maiores marcas de veículos de todos os tempos.

O coproprietário e presidente da New Balance Jim Davis lançou mão dos princípios da Gestão de Relacionamento com Stakeholders (SRM) para passar da posição número 12 entre os fabricantes de tênis, em 1990, para a posição número 2, antes da fusão Adidas-Reebok, em 2005. Como escrevemos no Capítulo 4, a mentalidade de parceria da New Balance com os empregados tem sido um enorme fator para elevar a produtividade a níveis dez vezes maiores do que o alcançado por fábricas no exterior. Esse mesmo espírito de parceria prevalece nas relações da New Balance com os revendedores.

Jim Davis nos contou em uma entrevista que os revendedores de varejo são os melhores amigos da New Balance – e vice-versa. Ele disse que passa a maior parte de seu tempo na estrada para visitar os varejistas, trabalhando com eles para melhorar as vendas e compartilhar dados de tendência. Um importante diferencial competitivo que a New Balance tem sobre os seus principais concorrentes é que ela é capaz de reabastecer os varejistas mais rapidamente, já que suas fábricas dos EUA podem entregar o produto mais rápido do que as fábricas no exterior, cujos produtos podem levar meses para chegar às prateleiras dos varejistas. A capacidade das fábricas domésticas da New Balance para reabastecer prateleiras em semanas, e não em meses, reduz os custos de estoque dos varejistas e lhes permite responder mais rapidamente a mudanças bruscas nas preferências dos consumidores.

Os fornecedores também se beneficiam da filosofia de Gestão de Relacionamento com Stakeholders (SRM) da New Balance. Em 1994, a empresa se associou ao fornecedor de couro Prime Tanning Co. para criar um couro melhor à prova d'água para sua então nova linha de calçados casuais, American Classics. Kenneth Purdy, CEO da Prime, descreveu a relação como se segue: "É como um casamento... É como ter um bebê".[155] Ao formar relacionamentos estreitos com fornecedores, a New Balance diminuiu o tempo de ciclo para os calçados. O relacionamento da Prime Tanning com a New Balance resultou em uma redução de 50% no tempo necessário para levar um novo estilo de sapato do conceito até as prateleiras dos varejistas.

Se a New Balance abrisse seu capital, os analistas de ações, sem dúvida,

---

155 "Like-Minded Soles", The Boston Globe, 4 de julho de 1994, Seção 1, p. 18.

a criticariam por pagar a seus trabalhadores americanos US$ 15 por hora em salários e benefícios, enquanto fábricas na China podem produzir os mesmos sapatos por 30 centavos a hora. Mas é exatamente esse tipo de pensamento linear que conduz muitas empresas para caminhos calamitosos e investidores para ações decepcionantes. Tudo forma uma peça. Você não pode olhar para empregados de US$ 15 por hora como um problema que pode ser curado por outros de 30 centavos por hora. Esses funcionários de US$ 15 por hora são cruciais na estratégia da New Balance para assegurar uma posição preferencial com os varejistas. Eles permitem que ela supere até mesmo a poderosa Nike em capacidade de resposta às necessidades dos varejistas. A New Balance nunca poderia ter atingido o apogeu tão rapidamente quanto o fez sem o entusiasmado apoio dos varejistas. Cultivar varejistas, como nenhum outro fabricante de tênis faz, acabou se transformando em uma estratégia invejavelmente produtiva.

Se empresas como Whole Foods Market, Starbucks, Google, Panera, New Balance e outras Empresas Humanizadas têm recompensado seus proprietários tão generosamente, por que mais empresas não descobrem o que as transformou em empresas verdadeiramente grandes e seguem o exemplo?

Paradigmas contábeis são lineares. Sua finalidade é produzir imagens de certezas. No entanto, as certezas que eles revelam são do passado, invocadas por analistas e outros em homenagem às sábias palavras shakespearianas "O que é passado é prólogo". Mas se isso fosse tão verdadeiro no mundo dos negócios, falência seria uma ocorrência rara. Enquanto matutar sobre dados financeiros é importante na avaliação de perspectivas de uma empresa, uma imagem completa não pode ser obtida sem considerar influências contextuais como relações com *stakeholders*, cultura corporativa e arquitetura organizacional. De fato, tais atributos qualitativos têm maior influência sobre o desempenho futuro do que atributos quantitativos do passado. Por exemplo, lealdade – uma dimensão qualitativa das relações de *stakeholders* – pode ser um melhor sinalizador de desempenho futuro do que quaisquer dados de balanço. Reichheld defende isso em *The Loyalty Effect* (O Efeito Lealdade).

Colaboração é mais Lucrativa que Exploração

Empresas Humanizadas estão determinadas a ajudar os *stakeholders* a ganharem com os seus relacionamentos com a empresa. Isto inclui ajudar os fornecedores a se tornarem financeiramente mais bem-sucedidos.

Durante anos, muitos dos grandes varejistas vêm mandando seus fornecedores reduzirem os preços anualmente. Qualquer impacto negativo sobre a rentabilidade de um fornecedor e as perspectivas de sobrevivência é problema do fornecedor. No entanto, como as Empresas Humanizadas sabem, esta abordagem antipática ao controle de custos é míope e prejudicial para a integridade da cadeia de abastecimento. Pior, ao colocar fornecedores contra compradores em um cabo-de-guerra de preços, os benefícios de uma abordagem de parceria se tornam inalcançáveis.

Há uma percepção crescente de que impor exigências anuais pro forma sobre fornecedores para baixar os preços não é uma estratégia sustentável. A IBM começou a reconhecer isso quando sua dependência de terceirização aumentou dramaticamente na década de 1990. Bill Schaefer, vice-presidente de serviços de compras (*procurement*) para a IBM em Raleigh, Carolina do Norte, disse o seguinte:

> "Eu estive em compras por um longo tempo, e a tradicional caricatura da velha escola de compras é que o fornecedor é tratado como alguém que não é confiável e é totalmente dispensável. No entanto, a nossa visão é de que esse não é um modelo desejável. Acreditamos que deve haver trabalho em equipe próximo, uma confiança e um compartilhamento que tem de ocorrer entre a IBM e os nossos fornecedores a fim de ter êxito."[156]

A Honda Motor Co. é amplamente considerada como uma líder mundial em gestão da cadeia de suprimentos. Ela ganhou esta reputação por causa de resultados bem-sucedidos de seu foco em construir e manter

---

156 John Yuva, "Leveraging Value From Supplier Relationships", *Inside Supply Management*, agosto de 2005, p. 20.

relacionamentos orientados por valor de longo prazo com fornecedores.

A Honda é mais uma montadora do que uma fabricante; ela não faz a maior parte do que o proprietário de um carro novo sai dirigindo de uma concessionária. Nos Estados Unidos, ela compra aproximadamente 80% do que compõe um carro de fornecedores externos.[157] É por isso que faz sentido eminente tratar os fornecedores como parceiros e não como recursos descartáveis. Fornecedores fortemente estressados e alta rotatividade deles podem prejudicar profundamente a qualidade e aumentar significativamente os custos de fabricação.

Colaboração é primordial. Nada é imposto; tudo é negociado. Por definição, a colaboração é bidirecional. A Honda não só ajuda os fornecedores a atingirem níveis mais elevados de produtividade, qualidade e rentabilidade, mas também incentiva os fornecedores a sugerirem como ela pode melhorar seus próprios processos. Por exemplo, através da coleta de centenas de ideias de fornecedores e implantando as melhores, a Honda reduziu o custo de produção do Accord em 21,3%.

Estreita parceria e colaboração não quer dizer que ela não se esforce por preços de entrada mais baixos. No entanto, ao contrário de alguns outros fabricantes de automóveis, a Honda não espreme os fornecedores para conseguir isso.[158] Ela busca o equilíbrio entre controle de custos e bem-estar do fornecedor através do que chama de *custo-objetivo*. Isso exige saber exatamente quanto deve custar para produzir um determinado componente. Só nos EUA, de 15 a 20 pessoas formam a equipe de estudo desse custo. A equipe sabe o verdadeiro custo de tudo que comprou e, a partir desse conhecimento, desenvolve tabelas que estabelecem metas.[159] Negociações de preços com fornecedores são baseadas nesses objetivo de custo. No entanto, a Honda não força simplesmente os fornecedores menos eficientes a operar nestes níveis de preços, independentemente da rentabilidade. Em vez disso, ela trabalha com cada fornecedor para identificar ineficiências que a podem estar impedindo de atingir o custo-objetivo. Assim, o custo da Honda

---

157 Lisa H. Harrington, "Buying Better", *Industry Week*, 21 de julho de 1997, p. 74.
158 Jerry Flint, "Until the Pips Squeak", *Forbes*, 22 de dezembro de 2003, p. 96.
159 Harrington, *op. cit.*

EMPRESAS HUMANIZADAS

de uma peça cai conforme o fornecedor ganha em eficiência.

O programa Melhores Parceiros da Honda corrobora sua iniciativa de otimização da cadeia de suprimentos. O próprio nome reforça a visão da Honda de fornecedores como parceiros. O programa de renome mundial combina análise de qualidade e técnicas de resolução de problemas para atingir cinco áreas de melhoria estratégicas:[160]

- Melhor Posição
- Melhor Produtividade
- Melhor Produto
- Melhor Preço
- Melhores Parceiros

Sucesso no setor automobilístico depende de muito mais do que estilo, cavalos de potência, preço e incentivos para o comprador. As montadoras que pesquisamos no desenvolvimento deste livro têm relacionamentos superiores com os fornecedores – e, podemos acrescentar, relacionamentos sindicais superiores. Talvez seja aí que resida uma pista para a sobrevivência da indústria automobilística dos EUA. Estratégias administrativas e operacionais baseadas em relacionamentos, e não números, podem produzir os números que os fabricantes de automóveis dos EUA precisam fazer para sobreviver. Vimos fortes conexões entre a qualidade de relacionamentos de *stakeholders* e as vendas/resultados em indústria após indústria. Não há realmente nenhum mistério nisso. A maioria de nós realiza muito mais quando trabalha com pessoas de quem gosta e respeita do que com pessoas de quem não gosta nem respeita. Claramente, colaborar com os fornecedores em parceria é mais rentável do que explorá-los.

---

160 Dave Nelson, Patricia E. Moody e Rick Mayo, Powered by Honda: *Developing Excellence in the Global Enterprise*, John Wiley & Sons, 1998.

A Arte da Gestão Irônica

Empresas Humanizadas querem fazer do mundo um lugar melhor. Mas isso não significa que elas sejam administradas por benfeitores com cabeça de vento. Líderes de Empresas Humanizadas praticam a arte de "gestão irônica". Como a palavra *irônica* é muitas vezes mal utilizada, vamos deixar claro o que pretendemos dizer com isso. Queremos dizer um resultado incongruente ou inesperado que não parece ser o resultado natural da atividade ou condição que o produziu. Alguns podem chamar um resultado irônico de um resultado contraintuitivo. De qualquer modo, Empresas Humanizadas frequentemente tomam ações que produzem resultados bem diferentes do que a lógica de gestão convencional indicaria. Aqui está uma amostra:

- Empresas Humanizadas descentralizam a tomada de decisão, mas o fazem de forma a aumentar, em vez de diminuir, a influência do poder executivo de topo em todos os níveis de uma empresa.
- Empresas Humanizadas tipicamente pagam ao pessoal da linha de frente acima dos padrões em sua categoria. Em vez de aumentar o custo de vendas, isso muitas vezes reduz a porcentagem das vendas que vai para os salários.
- Empresas Humanizadas tipicamente dependem pouco ou nada das práticas de marketing convencional, mas muitas vezes experimentam um crescimento robusto devido à atenção afetuosa que os *stakeholders* têm por elas e a promoção boca a boca resultante.
- Empresas Humanizadas de capital aberto tendem a ser menos influenciadas por expectativas de analistas de Wall Street, mas normalmente alcançam índices de preço/dividendo (P/E) mais elevados.
- Empresas Humanizadas operam com uma maior transparência do que a maioria das empresas, mas estão envolvidas em menos litígio.

Também podemos considerar adequadamente irônica a premissa das Empresas Humanizadas de que dedicar recursos da empresa para tornar o mundo um lugar melhor é uma estratégia eficaz de construção de riqueza. É claro que ainda há muitos antagonistas a esta ideia. Um artigo típico na revista *The Economist* argumentou "... filantropia corporativa é caridade com dinheiro de outras pessoas".[161]Podemos ser caridosos com executivos como T.J. Rodgers, CEO da Cypress Semiconductor, que vê as boas obras corporativas naquela luz. Sentimos simpatia também pelos acionistas de empresas lideradas por executivos com uma visão tão estreita, especialmente os da Cypress Semiconductor, por razões que, em breve, serão reveladas.

Em 2006, Rodgers emitiu uma reprimenda surpreendentemente desdenhosa do compromisso de John Mackey de usar o Whole Foods Market como um veículo para tornar o mundo um lugar melhor. Escrevendo em forma de debate, em ponto e contraponto, sobre a Responsabilidade Social Corporativa na revista *Reason*, Rodgers disse: "A subordinação de Mackey de sua profissão a ideais altruístas aparece conforme ele tenta negar o empiricamente demonstrado benefício social de 'autointeresse' definindo-o estreitamente como 'lucros crescentes de curto prazo'". Isso é uma perversão da perspectiva de Mackey, como ele mostrou em sua parte do debate. Depois de acusá-lo de acolher crenças marxistas, Rodgers reclamou: "Eu me ressinto do fato de que a filosofia de Mackey me humilha como uma criança egocêntrica por eu ter recusado, por razões morais, a abraçar as filosofias de coletivismo e altruísmo que causaram tanta miséria humana, por mais tentador que soe o discurso de venda".[162]

Os quadros mentais de Rodgers o impedem de ver o modelo de negócios do Whole Foods Market como válido. Em vez disso, ele o rebaixa a um acordo inescrupuloso de interesses de acionistas. Curiosamente, no meio de seu ataque a John Mackey, Rodgers ignorou a longa e infrutífera luta de Cypress Semiconductor para ser rentável. Seu balanço mostra ganhos retidos negativos de US$ 408 milhões. "Isto significa que, em todos os seus 23 anos de história, Cypress perdeu muito mais dinheiro para seus investidores do que fez", escreveu Mackey em sua réplica decididamente mais moderada.

---

161 *The Economist*, "The Union of Concerned Executives", 22 de janeiro 2005, p. 8.
162 Milton Friedman, T.J. Rodgers e John Mackey, "Rethinking the Social Responsibility of Business", *Reason*, outubro de 2005, pp. 29–37.

No que diz respeito a quanto a sua filosofia de negócios tem servido os acionistas, veja John Mackey no ponto e contraponto da *Reason*:

> "De todos os varejistas de alimentos da *Fortune 500* (incluindo o Walmart), temos os maiores lucros como uma porcentagem de vendas, bem como o maior retorno sobre o capital investido, vendas por metro quadrado, vendas em lojas comparáveis, e taxa de crescimento. Atualmente, estamos dobrando de tamanho a cada três anos e meio. O ponto principal é que a filosofia de negócio de *stakeholders* do Whole Foods funciona e já produziu um enorme valor para todos os nossos *stakeholders*, incluindo nossos investidores".[163]

O modelo de negócio do Whole Foods Market não é baseado em noções vagas e idealistas de responsabilidade social corporativa. Trazer fornecedores, bem como outros *stakeholders* externos para o seu plano de desenvolvimento de cinco anos, ajuda na construção de capital de confiança. Quem poderia argumentar que construir confiança com todos aqueles com que você faz negócios é ideia de uma cabeça de vento?

A Empresa Humanizada sueca IKEA é a maior empresa de móveis do mundo, com US$ 35 bilhões em receitas anuais em 2013. A empresa impõe rigorosas normas ambientais sobre seus fornecedores. Ela também recusa licitantes de valores demasiadamente baixos para contratar fornecedores fortemente comprometidos com a mitigação dos impactos ambientais. Alguns poderiam dizer que a IKEA alcançou o seu tamanho colossal "apesar dessas práticas". Outros, no entanto, diriam que é, em parte, *por causa* dessas práticas.

A IKEA exige que os fornecedores de madeira apoiem padrões globais que ela estabeleceu para si mesma. Esses padrões são aplicados a todos os fornecedores, independentemente de brandas políticas locais sobre florestamento irresponsável. Os requisitos impostos aos fornecedores incluem origem aprovada da madeira, eliminação de substâncias químicas nocivas em produtos de madeira, e uso de embalagem am-

---

163 Ibid.

bientalmente apropriada. A adesão diligente e rigorosa da IKEA com os padrões ambientais surpreende muitos fornecedores no primeiro momento, mas eles rapidamente aprendem que devem entrar na linha para continuar a fornecer.

A fabricante de roupas Patagonia coloca grandes exigências sobre os seus fornecedores para atender padrões de qualidade especificada, conformidade ambiental e responsabilidade social. Na verdade, de todas as Empresas Humanizadas que estudamos, nenhuma coloca demandas de responsabilidade social e ambiental mais pesadas nos fornecedores.

Aqueles que decidem fazer parcerias com a Patagonia, muitas vezes assumem riscos significativos ao reequipar fábricas, treinar empregados em novos métodos de produção e incorrer em custos adicionais de equipamento. No entanto, muitas dessas empresas têm experimentado maior produtividade e maiores lucros, enquanto garantem uma vantagem competitiva substancial sobre a concorrência, que está brigando em *commodities* de menor preço.

Por que um fornecedor se submeteria aos princípios morais da Patagonia quando há tantas outras empresas para as quais poderia fornecer e que não fazem tais demandas? Primeiro, Patagonia é vista como uma cliente apreciada com quem pode haver um relacionamento de longo prazo. Segundo, os critérios da Patagonia para a seleção de um fornecedor não são baseados em preço, mas em qualidade, capacidade de resposta, e consciência social. Terceiro, uma associação empresarial com a Patagonia aumenta o prestígio de um fornecedor. Um deles se gabou: "Os bancos competem para nos financiar – Patagonia é vista como um crédito troféu".[164]

A Patagonia está incessantemente comprometida com a mitigação do impacto ambiental ao longo de toda a cadeia de valor. Este compromisso é cumprido em design de produto, manufatura e distribuição. Ao trabalhar com fornecedores em prol desse compromisso, a empresa não faz

---

164 Lorinda R. Rowledge, Russell S. Barton e Kevin S. Brady, "Patagonia—First Ascents: Finding the Way Toward Quality of Life and Work", *Mapping the Journey, Case Studies in Strategy and Action Toward Sustainable Development*, Greenleaf Publishing, 1999.

muitas exigências, já que tem um empreendimento em conjunto com eles para tornar o mundo um lugar melhor.[165]

O que estamos vendo é nada menos do que o surgimento de uma forma de evangelismo moral no mundo corporativo. Este é um grande evento. Ele sinaliza a transformação social do capitalismo em grande escala. Este livro pode perturbar os tradicionalistas, mas a realidade cada vez mais clara é que não há volta para o modelo de Friedman do capitalismo. Um crescente número de empresas – grandes, médias e pequenas – não está mais contente em confinar seu propósito apenas a fins lucrativos legais. Líderes em muitas dessas empresas não estão mais satisfeitos em restringir o exercício de suas consciências sociais às suas próprias operações. Eles estão usando seu poder de compra para elevar o nível moral de seus fornecedores e, até mesmo, de seus clientes. Durante os mais de dois séculos da história do capitalismo moderno, as relações entre compradores e fornecedores têm sido rotineiramente contraditórias. Ainda é assim em muitas empresas. Mas os fornecedores de Empresas Humanizadas não só preferem trabalhar com elas, mas também as têm como parceiras valiosas em suas próprias empresas, ajudando-os a se tornarem mais produtivos e mais bem-sucedidos financeiramente. Além disso, parcerias para tornar o mundo um lugar melhor formadas entre Empresas Humanizadas, seus fornecedores e outros *stakeholders*, como já descrevemos neste capítulo, criam valor agregado para os fornecedores e todos os outros grupos de *stakeholders*. A lealdade do cliente torna-se mais difundida e mais forte. A rotatividade de empregados cai, enquanto a produtividade sobe. Fornecedores funcionam como ávidos parceiros, não como serviçais incomodados, amargurados e sofridos. Comunidades são beneficiadas de incontáveis maneiras por empresas que trazem os seus objetivos e operações em alinhamento com as necessidades da comunidade. E os acionistas ficam mais ricos.

Quem pode discutir com um modelo de negócio que faz tudo isso? Contudo, há aqueles que vão. Afinal, *a crença segue a necessidade*. Algumas pessoas ainda precisam acreditar que o mundo é plano (se você não acre-

---

165 Ibid.

dita em nós, procure por "sociedade da terra plana" ou "*flat earth society*" no Google). Algumas pessoas precisam acreditar que o capitalismo é perfeito como foi concebido e que não há lucro na mudança. Seu fundamentalismo econômico amarra-os à crença de que o que era bom no passado é bom para o presente e para o futuro. Mas invocando as palavras de Bob Dylan mais uma vez, *os tempos estão mudando.* (*"the times they are a-changin"*).

8

Sociedade – O Stakeholder Supremo

Nos últimos anos, a Panera surgiu como uma grande história de sucesso, de acordo com algumas estimativas, a cadeia de restaurantes com o melhor desempenho no país depois de Chipotle. A Panera tem US$ 1,8 bilhão em receitas e US$ 3,4 bilhões em vendas em todo o sistema, incluindo os franqueados. É líder de mercado em uma nova categoria: o restaurante rápido casual, com ofertas mais saudáveis do que outros restaurantes de *fast-food*. Ela foi a primeira a fornecer voluntariamente informações calóricas em todos os seus restaurantes. A revista *Health* a considerou o restaurante rápido casual mais saudável nos EUA em 2008. O guia Zagat a reconheceu como número 1 em melhor opção saudável, melhor salada, e melhores instalações, em 2009. A Panera tem o mais alto nível de fidelidade do cliente em sua categoria, e foi eleita a marca de *casual dining* do ano em uma pesquisa da Harris EquiTrend de 2012.

O fundador e CEO Ron Shaich descreve o que levou ao lançamento da nova iniciativa da empresa: Panera Cares (Panera se Importa), um café que opera na base do "pague o que você puder": "A Panera sempre teve um compromisso com a comunidade. Nós damos US$ 100 milhões por ano em dinheiro e produtos, mas eu tive a sensação de que aquilo estava desconectado de nós. Um dia, assistindo ao noticiário na NBC, no auge da recessão, ouço sobre um café pague-o-que-você-pode, em Denver. Eles passaram anos tentando abrir essa coisa. Nós abrimos um café a cada 75 horas. Decidimos fazer a experiência Panera completa, abrir uma padaria-café idêntica a qualquer outra Panera, com uma lista de sugestões de doação. Abrimos o nosso primeiro café Panera Cares em 2010, e acabamos de abrir o nosso quarto. Eles vão servir cerca de um milhão de pessoas este ano".[166] Estimativas são de que cerca de 60% dos clientes pagam o montante total e 15 a 20% pagam mais, de modo que a Panera lucra, em média, cerca de 75% do preço cheio regular. Dado o baixo custo dos alimentos nestes cafés, eles são bastante viáveis como empresas duradouras, e mostram o poder do cuidado criativo no desenvolvimento de modelos de negócios viáveis que atendam às necessidades fundamentais da sociedade.

Valores da Empresa vs. Valores do Indivíduo

Vários anos atrás, um membro da plateia pediu a um renomado professor espiritual seus pontos de vista sobre um chocante caso de assassinato na Califórnia que tinha atraído a atenção da nação. Este professor espiritual viaja o mundo ensinando as pessoas a reduzir seu nível de estresse ao alcançar harmonia interior e paz de espírito. Sua resposta, "Eu me sinto responsável," surpreendeu a plateia. Convidado a explicar, ele disse que todos os seres humanos têm uma responsabilidade para com o outro. "Atos de violência extrema resultam de níveis extremos de estresse", continuou ele. "Sou responsável, porque se eu tivesse trabalhado duro para alcançar mais pessoas, poderia ter sido capaz de ajudar este indivíduo a aprender a reduzir o estresse e ganhar o controle sobre suas emoções. Essa tragédia poderia ter sido evitada."

Pergunte a qualquer pessoa: "Pelo que você se sente responsável?" Você provavelmente obterá uma resposta limitada, cuidadosamente ponderada: "Eu sou responsável por minha família, meu trabalho, minha vizinhança, etc." Mas, como os líderes de Empresas Humanizadas veem, nossas responsabilidades vão muito além de nossos mundos imediatos. Cada pessoa toca rotineiramente muitas vidas além de sua esfera pessoal. De acordo com o líder espiritual na história acima, isso impõe a todos nós, de uma forma ou de outra, uma responsabilidade além da bússola de nossas vidas diárias.

O mesmo se aplica às organizações empresariais. Quanto maior a em-

---

166 http://money.cnn.com/2012/07/17/smallbusiness/panera-ron-shaich.fortune/index.htm.

presa, maior é o seu imperativo moral de assumir total responsabilidade por todo o seu impacto no mundo. Este ponto de vista, é claro, não concorda com os sentimentos de muitos líderes empresariais, possivelmente a maioria dos economistas, e quase certamente a maioria dos analistas de ações. Os economistas cunharam um termo – *externalidades negativas* – para descrever muitas das consequências das ações de uma empresa no mundo além do lucro final. Elas são consideradas como externas e, portanto, fora do âmbito de coisas com que a empresa precisa se preocupar.

O economista britânico John Kay observou, "Desde o tempo de Aristóteles, e talvez antes... os críticos do negócio têm argumentado que os negócios, e as pessoas que se ocupam dele, são *egoístas em sua motivação, estreitas em seus interesses e instrumentais em seu comportamento*. Os valores do negócio são diferentes de, e inferiores a, aqueles de outras atividades humanas".[167] (Itálico dos autores)

Nas últimas décadas, muitos líderes de negócios chegaram a aceitar esse ponto de vista, até mesmo se divertindo com ele. Ao fazê-lo, eles se aliviavam da culpa ou do receio sobre sua rejeição de qualquer responsabilidade com a sociedade. Como Kay aponta, tais alegações se tornaram nas mentes de muitos "não só moralmente admissíveis, mas até moralmente necessárias". É um eco do passado das palavras do industrial William Henry Vanderbilt, "Dane-se o público. Eu estou trabalhando para os meus acionistas".[168]

Mas o mundo está mudando. Lembre-se de nossa discussão anterior sobre como um número crescente de pessoas em níveis mais elevados de desenvolvimento pessoal como nunca antes visto, está mudando as bases da cultura. Isso está mudando as expectativas das empresas em um amplo espectro da sociedade. Os valores do negócio não podem continuar a ser fundamentalmente divergentes dos valores mais humanistas mantidos por uma população mais madura e cada vez mais consciente. Um grande abismo entre o mundo empresarial e os valores humanos é perigoso. Ele dá origem a uma profunda tensão entre o

---

167 John Kay, "The Role of Business in Society", 3 de fevereiro de 1998 (www.johnkay.com).
168 William Henry Vanderbilt. Citado em Letter from A.W. Cole (The New York Times; 25 de agosto de 1918).

trabalho das pessoas e suas vidas pessoais. Ele diminui a produtividade no local de trabalho e eleva o tédio e o estresse. Mas também convida a um maior escrutínio regulatório e torna ações judiciais por parte de todos os *stakeholders* mais prováveis. Por fim, pode-se afirmar que uma grande diferença entre valores empresariais e humanos pode reduzir a expectativa de vida das empresas, juntamente com a expectativa de vida dos humanos que lá trabalham (é um fato documentado que os ataques cardíacos aumentam em 20% nas manhãs de segunda-feira).

O infame Al Dunlap (apelidado de "Al Motosserra" e "Rambo em Risca de Giz" pelo seu histórico de extermínio de empregados em Scott Paper, Sunbeam e outras empresas) se opõe com veemência a uma visão mais ampla de responsabilidades de uma empresa. Ouça suas palavras ásperas: "A palavra mais ridícula que se ouve nas salas de reuniões nos dias de hoje é *stakeholders*... A teoria atual diz que um CEO tem de levar todas essas pessoas em conta na tomada de decisões. *Stakeholders*! Sempre que ouço essa palavra, eu pergunto 'Quanto é que eles pagaram por sua participação?' *Stakeholders* não pagam por sua participação. Acionistas pagam".[169]

Felizmente, essa visão egoísta (*selfish*), instrumental e míope (*narrow*) de negócios (que fortuitamente pode ser convertida no acrônimo SIN – que significa pecado, em inglês) está desmoronando. O peso das evidências acumuladas de que esta abordagem simplesmente não funciona bem para ninguém, inclusive os acionistas, a está destruindo. Corporações podem ser pessoas virtuais aos olhos da lei, mas as personagens de um número crescente destas entidades estão materialmente evoluindo em direção a um maior grau de humanidade. Reflita sobre isso no contexto das palavras de Abraham Maslow:

> "Todo afastamento da virtude da espécie, todos os crimes contra sua própria natureza, todo ato de maldade, cada um, sem exceção, fica registrado em nosso inconsciente, e nos faz desprezar a nós mesmos."[170]

---

169 Albert J. Dunlap e Bob Andelman, *Mean Business: How I Save Bad Companies and Make Good Companies Great*, Fireside, 1997.
170 Abraham Maslow, *Toward a Psychology of Being*, New York: John Wiley & Sons, 1968.

A abordagem SIN para a vida ou o negócio está fora de harmonia com as verdades da Era da Transcendência. John Kay coloca em evidência o ponto de vista SIN em um contexto de negócios:

> "Como reagiríamos ao sermos informados de que a palavra *justo* nunca foi mencionada em reuniões do Conselho de Ministros, na vida familiar, nas deliberações dos conselhos de examinadores, nas decisões do comitê de um clube desportivo; que todos estes organismos chegaram às suas conclusões com base em afirmações desprovidas de autointeresse pelos participantes? O que pensaríamos de um motorista que dissesse que, enquanto ele tinha relações com outros usuários da estrada, sua responsabilidade era chegar ao seu destino o mais rápido possível? Qual seria a nossa resposta se o reitor da Chicago Medical School declarasse que a responsabilidade social dos médicos era maximizar os seus rendimentos? Ou imagine um extrato do manual de paternidade de Al Dunlap: 'A teoria atual diz que os pais têm responsabilidades para com seus filhos. Responsabilidades parentais de fato! Sempre que ouço essa frase, eu pergunto, quanto as crianças pagam a seus pais? Crianças não pagam por sua manutenção; os pais pagam.'"[171]

Pirata ou Grande Humanitário?

> "Na Cipla, não se trata de fazer medicamentos;
> trata-se de fazer a diferença."

> — Relatório Anual Cipla 2012

A Cipla é uma empresa farmacêutica com sede na Índia. Foi estabelecida em 1935 com uma visão de fazer a Índia autoconfiante e autossuficiente em cuidados de saúde. Em 1939, Mahatma Gandhi visitou a Cipla e inspirou o fundador Dr. K.A. Hamied a fabricar medicamentos essenciais, aqueles que teriam um impacto positivo na vida das pessoas comuns. Hoje, ela está entre as maiores empresas farmacêuticas de genéricos do

---

171 Kay, *op. cit.*

mundo, com presença em mais de 170 países, e é liderada pelo Dr. Yusif Hamied, filho do fundador. A empresa produz cerca de 2.000 produtos em 65 categorias terapêuticas e mais de 40 formas de dosagem em 34 moderníssimas fábricas.

A Cipla é uma das poucas empresas que produzem medicamentos para doenças raras, tais como Fibrose Pulmonar Idiopática, Hipertensão Pulmonar Arterial e Esclerose Múltipla. Também estabeleceu o Centro de Cuidados Paliativos Cipla, em Pune, na Índia, que oferece atendimento gratuito a pacientes terminais de câncer.

Em 2001, ela revolucionou o tratamento do HIV. O medicamento – um complexo coquetel de múltiplas drogas – teve o preço fixado por empresas ocidentais entre US$ 10 mil e US$ 15 mil por pessoa, por ano. Milhões de pessoas na África e em outros lugares simplesmente não podiam pagar esse preço e morreram. A Cipla interveio nesta crise humanitária. Ela sacudiu o mundo ao desenvolver e oferecer o Triomune, um único comprimido para ser tomado duas vezes por dia, ao preço de menos de um dólar por dia. Esta foi, literalmente, uma tábua de salvação para milhões de pacientes pobres. Aqui está uma estatística impressionante do National Institutes of Health: a Índia produz 92% de todas as drogas para AIDS que são vendidas no mundo, e as vende por US$ 1 bilhão. Os outros 8% geram receitas de US$ 16 bilhões! Em outras palavras, cada dose vendida por empresas não indianas tem o preço 184 vezes superior a uma dose produzida na Índia.

Dr. Hamied disse: "Estamos sendo humanitários. Mas não estamos fazendo caridade. Não estamos ganhando dinheiro, mas também não vamos perder dinheiro... Eu não sou contra patentes, mas contra monopólios. Nós estamos dividindo as pessoas do mundo em aquelas que podem pagar por drogas salva-vidas e aquelas que não podem. Isso equivale a uma negação sistemática do direito das pessoas à vida e à saúde nas regiões mais pobres do mundo".

Ajit Dangi, o ex-chefe da Johnson & Johnson Índia, diz: "Na África, a Cipla é um templo e Dr. Hamied é Deus". Hamied é reverenciado por milhões por sua abordagem humana da medicina (incluindo a criação de vários centros de saúde financiados pela empresa), mas tem sido rotulado de pirata por algumas empresas farmacêuticas globais que consideram os produtos da Cipla um roubo direto de medicamentos patenteados. Pirata ou líder atencioso, ele é uma figura reverenciada por milhões de pessoas nas regiões mais pobres do mundo. Sem ele, elas simplesmente não estariam vivas hoje. Dr. Hamied acredita que administrar uma empresa de cuidados de saúde não envolve apenas o lucro por si só; envolve igualmente cumprir o propósito mais profundo da empresa de curar seres humanos. Em 2012, ele foi reconhecido como o "Capitalista Consciente do Ano" no Forbes India Leadership Awards; ganhou o prêmio de Indiano do Ano, do CNN-IBN; e também o Business Standard Lifetime Achievement Award.

Empresas Humanizadas e a Sociedade

Empresas Humanizadas veem o bem-estar de cada *stakeholder* como um fim em si mesmo, em vez de apenas uma maneira de maximizar a riqueza dos acionistas. Elas operam com uma visão ampla de seu impacto sobre o mundo, considerando a sociedade e o meio ambiente como *stakeholders* essenciais. A seguir, estão algumas das maneiras que as Empresas Humanizadas utilizam para cumprir suas obrigações sociais intensamente sentidas.

Encorajam o Envolvimento de Empregados

Os empregados desempenham um papel central em ajudar Empresas Humanizadas a apoiar as comunidades em que operam. Por exemplo, os empregados da REI nomeiam organizações para o apoio da empresa. As doações são limitadas a organizações de conservação que se concentram em questões ambientais e organizações recreativas que promovem atividades ao ar livre, como caminhada, escalada e ciclismo. Solicitações de doações não são aceitas. A Fundação Harley-Davidson, que começou em 1993, contribuiu com mais de US$ 25 milhões para organizações sem fins lucrativos. Aproximadamente 50 funcionários ajudam na avaliação de doações e as orientam. A fundação tem como alvo as áreas mais mal servidas das comunidades. O grosso de suas bolsas está nas áreas de educação e revitalização da comunidade.[172]

Empresas Humanizadas encorajam e recompensam os empregados por voluntariarem seu tempo e talentos para apoiar iniciativas que beneficiem as comunidades locais em que operam. James Austin, professor da Escola de Negócios de Harvard, escreveu: "O serviço comunitário é uma forma de enriquecimento do trabalho. Estudos confirmam que programas de voluntariado aumentam significativamente o moral, a lealdade e a produtividade do empregado, e todos contribuem para melhorar o desempenho do negócio".[173]

Ser um membro ativo e responsável da comunidade faz parte da filosofia Honda. A empresa criou a Equipe de Ação Comunitária Honda para ajudar seus associados a participarem de projetos comunitários corporativos que impactam a comunidade e servem aqueles em necessidade.

Em cada uma de suas cinco fábricas na Nova Inglaterra, a New Balance estabeleceu relações duradouras com organizações comunitárias. Através de seu Programa de Conexão Comunitária (*Community Connection Program*), os coordenadores em cada instalação da New Balance organizam oportunidades voluntárias a cada mês para os empregados. Em sua declaração de missão para o programa, a empresa afirma o seguinte:

> "Nosso programa de voluntariado corporativo estimula os associados a fazerem uma diferença prática na vida dos outros para o aprimoramento de nossos filhos e nossas comunidades. O programa objetiva demonstrar que a New Balance está comprometida com a comunidade, permite que seus associados cumpram seu senso de dever cívico, e ajuda a satisfazer as muitas necessidades da comunidade."[174]

---

172 "Harley-Davidson Foundation." http://www.harley-davidson.com/CO/FOU/en/foundation.asp?locale=en_US&bmLocale=en_US .(abril de 2005).
173 James E. Austin, "The Invisible Side of Leadership", *Leader to Leader*, No. 8 Primavera de 1998.
174 *New Balance Community Connection Program Associate Handbook.*

EMPRESAS HUMANIZADAS

O interesse dos empregados em oportunidades de voluntariado muitas vezes ultrapassa o número de pessoas necessárias. São realizadas seleções para escolha dos participantes. A empresa garante que os participantes sejam reconhecidos por suas contribuições. Os voluntários recebem uma camiseta Conexão Comunitária antes de um evento e um cartão de agradecimento depois. A empresa também registra as horas de trabalho voluntário de cada pessoa, entrega prêmios de marcos de realização quando um determinado número de horas é concluído, e promove eventos anuais de apreciação dos voluntários. Além do Programa de Conexão Comunitária, a empresa instituiu recentemente o benefício Tempo Voluntário Pessoal, que dá aos empregados em tempo integral oito horas pagas por ano para voluntariar em uma organização sem fins lucrativos. Empregados de meio período também recebem horas. Ao organizar, incentivar e reconhecer o voluntariado dos funcionários, a New Balance faz do serviço comunitário uma prioridade da empresa.

A Patagonia tem um Programa de Estágio Ambiental que dá aos empregados até oito semanas de licença remunerada para voluntariar em uma organização ambiental de sua escolha. Lojas individuais da fabricante de vestuário para atividades ao ar livre REI coordenam projetos de serviços locais para os quais elas chamam outras empresas da região. A fabricante de botas Timberland iniciou seu programa de Trilha de Serviço (*Path of Service*) na década de 1990. Ela oferece aos funcionários horas pagas para incentivá-los a participar de serviços comunitários. Através deste programa e das licenças do trabalho, chamadas de Service Sabbaticals e Earth Watch Sabbaticals, a empresa desafia os empregados a investir suas habilidades e energia para criar mudanças duradouras com organizações sem fins lucrativos. Um desses projetos, chamado de Serv-a-Palooza, é uma tradição anual. Os funcionários da Timberland em todo o mundo tiram um dia de folga para trabalhar com bairros para criar "um mundo melhor". Em 2012, os empregados tinham servido mais de 845 mil horas em mais de 20 países ao longo de um período de 20 anos.

Cuidam das Comunidades Locais

Empresas Humanizadas se esforçam para ter um forte impacto positivo em suas comunidades locais. Por exemplo, as comunidades geralmente acolhem os armazéns da Costco porque ela é reconhecida como um boa cidadã corporativa que proporciona excelentes oportunidades de emprego e as receitas fiscais. Mas pode haver um lado negativo em uma nova loja da Costco. Ela pode causar congestionamentos, tirar negócios de lojas locais, e mudar a cultura da comunidade. Trabalhando com a comunidade, a Costco tenta abordar todas essas preocupações. Antes de se mudar para um bairro, representantes da Costco sentam-se com os *stakeholders* locais e pedem que expressem suas preocupações a respeito da nova proposta de armazém. Por exemplo, o plano da Costco para construir um armazém em Cuernavaca, México, em 2002, causou um protesto de moradores, ativistas comunitários e grupos ambientais. A construção do armazém envolveria a derrubada de um velho cassino que abrigava murais de artistas mexicanos. Os grupos que protestavam também estavam preocupados com a perda de árvores. A Costco levou as preocupações a sério. Ela gastou dinheiro não orçado anteriormente para preservar e restaurar os murais, realocar as árvores mais velhas, e doar 30 mil árvores para a cidade.

Cultivam a Comunidade Global

Empresas Humanizadas se esforçam para serem cidadãs globais exemplares, indo geralmente muito além das exigências locais. A IKEA é um caso em questão. Ela usa padrões ambientais e de segurança uniformemente elevados em todo o mundo, mesmo quando os regulamentos locais são menos rigorosos. Se leis mais rigorosas sobre produtos químicos e outras substâncias são impostas em um país onde a IKEA faz negócio, ela exige que os fornecedores em todos os países estejam em conformidade com tais leis. No entanto, a empresa entende que circunstâncias diferentes podem tornar mais difícil para os fornecedores em certos países cumprirem as suas normas. Por exemplo, a IKEA faz exigências sobre eliminação de resíduos, mas em países que não possuem uma infraestrutura para tal, como a Romênia, em lugar disso, a IKEA insiste que os fornecedores armazenem os resíduos com segurança e não despejem resíduos perigosos em aterros com outros resíduos não perigosos.

A IDEO investe no Fundo Acumen, sem fins lucrativos, cuja finalidade é diminuir a pobreza global. O fundo tenta levar serviços básicos como saúde e água a preços acessíveis para comunidades pobres, de forma que possam ser sustentados pelas pessoas que os recebem. Além de investir no fundo, a IDEO também ofereceu seus serviços de design para a criação de uma bomba de irrigação para ajudar os agricultores na África. Este dispositivo foi introduzido no Quênia e levou a um aumento de mais de dez vezes na renda dos agricultores que o utilizam.

Aumentam a Competitividade

O principal argumento de Milton Friedman contra as empresas gastarem recursos em iniciativas sociais pressupõe que os objetivos social e econômico são separados e distintos, de modo que os gastos em um vêm à custa do outro. Friedman também argumenta que as corporações não podem atingir um impacto maior do que podem os indivíduos fazendo as mesmas contribuições. No entanto, Michael Porter e Mark Kramer, em um ensaio influente na *Harvard Business Review*, sugeriram que as corporações poderiam usar os seus esforços de caridade para realmente melhorar seu "contexto competitivo" e, assim, alinhar os seus objetivos econômicos e sociais. Eles definem contexto competitivo como "a qualidade do ambiente de negócios no local ou locais onde operam".[175] Corporações também podem usar suas competências distintivas – as coisas que fazem especialmente bem – para fornecer serviços sociais que, por sua vez, os ajudem a competir melhor no mercado.

Muitas Empresas Humanizadas têm provado serem muito hábeis

---

175 Michael E. Porter e Mark R. Kramer, "The Competitive Advantage of Corporate Philanthropy", *Harvard Business Review*, Volume 80 (dezembro de 2002), pp. 56–68.

em alinhar objetivos social e econômico desta maneira. Por exemplo, a IDEO é excelente em incorporar preocupações ecológicas e sociais no design de seus produtos. É uma líder no estabelecimento de diretrizes e práticas de toda a indústria para esse "design industrial sustentável". Porque a maioria de seus produtos é feito de madeira, a IKEA está profundamente preocupada com a silvicultura. Ela assumiu a liderança da indústria de mobiliário doméstico para assegurar que as florestas sejam responsavelmente gerenciadas. A empresa desenvolveu um processo de quatro etapas para fornecedores para apoiar os seus esforços. Eles devem obter madeira proveniente de florestas geridas de forma responsável certificadas pelo Forest Stewardship Council. A IKEA emprega seus próprios gestores florestais para verificar aleatoriamente as empresas madeireiras e garantir que a madeira seja proveniente de florestas corretamente manejadas. A empresa tenta estabelecer um exemplo para outras empresas seguirem. Para este fim, a IKEA é ativa em diversas organizações que lidam com questões ambientais e sociais. Isto inclui o Business Leaders' Initiative on Climate Change (Iniciativa dos Líderes Empresariais sobre Mudanças Climáticas), cujo objetivo é ensinar as empresas a medir, informar e reduzir as emissões de dióxido de carbono. A IKEA tem um acordo com a International Federation of Building and Wood Workers (Federação Internacional de Trabalhadores da Construção e Marceneiros), com base no código de conduta da IKEA. Ela também é membro de várias redes diferentes que lidam com transporte e meio ambiente, através das quais espera influenciar o desenvolvimento de soluções de transporte ambientalmente amigável.

Concentram em Sustentabilidade

Empresas Humanizadas se esforçam para operar de maneiras ambientalmente amigáveis. Sua filosofia é encapsulada em uma declaração atribuída a um atleta norte-americano: "Se você corre na floresta, plante uma árvore".[176] Muitas Empresas Humanizadas investem recursos para garantir que elas tenham um impacto neutro ou positivo no ambiente. Elas fazem isso não porque pode ser um requisito legal (frequentemente não é), mas porque é a coisa certa a fazer. Assim como a IKEA faz, elas aplicam padrões uniformemente altos em todo o mundo, independentemente de requisitos locais, que podem ser consideravelmente mais relaxados.

Surpreendentemente, esta forma de fazer negócios muitas vezes contribui para a rentabilidade das Empresas Humanizadas. Considere a experiência da BMW. Ela vê a redução do impacto ambiental de suas fábricas não apenas como uma questão de conformidade, mas também como parte integrante de sua cultura corporativa. A fábrica da BMW de Greer, na Carolina do Sul, é reconhecida por órgãos ambientais estaduais e federais como uma das instalações industriais mais ambientalmente amigáveis. Ela foi aclamada por muitos na indústria automobilística pela visão de vanguarda na utilização de "energia verde".

Em 2002, a fábrica de Greer concluiu um gasoduto que canaliza metano a partir de um aterro sanitário local para gerar 25% da sua eletricidade, o que lhe rendeu o Prêmio de Liderança Green Power da EPA (Agência de Proteção Ambiental dos EUA) de 2003.

A BMW faz um excelente trabalho estendendo a responsabilidade ambiental para além das paredes da fábrica. A lei alemã exige que as empresas sejam responsáveis pelos seus produtos por toda a sua vida. A BMW transformou esta lei em uma oportunidade de lucro. Ela aprendeu a desmontar carros de uma maneira econômica e ecologicamente segura, o que lhe dá uma considerável vantagem sobre outros fabricantes de automóveis sujeitos à mesma lei.

A Honda também é profundamente comprometida com práticas empresariais sustentáveis. Ela tem sido líder em balancear as necessidades ambientais e do cliente há mais de duas décadas. Seu motor de combustão controlada por vórtex composto (CVCC – *compound vortex controlled*

---

176 Arturo Barrios, atleta dos EUA. Citado em *Running With the Legends* (Michael Sandrock), 1996.

combustion engine) fez dela a primeira empresa a atender as normas de emissão do Clean Air Act (lei federal para controlar a qualidade do ar no país) promulgado pelo Congresso americano. O motor não só atendia aos rigorosos padrões de emissão da lei, mas também o fazia sem prejudicar o desempenho. A Honda produziu o veículo movido a gasolina mais limpo do mundo, bem à frente das normas rígidas da Califórnia.

Em outra realização ambiental, a Honda se tornou a primeira fabricante de automóveis a utilizar tinta sem solvente, solúvel em água, na produção em massa. Em 1996, a empresa fabricou um carro solar para dois passageiros que quebrou o recorde mundial do desafio solar. Em 1997, a Honda anunciou um veículo de nível de emissão zero, movido por um motor de combustão interna a gasolina. Em 1999, a empresa lançou um motor híbrido econômico, de baixa emissão, com um motor a gasolina e outro elétrico.

A Honda se esforça para produzir produtos ambientalmente amigáveis em outras áreas também. Por exemplo, os motores de popa de quatro tempos que ela produz são cerca de 90% mais limpos, 50% mais econômicos e 50% mais silenciosos do que os típicos motores de popa de dois tempos que liberam óleo diretamente na água. A Honda também se tornou a primeira empresa a atingir os padrões de emissão para 2006 da Agência de Proteção Ambiental americana em 1998, e lançou uma linha completa de motores de popa de alto desempenho.

A Honda não só tornou seus produtos mais ecológicos, ela também transformou os locais onde estes produtos são feitos em mais amigáveis ambientalmente. Suas fábricas de automóveis nos EUA reduziram as emissões em mais de 65% em apenas cinco anos. O programa Fábrica Verde ajudou todas as instalações da Honda a reduzir as emissões e o consumo de energia, reutilizar mais matérias-primas, e reciclar materiais de produção como papel e plástico. As fábricas em todo o mundo cumprem com os mais rigorosos padrões de gestão ambiental internacional. A empresa reduziu drasticamente os resíduos gerados na fabricação; por exemplo, em 2000, ela conseguiu eliminar completamente os resíduos industriais destinados a aterros no Japão.

A empresa de design IDEO é uma parceira ativa da The Natural Step, uma organização sem fins lucrativos focada em design ambientalmente seguro. The Natural Step foi criada em 1989 como uma reação contra as preocupações de saúde com as quantidades crescentes de toxinas no meio ambiente. A organização ajuda empresas e governos a desenhar produtos e sistemas de forma sustentável e ambientalmente segura. O papel da IDEO como parceira na organização é ajudar a estabelecer diretrizes e métodos para o design industrial ambientalmente seguro. De acordo com Tim Brown, CEO da IDEO, a razão de sua empresa fazer parceria com The Natural Step é "levar a uma nova geração de produtos e serviços que demonstrem a viabilidade econômica, social e ambiental do desenvolvimento design sustentável".[177]

A Patagonia foi a primeira empresa na Califórnia a se comprometer a utilizar apenas energia renovável eólica. Seu Centro de Serviço de Nevada, em Reno, foi construído apenas com materiais reciclados ou recuperados. Foram colocados espelhos no telhado para rastrear o sol e fornecer luz na área de trabalho, em vez de iluminação acionada eletricamente.[178] A empresa se recusa a usar algodão cultivado convencionalmente porque altas quantidades de produtos químicos são utilizados no processo de cultivo. Na verdade, 10% de todos os produtos químicos agrícolas nos EUA são utilizados na produção de algodão. Algodão cultivado organicamente rende o mesmo que o algodão convencional, mas sem produtos químicos tóxicos. Toda a sua linha de vestuário esportivo é fabricada com algodão orgânico. Mesmo custando mais, ela sente que não tem outra escolha por causa de seu compromisso de proteger o meio ambiente e contribuir para o bem-estar das comunidades em que vivem os seus *stakeholders*.[179]

Muitas Empresas Humanizadas têm declarações especiais de missão ambiental para orientar as suas operações. Por exemplo, a Starbucks lista sete princípios na sua:

---

177 http://www.naturalstep.org/about/partners.php.
178 Patagonia. Harvard Business School Case Study, p. 15.
179 http://www.patagonia.com/enviro/organic_cotton.shtml, (14 de abril de 2004).

- Entender as questões ambientais e compartilhar informações com os nossos parceiros.
- Desenvolver soluções inovadoras e flexíveis para causar mudança.
- Lutar para comprar, vender e utilizar produtos ecológicos.
- Reconhecer que a responsabilidade fiscal é essencial para o futuro do nosso meio ambiente.
- Incutir a responsabilidade ambiental como um valor corporativo.
- Medir e monitorar nosso progresso em cada projeto.
- Incentivar todos os parceiros a partilharem a nossa missão.

A Timberland dá alta prioridade às preocupações ambientais em três áreas: energia, produtos químicos e recursos. Ela se associou à Clean Air-Cool Planet (Ar Limpo-Planeta Fresco), uma organização que cria parcerias no nordeste dos EUA para implementar soluções para as alterações climáticas e formar eleitorados para gerar e apoiar políticas e programas climáticos eficazes.

A Timberland entende que muitos dos produtos químicos que utiliza para produzir seus calçados são tóxicos. Para resolver isso, ela começou a eliminar produtos químicos minimizando os solventes utilizados na montagem do calçado. A Timberland é um membro fundador da Organic Exchange (Troca Orgânica), organização focada na expansão de uma cultura orgânica. Em suas próprias operações, ela tem desenvolvido novas formas de usar algodão orgânico em seus produtos. Finalmente, a empresa utiliza materiais reciclados no departamento de embalagem e na concepção de suas lojas. Ela imprime seus relatórios anuais com tinta de soja em papel reciclado.

Cooperam com os Governos

A ideia de corporações envolvidas com uma agenda social não é nova. As primeiras empresas foram as entidades sem fins lucrativos criadas na Europa antes do século XVII. O rei Magnus Eriksson concedeu

EMPRESAS HUMANIZADAS

a mais antiga carta patente que se tem registro para a comunidade mineradora Stora Kopparberg em Falun, na Suécia, em 1347.[180] A East India Company recebeu uma Carta Régia da rainha Elizabeth I em 1600. Corporações foram fretadas pelo Estado para fins públicos, tais como a construção de edifícios, hospitais, pontes, estradas e universidades. Geralmente, as corporações empreendiam tarefas consideradas demasiadamente arriscadas ou caras demais para indivíduos ou governos realizarem. O governo as supervisionava de perto, e cartas patentes podiam ser revogadas se as corporações não cumprissem sua finalidade pública. Acionistas eram beneficiários, mas não eram considerados a principal razão para a existência da empresa.

A forma moderna das corporações tem suas origens em um ato de 1844 na Grã-Bretanha, que lhes permitiu definir sua própria finalidade. Isso em grande parte mudou o controle das corporações do governo para os tribunais.[181] Mas isso não extinguiu inteiramente o envolvimento das empresas com preocupações sociais. Nas primeiras décadas da Revolução Industrial, grandes empresas, especialmente aquelas localizadas em áreas remotas, comumente operavam cidades empresariais, propiciando aos empregados habitação, escolas, estradas, transporte público, água, eletricidade, instalações recreativas, e afins. Assim, as empresas tornaram-se hábeis na prestação de serviços públicos, a maioria dos quais mais tarde ficou na competência do governo.

Conforme as infraestruturas públicas se expandiram, as empresas se retiraram dessas atividades privadas de bem-estar do trabalhador para se concentrar em sua atividade principal. Com o tempo, à medida que empresas e governos ficavam mais poderosos, a relação entre eles ficou mais antagônica. Estamos agora no limiar de uma nova era que poderia ser marcada por uma maior cooperação entre governos e corporações. Enquanto as empresas começam a reconhecer o impacto que podem ter nas comunidades, e vice-versa, elas começam a apreciar melhor o papel dos governos como um substituto para a sociedade. Empresas Huma-

---

180 http://en.wikipedia.org/wiki/Corporation.
181 *New Internationalist*, "A Short History of Corporations", julho de 2002.

nizadas, em especial, veem governos como parceiros importantes na criação de um mundo melhor para todos.

Honrar o espírito das leis está em um plano mais elevado do que meramente seguir a lei ao pé da letra. Pondere por um momento sobre como a Toyota expressa essa ideia. A primeira cláusula dos Princípios Orientadores da empresa é "Honrar a linguagem e o espírito da lei de cada nação e realizar atividades sociais abertas e justas para ser um bom cidadão corporativo do mundo". A Toyota tem feito da conformidade legal e ética uma prioridade. Expõe suas políticas e expectativas para os governos locais onde quer que ela conduza seus negócios. Alinha a sua operação para se adequar às regulamentações de um governo local.

A pressão sobre as empresas para desempenhar papéis maiores na abordagem de preocupações sociais aumentará conforme nos tornamos uma sociedade mais focada em "ser" do que em "ter". Em todo o mundo, os governos atingiram o limite. Financiar a agenda social está se tornando cada vez mais difícil. O materialismo em declínio devido à maior maturidade psicológica global em uma sociedade em envelhecimento está diminuindo os gastos do consumidor na maioria dos países desenvolvidos, por sua vez, desacelerando o crescimento das receitas do governo. Junte a isso o aumento dos custos de direitos da velhice e a imagem do futuro econômico dos governos torna-se mais clara: cada vez menos dinheiro para outras necessidades sociais. Menores receitas fiscais de um crescimento mais lento da economia e crescentes pagamentos de subvenções deixarão os governos nacionais, regionais e locais com poucos recursos para os orçamentos de assistência social. Os governos devem encontrar novas formas de promover o bem-estar geral. Cada vez mais, eles devem contar com as empresas para cumprir suas agendas sociais.

Não se trata apenas de especulação; já está começando a acontecer. Em todo os EUA, pela primeira vez desde o início dos anos 1800, as estradas estão sendo construídas e operadas por empresas privadas. Um número crescente de tarefas do Departamento de Defesa está sendo terceirizado para empresas privadas. As empresas privadas agora estão operando escolas e prisões em dezenas de locais em todo os EUA.

EMPRESAS HUMANIZADAS

Conforme a proporção de pessoas focadas em "retribuir" cresce através do amadurecimento dos *boomers*, as necessidades de bem-estar social recebem mais atenção do que nunca de indivíduos e corporações. Cidadãos vão olhar menos para o governo para resolver os problemas sociais e muito mais para as empresas com as quais lidam regularmente. Consumidores e investidores institucionais exigirão balanços sociais anuais que detalhem o que uma empresa tem feito para o bem da sociedade. O desastre de 2005 nos EUA chamado Furacão Katrina pôs em evidência a capacidade de empresas privadas de ofuscar o governo no atendimento às necessidades da agenda social. Várias empresas desempenharam papéis fundamentais na preparação para o desastre e em lidar com as suas consequências, que incluiu a inundação de 80% da cidade de Nova Orleans:

- O Walmart reforçou bastante a sua reputação pública ao aproveitar suas capacidades logísticas sofisticadas e de grande alcance para entregar suprimentos de alívio às vítimas do furacão. A empresa antecipadamente transportou geradores, gelo seco e combustível para locais estratégicos nas proximidades da zona de desastre. Ela antecipou o curso do furacão se deslocando na direção de Nova Orleans 12 horas antes do Serviço Nacional de Meteorologia. O Walmart disponibilizou suas lojas para serem usadas como alojamento temporário pelos policiais e forneceu munição para a Guarda Nacional.[182]
- Home Depot se mobilizou quatro dias antes da chegada do Katrina. Colocou geradores elétricos e milhares de trabalhadores extras em ambos os lados do caminho do furacão. Lojas foram protegidas antecipadamente, permitindo que a maioria reabrisse um dia após a tempestade. Com base em experiências passadas, a empresa abasteceu as lojas com suprimentos extras de produtos como inseticidas, água, e fraldas.

---

182 Jessica Lewis, "The Only Lifeline was the Walmart", *Fortune*, 3 de outubro de 2005, pp. 74–80.

- Valero, uma refinaria de petróleo com operações perto de Nova Orleans, foi capaz de voltar a funcionar oito dias após o furacão, muito antes de outras empresas. A filosofia da Valero de colocar seus empregados em primeiro lugar levou a resultados extraordinários na esteira do Katrina. Um supervisor de manutenção usou seu próprio cartão de crédito para comprar suprimentos e ficou acordado a noite toda cozinhando *gumbo* para sua equipe, enquanto eles lidavam com as consequências do furacão de Categoria 4. A empresa despachou caminhões a partir de sua sede em San Antonio carregados com alimentos, água, motosserras, pás, telefones Nextel, e pequenos geradores para ajudar seus empregados a continuarem com os esforços para se recuperar da pior tempestade a atingir o solo americano em mais de 70 anos. A Valero providenciou 60 habitações móveis para os funcionários cujas casas estavam inabitáveis. Forneceu gratuitamente gasolina e diesel para empregados e policiais.[183]

---

183 Janet Guyon, "The Soul of a Moneymaking Machine", *Fortune*, 3 de outubro de 2005, pp. 113–120.

Canon e o Caminho de Kyosei

O falecido Ryuzaburo Kaku, presidente visionário e mais tarde presidente do Conselho da Canon, introduziu o conceito de *kyosei* na empresa em 1987. *Kyosei* significa "espírito de cooperação", que atinge o seu estado mais forte no mais alto nível de maturidade corporativa.

Figura 8.1 O caminho de *kyosei*

Assim como os seres humanos evoluem e amadurecem no decorrer da vida, Kaku acreditava que empresas também evoluem em direção à maturidade. *Kyosei* incorpora cinco estágios que se desdobram com uma mudança gradual da visão de mundo corporativa de direcionado do interior (*inner-directed*) para direcionado ao exterior (*outer-directed*).

Kaku descreveu sua filosofia de *kyosei* e como ele a aplicava em um ensaio publicado na edição de julho-agosto de 1997 da *Harvard Business Review*.[184] A Figura 8.1 descreve os cinco estágios do *kyosei*. Eles são equivalentes aos cinco níveis das necessidades humanas básicas na famosa hierarquia de Abraham Maslow.

Estágio 1 é básico: Antes que uma empresa possa aspirar a fazer o bem no mundo, deve colocar seus negócios em ordem. Isto se assemelha ao primeiro nível da hierarquia de Maslow: necessidades fisiológicas básicas. No contexto do negócio, esta primeira etapa significa montar uma estratégia sensata, desenvolver produtos de qualidade superior, investir nas aptidões adequadas, e ter a estrutura organizacional correta. As empresas precisam de lucros para permanecer viáveis. No entanto, Kaku advertiu que, mesmo no egocêntrico Estágio 1 do *kyosei*, elas nunca devem explorar os seus trabalhadores. Ele era altamente crítico das empresas americanas que "levam a motivação do lucro muito longe quando despedem trabalhadores para aumentar os lucros e, ao mesmo tempo, pagar grandes bônus a seus CEOs".

Estágio 2 é aproximadamente equivalente ao segundo nível da Hierarquia de Maslow, necessidades de segurança básicas. É caracterizado por um espírito de cooperação e unidade entre a administração e os empregados. Ambos, administradores e empregados, se veem no mesmo barco. Por esta razão, Kaku dissolveu distinções entre trabalhadores assalariados e horistas. Sob sua supervisão, a Canon tornou-se a primeira empresa japonesa a passar para uma semana de cinco dias. Ironicamente, ela experimentou aumentos imprevistos na produtividade. No Estágio 2, uma empresa pode se dar ao luxo de ser mais generosa em suas políticas de salários e benefícios. Não apenas

---

184 Ryuzaburo Kaku, "The Path of Kyosei", *Harvard Business Review*, julho-agosto de 1997.

as necessidades de segurança básicas dos empregados foram mais bem servidas nesta fase, mas também sua completa recusa de demissões e greves contribuiu para a segurança psicológica deles. No entanto, apesar da inclinação mais humanista de uma empresa no Estágio 2, ela continua a ser principalmente focada no interior.

Estágio 3 tem semelhanças com terceiro nível de necessidades humanas básicas de Maslow: amor e necessidades de pertencimento. No modelo de processos de maturação corporativa de Kaku, Estágio 3 é quando as empresas começam a virar seu foco para fora, em direção à sua comunidade. Kaku definiu "comunidade" amplamente para incluir fornecedores, clientes e membros do público. A Canon acompanha de perto a satisfação dos clientes e trabalha com os fornecedores para ajudá-los a melhorar a qualidade e a produtividade. Em vez de apenas doar dinheiro, a empresa contribui com expertise tecnológica para causas comunitárias. Por exemplo, desenvolveu e distribuiu produtos para deficientes visuais e de fala sem objetivar lucro. Foi neste estágio que a Canon começou a estender o espírito de cooperação incorporado no modelo *kyosei* aos concorrentes. Ela foi uma pioneira na formação de parcerias com os concorrentes. Os beneficiários iniciais do espírito de cooperação *kyosei* incluem Texas Instruments, Hewlett-Packard e Eastman Kodak. Cada empresa continuou a ser um concorrente robusto da Canon em alguns aspectos, mas desfrutava de uma parceria lucrativa com ela de outras maneiras – um clássico exemplo de gestão irônica.

Estágio 4 é o equivalente aproximado do quarto nível necessidades humanas básicas de Maslow: autoestima e estima dos outros. Uma empresa entra nesse estágio quando alcança uma ampla presença global. Ela pode dedicar tempo e recursos para descobrir como pode contribuir de forma mais ampla para o bem-estar das pessoas em todo o mundo e ajudar a resolver problemas maiores. A Canon expressa essa disposição preocupando-se com três tipos de desequilíbrios:

- Desequilíbrios comerciais (movendo mais produção para países em luta com déficits comerciais).
- Desequilíbrios de renda (construindo fábricas em países em desenvolvimento, criando aumento de emprego e das exportações, aumentando a base fiscal, reinvestindo os lucros, e transferindo tecnologia).
- Desequilíbrios ambientais (tornando-se fortemente envolvida na reciclagem de seus próprios produtos e investindo em tecnologias ambientalmente amigáveis, como painéis solares e biorremediação). A Canon tem um grande departamento dedicado à procura de formas para minimizar danos ao ecossistema. Sua maior fábrica americana reprocessa fotocopiadoras para revenda e recicla mais de 90% dos seus resíduos sólidos. Através de suas ações em cada uma dessas áreas, a Canon consegue um resultado ganha-ganha: ela resolve preocupações globais urgentes, enquanto eleva seus próprios lucros.

Estágio 5 é claramente o equivalente empresarial de autorrealização no modelo de Maslow de desenvolvimento humano. Kaku acreditava que poucas empresas conseguiriam atingir este estágio. Maslow disse o mesmo sobre as pessoas; muitas chegam perto de um estado de autorrealização, mas poucas alcançam o objetivo. Kaku disse que este estágio de maturação corporativa envolve apenas as grandes empresas. Ele considera que a Canon é uma das poucas empresas a alcançar o Estágio 5. Ele demonstrou isso assumindo a responsabilidade de resolver problemas que os governos não podem resolver, pelo menos sozinhos. Kaku observou: "Pouquíssimos políticos no Japão hoje são capazes de resolver problemas globais. O manto da liderança caiu sobre os ombros de empresas como a Canon". Por exemplo, trabalham em encorajar o governo a tomar medidas para corrigir os tipos de desequilíbrios globais descritos anteriormente. Empresas e governo devem trabalhar juntos para criar regulamentos que reduziriam a poluição, ou aboliriam as barreiras comerciais que trabalham contra nações menos favorecidas. Tal cooperação entre empresas e governo é muito diferente de grande parte do que vimos no passado. Com mais frequência, as grandes empresas se concentram em obter tanto do governo quanto possível, com o mínimo possível de responsabilidade recíproca. Empresas fazem lobby por subsídios especiais, tarifas protecionistas, isenções fiscais e outros benefícios do governo sem qualquer preocupação em participar da resolução dos principais problemas sociais.

Ao concluir sua mensagem inspiradora no ensaio na *HBR*, Ryuzaburo Kaku desafiou os líderes de grandes corporações globais com este pensamento:

> "Porque corporações multibilionárias controlam vastos recursos ao redor do mundo, empregam milhões de pessoas, e criam e possuem uma riqueza incrível, elas detêm o futuro do planeta em suas mãos. Embora governos e indivíduos precisem fazer a sua parte, não possuem o mesmo grau de riqueza e poder... Se as empresas gerirem os seus negócios com o único objetivo de ganhar mais participação de mercado ou lucros, elas podem muito bem levar o mundo à ruína econômica, ambiental e social... É nossa obrigação como líderes empresariais nos unirmos para construir um alicerce para a paz mundial e a prosperidade."[185]

---

185 Ibid, p. 122.

Não há um pensamento mais nobre com o qual poderíamos fechar este capítulo sobre a sociedade como o *stakeholder* supremo. Por razões que já foram ditas neste capítulo, vemos uma necessidade urgente para as corporações voltarem ao papel de servir como um veículo para ajudar a facilitar o propósito público. Desafiamos aqueles que discordam a encontrarem uma melhor solução para os problemas que todas as nações enfrentam à medida que suas populações envelhecem e receitas fiscais lentas e direitos de velhice restringem progressivamente a capacidade dos governos para processar a agenda pública. A ideia do estado de bem-estar pode ter perdido muito de sua viabilidade, mas as necessidades que deram origem a essas ideias não desapareceram. Cada vez mais, parece que o bem-estar da civilização depende das culturas e ações das empresa de negócios.

9

Cultura – O Ingrediente Secreto

Este capítulo é sobre o mais forte diferencial competitivo das Empresas Humanizadas: suas culturas corporativas. Já se escreveu extensivamente sobre o tema; o que há de novo para se dizer? Pesquisar "cultura corporativa" no Google traz milhões de resultados. A Amazon lista mais de 1.200 títulos dedicados à cultura corporativa. Milhares de artigos têm refletido sobre o assunto. Portanto, não é o nosso propósito aqui ficar batendo na mesma tecla. Em vez disso, nosso tempo é gasto de forma mais rentável identificando e descrevendo os atributos das culturas corporativas de Empresas Humanizadas que desempenham um papel decisivo no seu sucesso.

O Melhor Lugar para Trabalhar?

Tanto quanto sabemos, não existem seres humanos perfeitos neste planeta, nem empresas perfeitas. Mas algumas chegam realmente muito perto. Uma delas é o SAS Institute, uma empresa de software analítico com base na Carolina do Norte. Em novembro de 2012, a SAS foi eleita a melhor multinacional do mundo para trabalhar pelo Great Places to Work Institute (Instituto Melhores Lugares para Trabalhar). Pense em quantas empresas existem no mundo, e agora pense no que é preciso para ser reconhecida como o melhor lugar para trabalhar dentre todas elas.

O que torna a SAS tão especial? Ela reúne quase todos os critérios que estabelecemos para uma empresa altamente consciente, ou uma empresa humanizada. Em primeiro lugar, alguns números: a SAS desfruta de receitas e lucros recordes há 37 anos consecutivos, e gerou US$ 2,8 bilhões de receita em 2012. Ela emprega cerca de 13.000 pessoas em todo o mundo. Apenas 2% de seus empregados saem voluntariamente no ano (em comparação com 22%, em média, na sua indústria). E veja só: no ano passado, ela teve 65.040 candidatos para 433 vagas – o que dá 150 candidatos por vaga! Quarenta e quatro por cento dos seus empregados são mulheres, que compõem 32% dos cargos de gerência executiva e sênior.

A empresa foi cofundada em 1976 pelo Dr. Jim Goodnight, um membro do corpo docente da Universidade Estadual da Carolina do Norte. Ele agora é reconhecido como um dos grandes líderes de negócios do mundo. Sua filosofia de liderança é realmente muito simples: é tudo sobre as pessoas. Se você puder se concentrar na criação de um grande ambiente para os empregados se sentirem engajados, conectados, respeitados, desafiados e recompensados, eles farão coisas extraordinárias para os clientes; que, por sua vez, levarão ao sucesso do negócio sustentado. Claro, isso parece fácil, mas é realmente difícil de executar.

A SAS faz tudo o que pode para reduzir as distrações no local de trabalho, para que os empregados possam se concentrar sem restrições naquilo que fazem. Ela oferece comodidades no local, tais como cuidados de saúde, um centro de *fitness*, creche subsidiada e uma longa lista de programas de bem-estar. Mas não se trata apenas de disponibilizar regalias generosas. A empresa entende que os sentimentos e emoções de seus empregados são extremamente importantes, até mesmo críticos. Ela tem procurado criar uma organização benevolente em que cada ser humano é valorizado individualmente. A filosofia da empresa é: "Se você tratar os empregados como se eles fizessem diferença para a empresa, eles *vão* fazer a diferença".

O escritor Mark Crowley foi visitar o campus SAS recentemente e concluiu que seu sucesso foi fundado em quatro pilares:[186]

- Valorizar as pessoas, tanto quanto possível.
- É dando que se recebe.
- Confiança acima de tudo.
- Assegurar que os empregados entendam o significado de seus trabalhos.

---

186 Mark C. Crowley, "How SAS Became The World's Best Place To Work", *Fast Company*, 22 de janeiro de 2013.

Valorizar as Pessoas, tanto quanto Possível

Quando a grande recessão de 2008 começou, as vendas dos produtos da empresa diminuíram drasticamente. A indústria de software analítico foi incomumente afetada, e muitas empresas iniciaram demissões em massa. Na SAS, Jim Goodnight anunciou em um *webcast* global para os empregados em janeiro de 2009 que nenhum dos 13.000 funcionários seria demitido. Ele pediu que tivessem cuidado com seus gastos e procurassem maneiras de ajudar a empresa a superar os momentos difíceis. Como ele explicou: "Ao tornar muito claro que ninguém perderia o emprego, de repente, cortamos enormes quantidades de fofoca, preocupação e tormento – e as pessoas voltaram ao trabalho". Surpreendentemente, a SAS gerou lucros recordes naquele ano, embora estivesse totalmente preparada para absorver uma perda, caso fosse necessário, pela primeira vez em 33 anos.

É Dando que se Recebe

A SAS começou a tradição de proporcionar grandes benefícios aos empregados antes que o Google a tornasse famosa. Todos os funcionários, bem como suas famílias, desfrutam de acesso gratuito a um ginásio de última geração (com quadras de tênis e basquete, sala de musculação e uma piscina aquecida). Há uma clínica gratuita no local com médicos, nutricionistas, fisioterapeutas e psicólogos. A creche tem desconto enorme e a terapia para ajudar os empregados a lidarem com os fatores de estresse do dia a dia na vida e no trabalho é gratuita. Todas as áreas de trabalho são abastecidas com lanches. A empresa investe em todas essas vantagens, tanto pelo seu valor simbólico como pelo tangível. Ela pensa neles como um sinal do quanto valoriza seu pessoal. Tudo isso levou a níveis extraordinários de engajamento e minúsculos níveis de rotatividade, gerando enormes ganhos de criatividade e grandes economias em treinamento e recrutamento. Como um empregado de longa data coloca: "As pessoas querem uma vida com dinheiro, não dinheiro sem uma vida".

SISODIA, WOLFE & SHETH

Confiança acima de tudo

Goodnight acredita que o maior fator de felicidade do empregado na SAS é a sua cultura de confiança. Os elementos-chave de confiança são comunicação aberta, respeito entre funcionários, acesso justo a planos de carreira, e "ser tratado como um ser humano". A SAS investe muito em acompanhar constantemente os sentimentos de seus empregados, bem como avaliar o quão bem sua equipe de liderança está cumprindo com as suas responsabilidades. A empresa confia completamente que seus empregados fazem seus trabalhos, sem ter que monitorar suas horas ou paradeiros.

Criticamente, a empresa deixou claro que para qualquer empregado ser promovido à gestão, ele ou ela deve demonstrar uma inclinação para apoiar e ajudar os outros. Os líderes são julgados de acordo com quão bem eles facilitam o sucesso dos outros, ao invés de seu próprio. Aqueles que defendem os outros de forma consistente são recompensados e promovidos.

Assegurar que os empregados entendam o significado de seus trabalhos

Saber que o seu trabalho tem valor inerente e vai impactar positivamente a vida dos outros é extremamente importante para todos os empregados. A SAS não mede esforços para garantir que eles percebam isso e se sintam conectados com o impacto do seu trabalho. Os programadores "são donos" do seu trabalho, e até mesmo os paisagistas são encorajados a se apropriar da área que cultivam. Isso lhes dá um propósito maior do que apenas desempenhar uma função.

O modelo de liderança da SAS é um que se baseia na ideia de abundância em vez de escassez. Os empregados são bem recompensados e têm um profundo sentimento de satisfação com o seu trabalho. Os clientes ficam encantados com produtos excepcionais e serviço consistentemente excelente. E a empresa e seus proprietários prosperam também. Considere o fato surpreendente de que o Prof. Goodnight tornou-

-se uma das pessoas mais ricas dos EUA, com um patrimônio líquido de mais de US$ 7 bilhões! Plenamente merecido, e não temos dúvida de que ele vai colocar essa fortuna a um bom uso.

A Supremacia da Cultura

Anteriormente, levantamos a questão: "Qual *stakeholder* importa mais?" A visão prevalente no passado era que os investidores são os mais importantes, como os *stakeholders* cujos interesses vêm em primeiro lugar. No último capítulo, defendemos que a sociedade seja vista como o *stakeholder* "supremo". Outros colocariam os empregados (The Container Store) ou os clientes (Whole Foods Market) primeiro.

No entanto, para transcender o debate sobre *quem* é mais importante, primeiro devemos refletir sobre *o que* mais importa para as Empresas Humanizadas. Aquele "o que" é cultura corporativa. Isso é o que mais separa as Empresas Humanizadas da multidão e lhes permite criar maior valor para *todos* os seus grupos de *stakeholders*. A liderança executiva da internacionalmente proeminente empresa de design industrial IDEO acredita que é mais importante preservar a cultura da empresa do que perseguir dinheiro. A Southwest Airlines considera sua cultura tão crucial para o seu desempenho que estabeleceu um "Comitê de Cultura" permanente, que consiste de 96 empregados nomeados pelos seus pares de todos os escalões da empresa. O comitê é responsável por "fazer o que for preciso para criar, melhorar e enriquecer o espírito e a cultura especiais da Southwest que fizeram dela uma maravilhosa empresa/família".[187] O CEO da Southwest James Parker (que sucedeu Herb Kelleher) disse: "Nós nos concentramos em cultura corporativa mais do que qualquer outra coisa que fazemos. Somos uma grande empresa agora. Realmente focamos no desenvolvimento de líderes locais. Tentamos ter pessoas em cada estação que entendam a nossa

---

187 James L. Heskett, "Southwest Airlines 2002: An Industry under Siege", Harvard Business School Caso 9-803-133, p. 8.

cultura corporativa, a valorizem e possam compartilhá-la com outros empregados".[188] Plausivelmente, quem poderia argumentar com Parker? Afinal de contas, a Southwest Airlines é a companhia aérea americana de maior sucesso na história da aviação.

A paixão, energia, dedicação, espírito generoso e criatividade expansiva encontrados em todas as Empresas Humanizadas são todos produtos de sua cultura. Como o ar, a cultura é invisível, mas difundida. Ela exerce uma forte influência transformadora em todos que a vivenciam, especialmente funcionários. Empregados entusiasmados com a sua empresa contagiam os clientes com a sua energia. Clientes retribuem com seu próprio entusiasmo para completar uma relação requintadamente simbiótica, cujo significado fica perdido para aqueles que medem as empresas apenas através dos números.

A cultura de uma organização é a sua *infraestrutura psicossocial*. Ela incorpora o conjunto compartilhado de valores, suposições e perspectivas que une os membros da organização em uma equipe operacional coesa dedicada a um propósito comum. A cultura de uma empresa molda sua visão de mundo. Esta, por sua vez, predispõe o seu comportamento. Uma cultura forte, coesa e altamente motivadora é a marca registrada das Empresas Humanizadas. Nós concluímos que os analistas de investimento dão muito pouca atenção para o papel da cultura corporativa na previsão do desempenho futuro. O fato de que líderes, empregados, investidores e fornecedores das Empresas Humanizadas todos "ouvem a mesma música", acrescenta enormemente para as perspectivas de sucesso futuro da empresa.

A pesquisa mostra uma ligação entre a cultura corporativa e os estilos de trabalho dos empregados. Em um estudo, descobriu-se que os funcionários de uma mesma empresa eram mais propensos a terem competências de liderança semelhantes do que aqueles fazendo o mesmo trabalho em outras companhias. Em outras palavras, o estilo de

---

188 James Parker citado por Staff Writer, Philips Business Information, "Southwest May Not Be #1, But it Sure Looks Like The Leader", *Airline Financial News*, Potomac, 24 de novembro de 2003, p. 3.

liderança de uma engenheira americana que trabalha para a Toyota nos EUA é mais parecido com o de uma contadora japonesa na Toyota do Japão do que o de outra engenheira americana da Ford.[189]

Há três elementos principais para a cultura organizacional:

- **Visão organizacional** – É sobre criar e implementar um plano de jogo vencedor. É como um mapa de estrada, destinado a responder à pergunta: "Onde estamos indo e como pretendemos chegar?" Embora as estratégias competitivas seguidas pelas Empresas Humanizadas seja tão variada quanto as das empresas em geral, um elemento comum encontrado em todas elas é a dedicação à otimização da criação de valor para todos os *stakeholders*. Quer sejam Patagonia e The Container Store com seus distintivos produtos de alta margem, ou Costco e Southwest com seus baixos preços e margens baixas, um modelo superior de criação de valor é uma constante.
- **Valores organizacionais** – Esta é a força alinhadora que mantém uma organização centrada e equilibrada. Gerenciar os valores de uma organização é como dirigir um carro, essencial se manter no caminho e alcançar o objetivo desejado. Os valores são a resposta para as perguntas "Quem somos nós e o que nos faz funcionar?"
- **Energia organizacional** – Como o motor de um carro, esta é a força que impulsiona a organização para frente em uma velocidade constante.[190] Todas as Empresas Humanizadas são organizações de alta energia. Elas refletem a paixão, alegria e comprometimento de seus empregados e outros *stakeholders*.

Examinaremos visão e valores em mais detalhes posteriormente no capítulo. Mas, primeiro, vamos olhar para a questão da energia organi-

---

189 Thomas Kell e Gregory T. Carrott, "Culture Matters Most", *Harvard Business Review*, maio de 2005.
190 Heike Bruch e Sumantra Ghoshal, "Unleashing Organizational Energy", *Sloan Management Review*, Outono de 2003, pp. 45–51.

zacional – de onde ela vem, como aproveitá-la de maneira produtiva, e como sustentá-la.

Liberando a Energia da Organização

Energia organizacional é criada e liberada quando as pessoas de uma organização estão emocionalmente e intelectualmente entusiasmadas com a visão e os valores da empresa. Uma das tarefas mais importantes de um líder é mobilizar esta energia e orientá-la para a realização de objetivos significativos. Energia organizacional é uma força como um bom vento de um marinheiro, invisível, mas com o poder de mover o veleiro para frente. Ela é medida pelo dinamismo e urgência com que uma empresa opera.

As duas principais dimensões da energia organizacional são sua intensidade e sua qualidade. A intensidade da energia organizacional se reflete na quantidade de atividade, interações, vigilância e estímulo emocional. Organizações que têm baixa intensidade de energia são caracterizadas por apatia, inércia, rigidez e cinismo. A qualidade da energia organizacional pode ser positiva (refletindo emoções como amor, entusiasmo, alegria e satisfação) ou negativa (associada a sentimentos como medo, frustração e pesar).[191]

O estado de energia mais desejável é a "zona de paixão", que é caracterizada por altos níveis de energia positiva. Empregados de empresas que trabalham nesta zona são cheios de entusiasmo e excitação, e têm orgulho palpável e alegria em seu trabalho. Estas empresas estão alertas aos problemas, bem como oportunidades, e se mobilizam rapidamente para resolver ambos. Entre Empresas Humanizadas, esta força vital positiva transborda para a sociedade, conforme os seus empregados participam de inúmeras iniciativas de melhoria da comunidade. Por sua vez, servir os outros na comunidade recarrega as baterias emocionais dos funcionários, revigorando-os para os desafios no local de trabalho.

---

191 Bruch e Ghoshal, *op. cit.*

Estabelecendo a Visão da Organização: Vislumbrando a Perspectiva

Empresas Humanizadas compartilham quatro elementos primários em suas visões corporativas:

- Um propósito mais amplo do que a geração de riqueza
- Dedicação à liderança servidora
- Compromisso exemplar com a cidadania
- Reconhecimento de que são parte de um ecossistema econômico com muitos participantes interdependentes

Um Propósito Mais Amplo

O sempre pensativo e inspirador Charles Handy, em um brilhante ensaio na *Harvard Business Review*, fez uma pergunta bastante simples, mas crucial: "Para que Serve um Negócio?".[192] A natureza das empresas e seus ativos mudou dramaticamente nos últimos anos. As empresas permanecem, em determinado nível, um conjunto de bens materiais que podem ser comprados e vendidos como qualquer outra propriedade. No entanto, o maior componente de valor da maioria das empresas hoje em dia encontra-se no seu pessoal e em sua propriedade intelectual, não em ativos tangíveis – em outras palavras, em seus ativos intangíveis.

O International Accounting Standards Board (Comitê de Normas Internacionais de Contabilidade) define ativos intangíveis como "ativos identificáveis não monetariamente, sem substância física, que uma entidade detém para seu próprio uso ou para arrendamento a outros".[193] Oficialmente, os exemplos de ativos intangíveis incluem software de computador, licenças, patentes e direitos autorais. No entanto, saindo do mundo da contabilidade para lançar mão de um sentido mais amplo

---

192 Charles Handy, "What's a Business For?" *Harvard Business Review*, dezembro de 2002.
193 http://www.pwcglobal.com/Extweb/service.nsf/0/24F4F9C7A641894680256C7D005 86A48?opendocument#one.

de *ativo*, entendemos como se referindo a uma "qualidade, pessoa ou coisa útil ou valiosa; uma vantagem ou recurso".[194]

Peça aos executivos de Empresas Humanizadas para listar os ativos mais valiosos da sua empresa e eles provavelmente vão colocar "nosso pessoal" e "nossa cultura" na parte superior da lista. Eles veem seus empregados como fontes de vantagem competitiva que se traduzem em valor econômico real. O problema aqui é que a profissão contábil ainda tem que inventar uma maneira de atribuir valor econômico aos empregados e culturas corporativas. E, no entanto, quando se for avaliar as perspectivas de ganhos futuros, como pode o talento dos empregados e seu nível de dedicação apaixonada à visão, missão e objetivos financeiros da empresa serem ignorados?

Acreditamos que o esforço irrestrito do empregado e a cultura corporativa podem e devem ser quantificavelmente avaliados para dar aos investidores e outros melhor visão sobre as perspectivas futuras de uma empresa. Isto pode ser feito com tanta validade quanto a avaliação do valor econômico de softwares, licenças, patentes e direitos autorais.

Existem amplas evidências para afirmar que culturas corporativas enfatizando valores humanísticos produzem níveis mais elevados de produtividade dos empregados, fidelidade mais forte dos clientes, e margens mais elevadas. Proporcionar aos acionistas um bom retorno sobre seu investimento continua a ser um objetivo importante, mas a ideia de que os retornos de investimento podem ser maiores quando a criação de riqueza para os acionistas não é a única, ou mesmo a principal, finalidade para a qual uma empresa existe, está se espalhando. A batida metáfora "Precisamos comer para viver, mas não vivemos para comer" é adequada aqui. Satisfazer os acionistas é o meio para o fim "real", que é acrescentar qualitativamente à vida das pessoas e do mundo em geral. É assim que Konosuke Matsushita, fundador da gigante japonesa de produtos eletrônicos que leva o seu nome, viu o propósito ou missão de sua empresa: "A missão de um fabricante deveria ser de superar a pobreza, aliviar a sociedade como um todo da miséria, e trazer

---

194 http://www.thefreedictionary.com/asset.

riqueza".[195] David Packard, cofundador da Hewlett Packard, coloca um pensamento semelhante desta forma:

> "Eu acho que muitas pessoas assumem, erroneamente, que uma empresa existe simplesmente para ganhar dinheiro. Enquanto este é um resultado importante da existência de uma empresa, temos de ir mais fundo e descobrir as razões reais para o nosso ser. À medida que investigamos isso, inevitavelmente chegamos à conclusão de que um grupo de pessoas se reúne e existe como uma instituição que nós chamamos uma empresa para que sejam capazes de realizar algo coletivamente que não poderiam realizar separadamente – eles fazem uma contribuição para a sociedade, uma frase que soa banal, mas é fundamental."[196]

Como convém a uma das maiores e mais importantes empresas do mundo, a Toyota apresentou uma ambiciosa e ampla "Visão Global 2010". Descrita como "Uma Paixão para Criar uma Sociedade Melhor", a visão da Toyota é ajudar a criar uma sociedade mais próspera, seguindo estes preceitos:

> Ser uma força motriz na regeneração mundial através da implementação das mais avançadas tecnologias ambientais; criar automóveis e uma sociedade motorizada em que as pessoas possam viver em segurança e com conforto; promover o apelo de carros em todo o mundo e realizar um grande aumento no número de fãs da Toyota; e ser uma empresa verdadeiramente global que é confiável e respeitada por todos os povos ao redor do mundo.[197]

Liderança Servidora

Indivíduos com integridade inflexível, um forte senso de si, e um longo

---

195 Konosuke Matsushita, *Quest for Prosperity* (1988).
196 David Packard em uma sessão de treinamento da HP em 1960; http://64.233.161.104/search?q=cache:rmc46F2vzfQJ:https://www.stanfordalumni.org/news/magazine/1998/julaug/articles/founding_fathers/founding_fathers.html.
197 Página da internet da Toyota.

histórico na empresa lideram as Empresas Humanizadas. Eles são exemplos do que veio a ser conhecido como "liderança servidora". São humildes, discretos e modestos em seus estilos de vida. Aqui está a maneira como C. William Pollard, presidente da ServiceMaster, descreve tais líderes:

> "O verdadeiro líder não é a pessoa com o título mais ilustre, o salário mais alto ou a mais longa estabilidade. O verdadeiro líder é o modelo, é aquele que corre riscos. O verdadeiro líder não é a pessoa com o maior carro ou a maior casa, mas o servidor; não é a pessoa que se promove, mas que promove os outros; não é o administrador, mas o iniciador; não é o receptor, mas o doador; não é o locutor, mas o ouvinte. Líderes servidores acreditam nas pessoas que lideram e estão sempre prontos para serem surpreendidos pelo seu potencial. Líderes servidores se fazem disponíveis. Líderes servidores são comprometidos – eles não são apenas detentores de posição. Eles amam e cuidam das pessoas que lideram. Liderança é uma arte e uma ciência. Todo mundo é um líder e todos também podem ser um servidor."[198]

Peter Drucker notoriamente argumentou em um artigo que escreveu em 1984 que a remuneração do CEO não deveria ser mais do que 20 vezes o salário mais baixo. Isso foi dito em uma época em que os CEOs começaram a retirar ganhos maciços, enquanto demitiam trabalhadores aos milhares. Ele disse: "Isto é moralmente e socialmente imperdoável, e nós vamos pagar um preço alto". A remuneração dos executivos na casa dos milhões é incompatível com a noção de liderança servidora.

A remuneração dos CEOs em Empresas Humanizadas é modesta em comparação com a da maioria de seus pares. Muitas das empresas têm uma relação máxima entre o maior e o menor salário (no Whole Foods Market, a relação é de 19 para 1). Alguns CEOs de Empresas Humanizadas até mesmo recusaram compensações adicionais oferecidas pelos seus conselhos. Em 2006, o CEO do Whole Foods Market John Mackey tornou público o seu compromisso com o propósito da empresa ao li-

---

198 C. William Pollard, "The Leader Who Serves", *Strategy & Leadership*, Setembro/Outubro 1997, Volume 25, Edição 5, p. 49.

mite supremo, decidindo renunciar ao seu já modesto salário, bônus e opções de ações pelo resto de sua carreira. Aqui está o texto integral da carta que ele escreveu em novembro daquele ano:

A Todos os Membros da Equipe,

O tremendo sucesso do Whole Foods me proporcionou muito mais dinheiro do que eu jamais sonhei ter, e muito mais do que é necessário tanto para a minha segurança financeira ou a minha felicidade pessoal. Eu continuo a trabalhar para o Whole Foods não por causa do dinheiro, mas pelo prazer que tenho de liderar uma empresa tão nobre, e a paixão permanente de ajudar a tornar o mundo um lugar melhor, que o Whole Foods continua a fazer.

Tenho agora 53 anos de idade e cheguei a um lugar em minha vida em que já não quero trabalhar por dinheiro, mas simplesmente pela alegria do próprio trabalho e para melhor atender ao chamado que sinto tão claramente em meu coração.

A partir de 1º de janeiro de 2007, meu salário será reduzido para US$ 1 por ano e eu não vou mais receber nenhum tipo de compensação monetária. Continuarei a receber os mesmos benefícios que todos os outros os membros da equipe recebem, incluindo o cartão de desconto de alimentos e o plano de saúde. A intenção do Conselho de Administração é que o Whole Foods doe todas as opções futuras de ações a que eu teria direito para as nossas duas fundações: Whole Planet Foundation (Planeta Saudável) e Animal Compassion Foundation (Compaixão Animal).

Outro item importante para comunicar a vocês, à luz da minha decisão de renunciar a qualquer remuneração futura adicional em dinheiro, é que o nosso Conselho de Administração decidiu que o Whole Foods Market contribuirá com US$ 100 mil por ano para um novo Fundo Global de Emergência para Membros da

> Equipe (Global Team Member Emergency Fund). Este dinheiro será distribuído aos membros da equipe de toda a empresa com base na necessidade, quando ocorrerem desastres (como o furacão Katrina no último ano).
>
> Com muito amor,
>
> John Mackey

Nós acreditamos que há um valor quantificável para os acionistas em empresas cujos CEOs voluntariamente escolhem os níveis de remuneração que atendem ao critério de remuneração de Drucker. Empregados em empresas chefiadas por tais CEOs estão mais fortemente motivados a trabalhar em busca dos objetivos da empresa. Eles visualizam estes CEOs como indivíduos acessíveis, trabalhadores, dispostos a sujar as mãos no trabalho com toda a equipe, não apenas com outros gerentes ou executivos. Estes CEOs não são movidos pelas ações de seus concorrentes ou agendas pessoais orientadas pelo ego, mas pelo serviço a todos os seus *stakeholders*, e são guiados por sua bússola moral ao invés dos seus egos.

Liderança Emocionalmente Inteligente

A inteligência emocional (IE) é um dos principais atributos que separam grandes líderes empresariais, incluindo os CEOs das empresas humanizadas, do resto. Um dos momentos em que isso é mais evidente é quando as empresas precisam passar por uma transformação estratégica. Qualquer mudança é difícil, e resistência à mudança é a reação emocional mais comum. Há um interesse crescente na compreensão de como a IE dos líderes corporativos facilita a transformação estratégica.[199]

---

199 Ranjit Voola, Jamie Carlson e Andrew West (2004), "Emotional Intelligence and

EMPRESAS HUMANIZADAS

Muitos estudos analisaram a relação entre IE e liderança transformacional, e encontraram uma forte ligação entre as duas. Isto se provou verdadeiro em uma investigação de uma organização de varejo baseada no Reino Unido.[200] Outro estudo demonstrou diferenças claras entre líderes com estilos de liderança transformacional versus transacional; os primeiros exibiram um nível muito mais elevado de IE.[201]

Líderes com um alto nível de IE exibem e espalham emoções positivas, como entusiasmo e alegria. Tanto as emoções positivas quanto as negativas são altamente contagiosas entre os seguidores de um líder, porque seguidores tendem a desenvolver emoções semelhantes através da empatia. As emoções positivas de um líder levam diretamente à elevação do estado emocional dos empregados e inspiram um desempenho mais entusiasmado.[202] Líderes eficazes usam técnicas como histórias, discursos inspiradores e rituais para motivar os empregados a refletirem os valores da empresa e perseguirem objetivos comuns.[203] Vemos isso claramente em Empresas Humanizadas; por exemplo, a personalidade contagiante de Herb Kelleher e suas famosas travessuras ficaram profundamente enraizadas na cultura da Southwest Airlines. As personalidades de amantes da diversão dos colíderes da empresa Barry e Elliot Tatelman estão claramente refletidas na cultura de Jordan's Furniture; alguns dos emprega-

---

Competitive Advantage: Examining the Relationship from a Resource-Based View", *Strategic Change*, Março Abril, Volume 13, Edição 2, pp. 83–93.

200 Hilary Duckett e Elspeth Macfarlane (2003), "Emotional Intelligence and Transformational Leadership in Retailing", *Leadership & Organization Development*, Volume 24, Edição 5/6, pp. 309–317.

201 Benjamin Palmer, Melissa Walls, Zena Burgess e Con Stough (2001), "Emotional Intelligence and Effective Leadership", *Leadership & Organization Development Journal*, Volume 22, Edição 1, p. 5.

202 L. Melita Prati, Ceasar Douglas, Gerald R. Ferris, Anthony P. Ammeter e M. Ronald Buckley (2003), "Emotional Intelligence, Leadership Effectiveness, and Team Outcomes", *International Journal of Organizational Analysis*, Volume 11, Edição 1, pp. 21–40; "elevação do estado emocional dos empregados": B.E. Ashforth and R.H. Humphrey (1995), "Emotion in the Workplace: A Reappraisal", *Human Relations*, Volume 48, Edição 2, pp. 97–125; "inspiram um desempenho mais entusiasmado": K.M. Lewis (2000), "When Leaders Display Emotion: How Followers Respond to Negative Emotional Expression of Male and Female Leaders", *Journal of Organizational Behavior*, Volume 21, pp. 221–234.

203 Ashforth e Humphrey (1995), *op. cit* .

dos até se esforçam para se parecer com um dos irmãos!

Goleman e seus coautores descobriram que a IE torna-se mais importante em um líder à medida que ele ou ela sobe em uma organização, e outras pesquisas têm confirmado isso. Por exemplo, um estudo encontrou que a IE foi considerada "extremamente importante" entre membros do Conselho de Administração das empresas.[204]

Daniel Goleman define *liderança primordial* como a "dimensão emocional de liderança". Eis como ele coloca:

> "A tarefa primordial de um líder é emocional – articular uma mensagem que ressoe com a realidade emocional de seus seguidores, com seu senso de propósito – e, assim, mover as pessoas em uma direção positiva. Liderança, afinal, é a arte de conseguir o trabalho feito através de outras pessoas... Em um clima de incerteza, liderança primordial torna-se mais importante do que nunca, porque as pessoas precisam de um líder que confira um toque de certeza, ou pelo menos de convicção, uma sensação de "é para onde estamos indo nos dias de hoje", em um momento em que os medos e ansiedades podem dominá-los. Tudo isso é particularmente importante devido ao relacionamento – que é neurologicamente baseado – entre emoções e atenção e cognição".[205]

Goleman enfatiza a importância da ressonância, que ele define como:

> "... um reservatório de positividade que desencadeia o melhor nas pessoas. (Para construí-lo) em primeiro lugar, você tem que alcançar dentro de si mesmo para descobrir sua própria verdade, porque você não pode ser ressonante se for ignorante, se estiver fingindo, ou se estiver apenas tentando manipular pessoas. Você tem que falar do seu coração, e tem que fazê-lo de uma maneira que fale ao coração de outras pessoas. Por isso, é preciso autenticidade."[206]

---

204 Victor Dulewicz e Malcolm Higgs (2003), "Leadership at the Top: The Need for Emotional Intelligence in Organizations", *International Journal of Organizational Analysis*, Volume 11, Edição 3, pp. 193–210.

205 Stephen Bernhut (2002), "Primal Leadership, with Daniel Goleman", *Ivey Business Journal*, Maio/Junho, Volume 66, Edição 5, pp. 14–15.

206 Bernhut, *op. cit.*

EMPRESAS HUMANIZADAS

Cidadania Exemplar

Empresas Humanizadas não consideram reflexivamente os governos como antagonistas e toda a regulamentação como ruim. Elas reconhecem que os governos em todos os níveis têm objetivos legítimos e importantes que devem ser cumpridos para que a sociedade funcione harmoniosamente e para promover a prosperidade em geral. A gestão das Empresas Humanizadas aprecia verdadeiramente o fato de que eles dependem fortemente da infraestrutura financiada pelo contribuinte. Elas reconhecem a necessidade de regulamentos bem pensados que promovam concorrência leal, proteção contra práticas inescrupulosas, e promovam o bem-estar público.

Empresas Humanizadas projetam um senso de propósito que transmite aos seus *stakeholders* que elas querem fazer do mundo um lugar melhor. Os líderes das Empresas Humanizadas são tão sérios sobre alcançar o sucesso econômico quanto os executivos mais avarentos. No entanto, eles se recusam a perseguir seus objetivos econômicos à custa da sua vontade de fazer do mundo um lugar melhor. Os princípios orientadores da Toyota podem servir como um exemplo para qualquer empresa global:

- Honrar a linguagem e o espírito da lei de cada nação e empreender atividades sociais abertas e justas para ser um bom cidadão corporativo do mundo.
- Respeitar a cultura e os costumes de cada nação e contribuir para o desenvolvimento econômico e social através de atividades corporativas nas comunidades.
- Dedicarmo-nos a fornecer produtos limpos e seguros para melhorar a qualidade de vida em todos os lugares através de todas as nossas atividades.
- Criar e desenvolver tecnologias avançadas e fornecer excelentes produtos e serviços que satisfaçam as necessidades dos clientes no mundo todo.
- Promover uma cultura empresarial que melhore a criatividade individual e o valor do trabalho em equipe, honrando a confian-

ça mútua e respeito entre trabalho e gestão.

- Buscar crescimento em harmonia com a comunidade global através de gestão inovadora.
- Trabalhar com parceiros de negócios em pesquisa e criação para alcançar crescimento e benefícios mútuos estáveis e de longo prazo, mantendo-nos abertos a novas parcerias.[207]

A Organização como um Organismo Vivo

Organizações, estejam elas estruturadas como parcerias, corporações ou entidades governamentais, são organismos vivos. Ideia estranha, você diz? Ouça o que Kevin Kelly, editor fundador da revista *Wired* diz em *Out of Control*, um livro que todos aqueles que querem que sua empresa seja uma Empresa Humanizada devem ler:

> Nós (e por isto quero dizer cientistas primeiro) estamos começando a ver que aquelas organizações que eram metaforicamente chamadas de vivas estão realmente vivas, mas animadas por uma vida de maior alcance e mais ampla definição. Eu chamo esta vida maior de "hyperlife" (hipervida).[208]

Ver as organizações empresariais como mecanismos inanimados e impessoais obscurece suas verdadeiras naturezas orgânicas. Como acontece com todos os organismos biológicos, empresas crescem e se desenvolvem de dentro para fora, e evoluem ao longo do tempo.[209] Elas passam por estágios de desenvolvimento que são notavelmente como aqueles que as pessoas passam. Empresas iniciantes são como adolescentes em muitos aspectos: desafiam a tradição, procuram e moldam uma identidade e são extremamente confiantes. Empresas, como pessoas, tendem a começar a vida com um foco primário em si, evoluindo ao longo do tempo para

---

207 Página da internet da Toyota.

208 Kevin Kelly, *Out of Control*, Addison-Wesley Publishing Company, 1994, p. 348.

209 William E. Schneider, "Why Good Management Ideas Fail: The Neglected Power of Organizational Culture", *Strategy & Leadership*, Janeiro/Fevereiro 2000, Volume 28, Edição 1, p. 24.

servir propósitos que transcendem a mera sobrevivência e autointeresse. É assim que organismos da natureza garantem o futuro de sua espécie. É assim que as Empresas Humanizadas garantem o seu futuro.

Os organismos biológicos só podem ser compreendidos no contexto de seus relacionamentos em seus ecossistemas. É o mesmo com as organizações de negócios. A sua verdadeira natureza é revelada apenas nas relações dinâmicas que têm com membros de todos os grupos de *stakeholders*. Empresas Humanizadas reconhecem que elas são parte de uma complexa teia de relacionamentos de reforço mútuo entre os vários *stakeholders*. Por exemplo, a Costco reconhece que é definida por suas relações com os *stakeholders* quando proclama que a sua missão é "oferecer continuamente aos nossos membros produtos de qualidade e serviços a preços mais baixos. Para alcançar a nossa missão, conduziremos nossos negócios com o seguinte código de ética: Obedecer a lei; Cuidar de nossos clientes; Cuidar de nossos empregados; Respeitar os nossos fornecedores; Premiar os nossos acionistas".[210]

Nutrindo os Valores da Organização ao Criar Culturas Cativantes

Empresas Humanizadas não são reticentes quando se trata de comunicar seus valores explicitamente. Seus valores fazem parte de quem são e como operam, e elas aproveitam todas as oportunidades para reforçá-los com seus funcionários e outros *stakeholders*. Não são apenas palavras; cada uma dessas empresas vive visivelmente por esses compromissos e os leva muito a sério. Em língua coloquial, elas "fazem o que dizem" (*walk the talk*). Como Herb Kelleher da Southwest diz: "A Southwest não é uma empresa americana moderna típica. Há um monte de altruísmo, uma atitude de colaboração entre todos, uma sensação de que a vida deve ser desfrutada. Há um monte de tolerância, mas uma área onde não há meio-termo é valores. Um empregado que os transgride, está

---

210 Página da internet da Costco.

fora".[211] Quando perguntado sobre a construção de fábricas na América do Norte, o presidente da Toyota Fuji Cho respondeu: "Para exportar qualidade, primeiro exporte os valores da empresa".[212]

Enquanto os valores específicos com os quais as Empresas Humanizadas se identificam variam, existem importantes pontos em comum: tratar todas as pessoas com respeito e dignidade, eliminar o desperdício enquanto se gasta com coisas que importam, integridade inabalável, diversão e melhoria contínua. A Jordan's Furniture lista seus valores como trabalho em equipe, confiança, respeito, apreciação, diversão, entretenimento, encantamento do cliente e filantropia. Os sete valores da Trader Joe's são os seguintes:

- Integridade – aja como se o seu cliente estivesse olhando por cima do seu ombro.
- Empresa orientada para o produto – foco em grandes produtos.
- Produzir experiências "uau" nos clientes.
- Odiar a burocracia – ter poucas camadas, colocar o cliente no topo da pirâmide.
- Kaizen – uma atitude de trabalho em equipe para a melhoria contínua.
- Sem orçamento elaborado.
- Tratar a loja como uma marca, e cumprir a aliança entre empresa e cliente.

A Costco tem tudo a ver com eliminar frescuras e manter os custos baixos, de modo a poder repassar a economia para os membros e pagar bem os seus empregados. O ex-CEO Jim Sinegal disse: "A Costco é capaz de oferecer preços mais baixos e melhores valores ao eliminar praticamente todas as frescuras e custos historicamente associados com

---

211 "Southwest Airlines' Herb Kelleher: Unorthodoxy at Work." *Management Review*, junho de 1995, p. 10.

212 Andrew Tilin, "The Smartest Company of the year: And the Winner is... Toyota", *Business 2.0*, Janeiro/Fevereiro 2005, pp. 67–72.

atacadistas e varejistas convencionais, incluindo vendedores, construções elegantes, entrega, faturamento e contas a receber. Nós executamos uma operação apertada com despesas financeiras extremamente baixas, o que nos permite repassar economias dramáticas para os nossos membros".[213]

Características Culturais de Empresas Humanizadas

Uma expressão resume as ricas e variadas culturas das Empresas Humanizadas: "centrada em pessoas". Essas empresas acreditam em lidar com todas as pessoas, sejam empregados, clientes, ou qualquer outro *stakeholder*, como indivíduos, e não como números ou objetos para exploração. Através da lente de suas visões de mundo, elas veem e atendem às necessidades "da pessoa integral". Isso se reflete nos seguintes princípios das culturas corporativas das Empresas Humanizadas:

- Cultura de Aprendizado
- Cultura de Confiança
- Cultura de Interconexão e Interdependência
- Cultura de Integridade e Transparência
- Cultura de Lealdade
- Cultura de Respeito
- Cultura de Pertencimento e Unicidade
- Cultura de Cuidado
- Cultura de Diversão

Cultura de Aprendizado

Empresas Humanizadas se dedicam profundamente a serem "organizações de aprendizado". Elas fazem grandes investimentos tanto no treinamento de empregados novos, como no de experientes. O compro-

---

213 Página da internet da Costco, Investidores.

misso da The Container Store com o treinamento é verdadeiramente extraordinário. Empregados em tempo integral têm 241 horas de formação no primeiro ano e 160 horas a cada ano depois disso. Compare isso com o varejo em geral: os novos empregados recebem uma média de sete horas de treinamento e, normalmente, nenhuma formação contínua.

A Harley-Davidson criou o Centro de Aprendizado Harley-Davidson, dedicado à formação contínua. O Centro oferece aos funcionários treinamento e oportunidades de aprendizado contínuo nas suas funções e transversalmente em toda a organização. A empresa tem um Vice-presidente de Melhoria Contínua.[214] A filosofia da Toyota de *kaizen* (melhoria contínua) a mantém na vanguarda de produtividade e desempenho.

Cultura de Confiança

Francis Fukuyama argumenta que a prosperidade e a capacidade de competir de uma nação dependem fortemente de uma característica cultural disseminada: o nível de confiança ou comportamento cooperativo baseado em normas compartilhadas que prevalecem em seu interior.[215] O mesmo é verdadeiro para as empresas. Organizações de alto desempenho são organizações de alta confiança. A confiança é o lubrificante que permite que empresas, empregados, clientes e outros *stakeholders* trabalhem em conjunto com atrito mínimo e máxima harmonia. Confiança entre os empregados das bases e a gerência sênior permite que as empresas façam sacrifícios no curto prazo para prosperidade no longo prazo. Um elevado grau de confiança caminha lado a lado com culturas abertas, inclusivas, que desperdiçam pouca energia monitorando e policiando o comportamento das pessoas.

Na Toyota, a abertura é uma virtude valorizada. Informações desfavoráveis são levadas à gerência executiva assim que identificadas, em vez

---

214 Martha Peak, "Harley-Davidson: Going Whole Hog to Provide Stakeholder Satisfaction", Management Review, junho de 1993.
215 Francis Fukuyama, *Trust: The Social Virtues and The Creation of Prosperity*, New York: The Free Press, 1996

EMPRESAS HUMANIZADAS

de serem ocultadas. Isso permite que a empresa aja construtivamente com as más notícias, em tempo hábil. A BMW incentiva seu pessoal a questionar a necessidade dos trabalhos que estão fazendo para a empresa. Na maioria das empresas, os funcionários não fariam isso por medo de perderem seus empregos. No entanto, na cultura de confiança da BMW, eles sabem que eles não perderão seus empregos, mas serão treinados para desempenhar outra função na empresa.

O valor da confiança se estende para além dos empregados para incluir clientes e fornecedores também. A Jordan's Furniture faz um excelente trabalho de desenvolver a confiança do cliente ao projetar uma imagem de empresa "honesta, confiável e divertida". Porque a Jordan's usa uma abordagem de vendas consultiva "sem incômodos", os clientes estão mais dispostos a visitar suas lojas e confiam que a empresa é sincera em lhes proporcionar uma agradável experiência na loja, não importando se eles vão comprar qualquer móvel. O apoio da empresa a um grande número de instituições de caridade locais e nacionais, e o fato de que ela doa os rendimentos de muitas das suas atrações de entretenimento a essas instituições, reforça a confiança do cliente.

Cultura de Interconexão e Interdependência

Sistemas econômicos interconectados e interdependentes são consideravelmente mais poderosos do que aqueles que consistem de partes separadas e independentes. As partes do primeiro se interconectam e engrenam para formar um todo maior, que transcende qualquer coisa que seus participantes possam atingir individualmente. Empresas Humanizadas são caracterizadas por um forte grau dessa interdependência sinérgica entre *stakeholders*. Em vez de agirem de forma autônoma, ou exigirem uns dos outros, os *stakeholders* dessas empresas estão unidos em um ciclo de interdependência.

A cultura japonesa é construída em torno do conceito de interdependência. "Tudo na cultura japonesa depende de todas as outras coisas,

SISODIA, WOLFE & SHETH

e o desempenho é o produto das interações dos subsistemas."[216] *Amae* é um termo usado para representar este conceito de dependência, o que à primeira vista parece pouco atraente para a mente ocidental típica. "*Amae* refere-se, inicialmente, aos sentimentos que todos os bebês normais nutrem em direção à mãe – dependência, o desejo de ser passivamente amado, a relutância em ser separado do aconchegante círculo mãe-filho e lançado no mundo da 'realidade' objetiva."[217] O foco ocidental em si mesmo, no ego, rejeita essa interdependência apertada. No entanto, ainda que não na verdadeira forma japonesa, Empresas Humanizadas americanas e europeias refletem algo de *amae* comumente visto nas empresas japonesas.

O Sistema de Produção Toyota está enraizado na filosofia de *amae*. Ele tem sido um grande impulsionador da Toyota na busca da excelência na indústria automobilística. Mas podemos ver as marcas de *amae*, por exemplo, na visão de mundo da Patagonia. Ela utiliza uma abordagem holística semelhante em todos os aspectos do seu negócio. Ela incorpora a sua filosofia de "não prejudicar" em seus processos de fabricação, relacionamento com fornecedores, programas de empregados e relações comunitárias. A Honda reflete uma abordagem holística e interdependente na gestão de toda a sua cadeia de suprimentos na construção de relações de longo prazo, de valor agregado, com os principais fornecedores.

Cultura de Integridade e Transparência

Toda empresa que classificamos como uma empresa humanizada coloca forte ênfase na manutenção dos mais altos padrões de integridade. Na maioria dos casos, isso se reflete diretamente em suas declarações de missão ou outros documentos formais.

---

216 Samsong Fang and Brian H. Kleiner, *Management Research News*, 2003. Volume 26, Edição 2-4. p. 116.
217 Takeo Doi, traduzido por John Bester, "*The Anatomy of Dependence*", Kodansha International, Tokyo e New York, 1990, p. 7.

EMPRESAS HUMANIZADAS

Transparência caminha lado a lado com integridade. Don Tapscott e David Ticoll escrevem em *The Naked Corporation*, "Se você tem que ficar nu, é melhor ser musculoso". No mundo rico em informações de hoje, é praticamente impossível para as empresas manterem as informações importantes escondidas de empregados, clientes, fornecedores, ou qualquer outra pessoa. Como Tapscott e Ticoll escrevem: "Estamos entrando em uma extraordinária era de transparência, onde as empresas devem, pela primeira vez, se fazer claramente visíveis para acionistas, clientes, empregados, parceiros e sociedade. Dados financeiros, queixas de empregados, memorandos internos, desastres ambientais, pontos fracos dos produtos, protestos internacionais, escândalos e políticas, boas e má notícias; tudo pode ser visto por qualquer pessoa que saiba onde procurar".[218]

Líderes de Empresas Humanizadas sabem que a transparência trabalha a favor de uma empresa se ela consistentemente empreende as ações "certas". Tapscott e Ticoll discutem longamente em *The Naked Corporation* que a transparência aumenta o valor. Transparência garante que as empresas que se envolvem em ações repugnantes são rapidamente descobertas e punidas, enquanto aquelas que consistentemente tentam fazer as coisas certas pelas razões certas são recompensadas.

Como discutido anteriormente, Empresas Humanizadas geralmente compartilham mais informações com seus empregados do que as outras empresas. A gestão das Empresas Humanizadas sabe que compartilhar livremente informações financeiras e de produção com seu pessoal desenvolve uma ponte de confiança mais sólida entre empregados e liderança. Além disso, ajuda a estimular a produtividade, fornecendo aos funcionários parâmetros de referência para medir seus esforços. Isso tem sido fundamental para a New Balance manter a produtividade de seus empregados nos EUA em alguns dos níveis mais altos do mundo.

Na The Container Store, as demonstrações financeiras têm estado ro-

---

218 Don Tapscott e David Ticoll, *The Naked Corporation: How the Age of Transparency Will Revolutionize Business*, New York: Free Press, 2003.

211

tineiramente disponíveis a todos os empregados, mesmo que a empresa tenha sido propriedade privada até recentemente. Na Southwest Airlines, Herb Kelleher e Colleen Barrett eram conhecidos pela comunicação honesta e realista sob todas as circunstâncias. O ex-CEO da UPS Michael Eskew disse: "Nós colocamos um grande valor na transparência de nosso negócio e nas formas em que nos consideramos responsáveis".[219]

Cultura de Lealdade

Fred Reichheld observou que as "grandes empresas substituem metade de seus clientes em cinco anos, metade de seus empregados em quatro anos e meio, e os seus investidores em menos de um".[220] Esses níveis baixos de lealdade têm muitas repercussões que deflacionam valor. Por um lado, cria um ciclo de "porta giratória", pela qual clientes rentáveis e empregados capazes saem e são substituídos por clientes não rentáveis e empregados novatos, rapidamente degradando o capital humano de uma empresa. Ele perpetua o pensamento de curto prazo e é extremamente desperdiçador de recursos.

Muitas empresas esperam que os seus empregados, fornecedores e clientes sejam leais a elas. No entanto, a maioria falha em retribuir na mesma moeda. Por exemplo, após o 11 de Setembro, American Airlines e Northwest Airlines usaram cláusulas em seus contratos de trabalho referentes a situações de emergência nacional e circunstâncias extraordinárias para fazer grandes demissões sem o pagamento de indenizações. A U.S. Airways levou essa prática ao extremo invocando cláusulas de força maior (também conhecidas como "atos de Deus") em seus contratos sindicais. Como resultado, tiveram o maior índice de demissões, 24%. A Southwest, entretanto, se recusou a demitir um único empregado. A crença de Herb Kelleher era que, embora a empresa pudesse perder dinheiro

---

219 UPS press release (14 de novembro de 2003). "Sustainable Business Practices Crucial to Viable Economy, Says UPS".
220 Frederick F. Reichheld e Thomas Teal, *The Loyalty Effect: The Hidden Force Behind Growth, Profits, and Lasting Value*, Boston: Harvard Business School Press, 1996.

EMPRESAS HUMANIZADAS

no curto prazo, esta abordagem protegeria a saúde de longo prazo da Southwest ao manter a segurança do emprego e reforçar o moral. No mundo supermercadista, a Wegmans acredita que a maioria dos varejistas está em tal modo "corte de preços" que eles perdem a oportunidade de construir relacionamentos com os seus clientes. Os clientes da Wegmans são fanaticamente leais. Muitos conhecem os empregados da loja local pelo nome.

Cultura de Respeito

A Toyota mantém sua política de "respeitar todas as pessoas" próxima ao coração. O propósito de sua existência é crescer como uma empresa, juntamente com seus clientes, acionistas e empregados, enquanto busca harmonia com as pessoas, a sociedade, o meio ambiente global e a economia mundial.[221]

A Patagonia mostra respeito aos seus empregados, em parte, ao alinhar os interesses deles com a filosofia da empresa. Ao contratar funcionários que se encaixam na cultura e dando-lhes tempo para perseguir paixões ambientais e de atividades ao ar livre, a Patagonia estimula uma base de empregados que vêm trabalhar todos os dias revigorados sobre as suas paixões (e da empresa), enquanto continuam a impulsionar o sucesso da empresa. O Whole Foods Market regularmente inclui as opiniões de seus empregados de todos os níveis no planejamento de sua estratégia futura.

Cultura de Pertencimento e Unicidade

Empresas Humanizadas se sobressaem na criação de uma atmosfera de pertencimento na qual empregados, clientes e outros *stakeholders* têm um senso de propriedade e de pertencimento com a empresa. Seus empregados não são apenas membros da equipe; eles são da família. Na

---

221 Relatório Ambiental e Social da Toyota 2003.

Starbucks, a importância de tratar pessoas como família é fundamental para tudo o que a empresa é. Quando Howard Schultz tornou-se CEO, ele prometeu não deixar ninguém para trás. Ele acredita que você "trata as pessoas como família e elas vão ser leais e dar tudo de si". A Toyota usa uniformes da empresa, músicas, exercícios matinais, reuniões sociais depois do trabalho, e cerimônias para sustentar e construir sua cultura. Isso desenvolve um senso individual de pertencer não somente a uma equipe funcional, mas também à Toyota como um todo, criando unicidade na força de trabalho. Na UPS, 30.000 empregados de gestão ativos, bem como não administradores de tempo integral, detêm muito das ações da empresa. Isso aumenta a probabilidade de os funcionários irem além e proporcionarem melhor serviço aos seus clientes.[222] Para o fundador da IKEA Ingvar Kamprad, o conceito de "empresa como uma família" é seu maior orgulho. Ele criou uma irmandade onde seus empregados se tornaram membros de uma mesma família (os Ikéans) e compartilhou os valores de "união, entusiasmo, desejo constante de renovação, humildade, força de vontade, consciência de custo, simplicidade, liderança e diversidade".[223]

Cultura de Cuidado

Além de tratar os *stakeholders* como membros de sua família estendida, Empresas Humanizadas também adotam uma atitude de cuidado e carinho para com eles. Lance Secretan, que transformou a Manpower Limited em uma gigante internacional, diz: "Tudo o que nos inspira vem do amor – sem exceção".[224] A IKEA realmente se preocupa com seus empregados e quer que eles sejam capazes de trabalhar sem se ludibriar sobre o que é importante em suas vidas pessoais, tais como famílias. Isto pode ser visto no seu pacote de benefícios e pela quantidade de atenção dada ao empregado em questões de "qualidade de vida". Cuidar dos seus empregados promove

---

222 2004 Relatório Annual UPS, p. 5.
223 http://www.IKEA-group.IKEA.com/corporate/work/why.html.
224 Lance Secretan, "Love and Truth", *Worthwhile*, Setembro-Outubro de 2005, p. 34.

lealdade, empoderamento, confiança e entusiasmo, todos muito valiosos para a IKEA.[225]

Empresas atenciosas vão além do que é esperado para surpreender e deliciar seus *stakeholders*. Quando os proprietários da Jordan's Furniture decidiram vender a empresa para Warren Buffett, eles mostraram a sua gratidão aos empregados pagando a cada um 50 centavos de dólar para cada hora que tinham trabalhado para a empresa, embora não tivessem nenhuma obrigação legal de fazê-lo.

A empresa mais conhecida por descaradamente abraçar a ideia de amor e carinho no ambiente de trabalho é a Southwest Airlines. Desde que começou a operar no aeroporto Love Field, em Houston, a empresa nunca desistiu do tema do amor. Ela promove amor para seus empregados e clientes. Sobre a forma como a empresa, que tem LUV (gíria para *love*) como símbolo de suas ações, trata os clientes e empregados, Colleen Barrett, ex-presidente, uma vez declarou: "É simplesmente respeito, decência e afabilidade. A Southwest não pretende ser tudo para todas as pessoas, e somos muito honestos a respeito disso. Nós dizemos aos nossos clientes por que não fazemos isto, aquilo e aquele outro... e, então, nós apenas os matamos com bondade, carinho e atenção".[226]

Cultura de Diversão

O último – mas não menos importante – valor cultural é diversão. Embora Empresas Humanizadas variem no grau de criação de uma atmosfera divertida para trabalhar e fazer negócios, todas elas acreditam que isso é importante. Este é certamente o caso de empresas da Nova Economia, como Amazon e Google. Jeff Bezos estimula seus empregados a "trabalhar duro, se divertir e fazer história". O riso é contagioso, e a Jordan's enfatiza que "quer que tanto seus clientes como seus empregados se divirtam". A Southwest criou uma imagem excêntrica de amante

---

225 Página da internet da IKEA USA.
226 Frances X. Frei, "Rapid Rewards at Southwest Airlines", Harvard Business School Caso 9-602-065, p. 3.

da diversão que se conecta com seus clientes. Há um vínculo emocional enorme entre a empresa e seus clientes. Analistas observam: "É o serviço ao cliente e os empregados amigáveis que dão vantagem à empresa. À medida que as companhias aéreas estreitam as diferenças de tarifas entre elas e a Southwest, a Southwest deve ser capaz de segurar os seus clientes porque eles realmente gostam de voar pela Southwest".[227]

Cultura = DNA

Como muitos outros têm observado, a cultura de uma empresa é como o seu DNA. O que o DNA faz por um organismo, a cultura corporativa faz por uma organização. O DNA de uma pessoa carrega a informação genética que é copiada quando uma célula se divide. A função do DNA que está contido no núcleo de cada célula é fornecer informações sobre a forma de construir e operar o organismo.

O DNA de um organismo precisa ser geneticamente resistente e adaptável ao mesmo tempo. Da mesma forma, uma cultura corporativa precisa ser resistente a influências incidentais de curto prazo, mas também ter a capacidade de se adaptar conforme necessário. Se uma empresa tem DNA forte, mas sai do caminho por um tempo, um novo CEO, por vezes, pode acionar a expressão do seu DNA embutido para trazê-la de volta. Por exemplo, a GE tem mostrado uma incrível capacidade de se adaptar e reinventar, quase como se estivesse refletindo o DNA de seu lendário e inovador fundador, Thomas Edison. Vemos muitos sinais encorajadores de que o Walmart está se reconectando com seu DNA, que foi desenvolvido quando Sam Walton construiu a empresa a partir das raízes de sua pequena cidade, com sólidos valores americanos.

A Toyota tem demonstrado um alto grau de adaptabilidade cultural através dos anos. Por exemplo, desde o seu início até o final dos anos 1970, a Toyota não gozava de boa reputação pela forma como trata-

---

227 Betsy Snyder como citada por Staff Writer, Philips Business Information, "Southwest May Not Be #1, But it Sure Looks Like the Leader", *Airline Financial News*, Potomac, 24 de novembro de 2003, p. 3.

va seus trabalhadores da linha de montagem. Seu foco era aumentar implacavelmente a eficiência sem levar muito em conta o impacto sobre os trabalhadores. Muitos empregados desenvolveram síndrome do "ombro-braço-pescoço", devido às longas horas passadas em posições não naturais para o corpo. A ausência do trabalho não era tolerada, e suicídios eram bastante frequentes.[228] A Toyota reconheceu que tinha de mudar e agora é considerada uma empregadora exemplar.

Então, como as empresas podem criar tais culturas ricas e produtivas como as das Empresas Humanizadas e, daí, proteger e preservar as culturas para o longo prazo? Primeiro, com a contratação de pessoas que "compram" e "vivem" a cultura e a visão/missão da empresa. Isto é especialmente importante em empresas de "estilo de vida". L.L. Bean, Patagonia, e REI contratam pessoas com um forte interesse em recreação ao ar livre, ao passo que Whole Foods Market, Trader Joe's e Wegmans contratam "*foodies*", pessoas com um interesse apaixonado (quase obsessivo) por comida.

Dado o desempenho estelar que Empresas Humanizadas continuam a realizar e o fato de que a maioria delas diz que sua cultura corporativa é seu ativo mais importante, como alguém pode argumentar com a evidência? Não é genialidade executiva. Não são mercados afortunados. Não são estratégias de marketing inteligentes. É uma cultura corporativa que motiva e inspira os empregados a fazerem o melhor que podem e o respeito que todos os outros *stakeholders* têm por uma cultura de empresa que faz tudo funcionar tão bem para as Empresas Humanizadas.

---

228 S. Kamata, *Employee Welfare Takes a Back Seat at Toyota*, Pantheon Books, 1982.

10

O que Aprendemos

Uma viagem através do universo das Empresas Humanizadas apresenta desafios formidáveis às ideias de longa data sobre o lugar e o propósito das corporações na sociedade. Mas, além das questões filosóficas e éticas criadas por esses desafios, e tenha você ou não uma visão tradicional mais estreita do propósito de uma empresa, parece-nos difícil argumentar com o sucesso dos modelos de negócios das Empresas Humanizadas. Assim sendo, dedicamos este capítulo para as lições mais importantes que aprendemos em nossa pesquisa para este livro.

Diferenciando Traços de Empresas Humanizadas

Identificamos sete características que distinguem as Empresas Humanizadas. À primeira vista, elas não parecem ser tão exclusivas dessas empresas. Muitas outras podem reivindicar essas mesmas características. No entanto, é a maneira como as Empresas Humanizadas as expressam e as entrelaçam em suas culturas e operações que lhes dão uma posição única.

- Empresas Humanizadas desafiam o dogma da indústria.
- Empresas Humanizadas criam valor ao alinhar os interesses dos *stakeholders*.
- Empresas Humanizadas estão dispostas a quebrar as tradicionais barganhas (*trade-offs*).
- Empresas Humanizadas operam com uma perspectiva de longo prazo.
- Empresas Humanizadas favorecem o crescimento orgânico ao invés de fusões e aquisições.

- Empresas Humanizadas mesclam trabalho e lazer.
- Empresas Humanizadas rejeitam os modelos tradicionais de marketing.

Desafiando o Dogma da Indústria

Toda indústria promove fórmulas para o sucesso que as empresas no setor geralmente seguem. Estudos de *benchmarking* compilam o que os líderes da indústria fazem para dar a todos os interessados uma compreensão mais profunda das fórmulas para o sucesso. Mas nem toda empresa de sucesso em uma indústria precisa seguir essas fórmulas de "melhores práticas" para ser bem-sucedida.

Na visão de Gary Hamel, cada indústria tem Fazedores de Regras (líderes da indústria), Seguidores de Regras ("camponeses que só mantêm o que o Senhor não quer"), e Quebradores de Regras ("revolucionários que subvertem a 'maldição do incrementalismo', reescrevem as regras do setor, e derrubam as fronteiras da indústria").[229] Quebradores de Regras não seguem os ditames de "melhores práticas" sancionados pela indústria. Eles usam recursos de forma comedida, concentrando-os firmemente; geram recursos adicionais através de parcerias; complementam os seus recursos, combinando-os em formas de sinergia; e recuperam recursos do mercado mais rapidamente.[230]

A gigante de artigos esportivos Nike é uma Fazedora de Regras. Ela escreveu o livro de regras para a indústria de calçados esportivos. Suas regras enfatizam o estilo do produto, endossos de atletas populares, terceirização de toda a produção para países de baixos salários, e um enorme orçamento de marketing. A Reebok replicou grande parte dessa fórmula para se tornar a segunda maior empresa na indústria. A Adidas atingiu o terceiro lugar fazendo a mesma coisa. No entanto, a empresa de mais rápido crescimento na indústria de

---

229 Gary Hamel, "Strategy as Revolution", *Harvard Business Review*, Volume 74; Edição 4; Julho-Agosto 1996, p. 69.
230 Ibid.

EMPRESAS HUMANIZADAS

tênis (e, por um breve período, a empresa número 2 antes da fusão Reebok-Adidas em 2005), nos últimos anos tem sido a New Balance. A New Balance é uma quebradora de Regras. Ela desafiou o dogma da indústria com filosofia e estratégia de negócios diferentes. A empresa coloca maior ênfase em amoldamento e função do que em estilo. Ela rejeita a aprovação de celebridades. Gasta muito menos em marketing como uma porcentagem de vendas do que fazem Nike, Reebok e Adidas. Por fim, a gestão fundamentada em *stakeholders* da New Balance lhe deu uma invejável posição com os varejistas que comercializam seus produtos, seus fornecedores, e sua força de trabalho altamente engajada.[231]

A disposição das Empresas Humanizadas para desafiar o dogma da indústria significa que elas não se enquadram nas normas com as quais Wall Street se sente mais confortável. Isso leva muitos analistas a criticarem as Empresas Humanizadas que pagam salários e benefícios acima dos padrões da indústria. Eles certamente repreenderiam Jim Davis por continuar a fabricar nos EUA se a New Balance fosse uma empresa de capital aberto.

A prontidão da Southwest Airlines para desprezar o dogma da indústria é lendária. Ela desafiou a sabedoria convencional da indústria, identificando seus maiores concorrentes como sendo carros, ônibus e trens. E agiu de acordo, concentrando-se em segmentos de curta distância em seus primeiros dias. Também rejeitou o modelo "*hub-and-spoke*" (radial) em favor de voos "ponto-a-ponto" (rede), e ofereceu uma única classe de serviço, em lugar de econômica, executiva e primeira classe.

Wegmans Food Markets desafiou o dogma da indústria ao não seguir a prática do setor de pagar baixos salários e benefícios. Muitos supermercadistas afirmam publicamente que o varejo não é uma opção de "carreira" de longo prazo e usam essa posição para defender os seus baixos salários e pobres benefícios. A Wegmans desmente essas alegações. A empresa é conhecida pelos grandes benefícios, salários acima da média,

---

231 Entrevista pessoal do coautor David Wolfe em 2003 para outro livro de sua autoria.

rotatividade de empregados extremamente baixa, e uma base de clientes extremamente leal. O CEO Danny Wegman está convencido, além de qualquer questionamento, que a lealdade descomunal de seus clientes repousa sobre uma base de funcionários muito satisfeitos.

Alinhando Interesses dos Stakeholders

A fundação do modelo de negócio das Empresas Humanizadas é o alinhamento dos interesses dos *stakeholders*. Nada mais diferencia tão decisivamente as Empresas Humanizadas do resto do mundo dos negócios do que a sua promoção ativa dos interesses de todos os *stakeholders*.

Empresas Humanizadas veem os *stakeholders* não como quem concorre por um conjunto fixo de valores, mas como ativos contribuintes para esses valores. Nós pensamos nisso como "alquimia corporativa". Alquimia, é claro, é a prática medieval de tentar transformar metais comuns em ouro. Usamos o termo para descrever a capacidade das Empresas Humanizadas de transmutar grupos de *stakeholders* a partir de grupos separados, por vezes concorrentes, em um todo coeso em que o valor do todo é muito maior do que a soma das partes.

A participação de *stakeholders* na criação de valor é essencial na gestão das Empresas Humanizadas. Whole Foods Market demonstra isso quando reúne todos os seus *stakeholders* para desenvolver seus planos de cinco anos, como parte de um processo de múltiplos dias chamado "Future Search" (Busca do Futuro). Observamos anteriormente que Harley-Davidson e Southwest Airlines contam com a participação dos sindicatos no planejamento do futuro, porque elas os veem como parceiros, não como adversários.

A UPS persegue uma sinergia de criação de valor com os *stakeholders* ao prestar atenção ao seu "*triple bottom line*", que se refere às dimensões econômicas, ambientais e sociais de suas operações. O ex-CEO Michael Eskew diz que equilibrar essas três responsabilidades "é uma fórmula que tem servido a UPS bem desde a nossa fundação em 1907, e continuará a ser um imperativo orientador à medida que entramos em nosso segundo século".[232] Para monitorar seu progresso, a UPS estabeleceu os Principais Indicadores de Desempenho com a ajuda da Global Reporting Initiative. Eles incluem três categorias principais:

- Econômico (retorno sobre o patrimônio).
- Social (taxa de retenção, índice "Employer of Choice", frequência de acidentes automotivos [por 100.000 horas do condutor], filantropia como um percentual do lucro, e o total de contribuições para caridade).
- Ambientais (multas como um percentual das inspeções do órgão ambiental, eficiência de combustível da rede terrestre, emissões globais da aviação/máxima capacidade de carga paga, e percentual da frota que atende às rigorosas exigências de redução de ruído).

A Jordan's Furniture encara a tarefa de alinhamento de *stakeholders* de maneira simples: ela vê cada um deles como clientes. Ao prestar atenção detalhada às necessidades de cada grupo, a Jordan's é bem-sucedida onde muitos outros varejistas falharam. Ela tem êxito por causa de uma filosofia tripla: "criar prosperidade, melhorar a produtividade e gerar satisfação". Este triunvirato de preocupações ajuda a desenvolver a sinergia de criação de valor entre todos os grupos de *stakeholders* e a diferencia de seus concorrentes.[233]

A abordagem divertida da Jordan's garante que os empregados vão encontrar realização pessoal no trabalho. Ela infunde os funcionários com a confiança de que eles estão trabalhando para o melhor interesse dos clientes. Ao investir em seus empregados, solicitando o seu feedback e os recompensando de acordo, a empresa cria uma "cultura de criatividade, trabalho duro e lealdade". Os clientes se beneficiam porque colhem os frutos de lidar com funcionários entusiasmados, motivados e amantes da diversão. O "bug da Jordan's" se espalhou pelos seus seis endereços e resulta em volumes recordes de vendas ano após ano. Os fabri-

---

232 http://sustainability.ups.com/overview/letter.
233 http://www.business-wisdom.com/articles/pdfs/BusinessesDemonstrate.pdf.

cantes e distribuidores continuam a ver as suas relações com a empresa prosperarem, e os acionistas, incluindo Warren Buffett, se deliciam em investir em uma empresa tão dinâmica. Eles podem se sentir bem em apoiar uma empresa que se preocupa com as pessoas, devolve à comunidade, e ainda tem sucesso em ganhar dinheiro. A gestão da Jordan's trabalha de forma inteligente para criar um efeito dominó de resultados positivos para cada *stakeholder*. "Clientes, empregados e comunidades em primeiro lugar, e o resto se ajusta."[234] Essa sinopse simples resulta de uma sábia liderança empresarial e um compromisso incansável com uma forte gestão de relacionamento com *stakeholders*.

Como a Honda Equilibra, Alinha e Integra Stakeholders

A Honda é fortemente comprometida em atender profundamente as necessidades de cada um de seus grupos de *stakeholders*. Ela proporciona qualidade de ponta e satisfação aos seus clientes, motiva e impulsiona seu pessoal, cria relações mutuamente benéficas com fornecedores, e consistentemente entrega valor superior para os acionistas. Ao mesmo tempo, permanece envolvida com as comunidades vizinhas e, geralmente, fica no lado certo dos governos e órgãos reguladores. Como a Honda faz isso?[235]

A chave é que a empresa é capaz de criar sinergias entre esses diferentes grupos. Além de simplesmente manter um equilíbrio controlado entre os *stakeholders*, a Honda realmente implementou muitas práticas e programas que criam sinergias entre eles, incluindo planos de remuneração de executivos, táticas de motivação de empregados, o programa de recompensas REACH (Reconhecendo os Esforços de Associados Contribuindo na Honda), a iniciativa Best Partner

---

234 www.business-wisdom.com/artilces/pdfs/businessdemonstrate.pdf.
235 Esta seção é baseada em um artigo dos alunos de MBA Joanne Girdlestone, Mehmet Agyuz e Sameer Mundhra, do Bentley College.

(Melhor Parceiro), bem como a estrutura corporativa da empresa.

Para evitar que os empregados sejam beneficiados à custa dos investidores – ou vice-versa – a Honda implementou muitas iniciativas de remuneração baseadas em desempenho para o seu pessoal. Usando essas práticas, a empresa recompensa resultados e inovação, sem pacotes salariais excessivos ou benefícios extremamente generosos. A alta direção ganha menos dinheiro do que as de muitos dos seus concorrentes. Ao subordinar intimamente a remuneração executiva ao desempenho da empresa, a Honda garante maior transparência e isonomia para os investidores e manda a mensagem correta para o resto de sua força de trabalho. Se a Honda está indo bem e os clientes estão felizes, então os funcionários são beneficiados (por meio de bonificações), junto com os investidores.

A cultura Honda premia boas ideias e continuamente empodera empregados para procurar maneiras mais eficientes de trabalhar. O programa REACH é um bom exemplo de um mecanismo de recompensa financeira que ajuda a extrair as melhores ideias dos funcionários para melhorar continuamente qualidade, inovação e eficiência. No âmbito do programa, a empresa dá "prêmios kaizen" individuais por suas ideias bem-sucedidas. A Honda também oferece prêmios pela detecção de defeitos na qualidade de produtos e riscos de segurança nas fábricas. A empresa tem dado muitos carros como recompensa para os participantes do programa REACH ao longo dos anos, bem como prêmios em dinheiro.

Porque a Honda depende fortemente de vendedores para abastecer a maior parte dos componentes de seus produtos, ela reconheceu, com razão, que fornecedores – quando tratados como parceiros – podem habilitar sinergias positivas por toda a empresa. Colaborar com os fornecedores ajuda a melhorar a qualidade e assegura que os custos sejam estritamente controlados – ambos os quais se relacionam diretamente com a proposta de valor ao cliente Honda. Produtos confiáveis de alta qualidade a preços acessíveis só são possíveis e sustentáveis se toda a cadeia de abastecimento é eficiente. Ao trabalhar com sua cadeia de suprimentos, a Honda equilibra com sucesso parceria com padrões exigentes de preço e qualidade.

Um componente importante na estratégia de fornecedores da empresa é o programa Melhor Parceiro. Uma equipe dedicada de pessoas trabalha com fornecedores para ajudá-los a alcançar os altos padrões e custos-alvo que a Manufatura Honda demanda. Isso cria uma relação colaborativa e sinérgica que beneficia tanto o fornecedor como a Honda. Pesquisas com fornecedores demonstraram que Toyota e Honda se classificam na posição mais elevada em termos de quais fabricantes de automóveis permitem que os fornecedores tenham margens de lucro aceitáveis, muito à frente dos fabricantes norte-americanos.

Quebrando Modelos Tradicionais de Barganha (*Trade-Offs*)

Pensar em termos de barganha é uma mentalidade estagnada nos negócios. Ela deriva da disposição cientificamente fundamentada que a mente ocidental valoriza as ideias excludentes "se/então" e "ou/ou" em detrimento de construções inclusivas "ambos/e". Esse estilo de pensamento leva a interpretações absolutistas preto e branco da realidade que restringem opções. O estilo de pensar alternativo – "ambos/e" – abre a mente para acomodar condições aparentemente contraditórias (por exemplo, salários elevados e altas margens de lucro) e evita as limitações de cálculos de barganhas (por exemplo, existe apenas uma *melhor maneira* de realizar algo).

Empresas Humanizadas geralmente ocupam a posição de "melhor valor" em sua indústria. Elas oferecem aos clientes produtos ou serviços de qualidade superior, com frequência a preços extremamente competitivos. A Costco tem apenas produtos de alta qualidade, mas os oferece ao mercado com margens de lucro incomumente baixas. A Amazon oferece uma experiência de serviço excepcional com baixos preços, muitas vezes com frete grátis. A Toyota geralmente oferece mais qualidade, confiabilidade e eficiência de combustível pelo dinheiro do que seus concorrentes. A Trader Joe's é especializada em produtos alimentícios baratos, mas exóticos (até mesmo gourmet), do mundo todo.

Algumas Empresas Humanizadas, como Whole Foods Market, Starbucks, Patagonia e The Container Store, estão na extremidade superior de preços, mas proporcionam aos clientes experiências e produtos exclusivos que os fazem voltar sempre. Embora os clientes possam encontrar facilmente preços mais baixos em outros lugares, eles estão mais do que dispostos a pagar preços mais elevados pelas ofertas destas empresas, pois percebem tanto os produtos como as experiências como atraentemente exclusivos.

Um *trade-off* que as Empresas Humanizadas quebram de forma consistente é entre salários dos empregados e valor para os clientes. Costco, Wegmans e Trader Joe's dão prova disso. Elas oferecem salários extraordinários aos seus funcionários e preços competitivos aos seus clientes – e, além disso, fazem lucros saudáveis. Os melhores salários e benefícios pagos por essas empresas não aparecem nos preços que os consumidores pagam. A maior produtividade de empregados mais qualificados e a menor rotatividade de funcionários, em parte, explicam isso. Além disso, melhorias de processos gerados por empregados continuamente aparecem porque eles se importam o suficiente para se esforçar para tornar a empresa mais rentável. Finalmente, a relação entre empregados satisfeitos e fidelização de clientes é inquestionável. Essas empresas geram uma alta fatia da carteira (*share of wallet*) ao focar na fatia do coração (*share of heart*). Falando em alquimia – salários mais altos e benefícios transmutados em menores custos operacionais!

Uma Perspectiva de Longo Prazo

Talvez nenhum fator roube mais valor dos acionistas do que a pressão implacável dos analistas de Wall Street para que os executivos pensem no curto prazo. Isso pode ser bom para *day traders* e outros especuladores, mas pode trazer um grande dano aos interesses de investidores de longo prazo.

Infelizmente, muitos CEOs prazerosamente adotam a perspectiva de curto prazo por razões de ganhos pessoais rápidos via opções de ações.

O resultado é que a gestão pode ser ricamente recompensada, investidores de curto prazo têm mais oportunidades de ganhar com os apertos de posição curta e mudanças na carteira de ações, mas os investidores de longo prazo acabam perdendo no final porque as oportunidades para maiores ganhos foram ignoradas.

É importante notar que uma série de empresas que estudamos são privadas e, portanto, protegidas das pressões de Wall Street. Mas mesmo Empresas Humanizadas de capital aberto tendem a ser relativamente impermeáveis a tais pressões de curto prazo. Os fundadores do Google, por exemplo, afirmaram claramente que eles acreditam que "os acionistas estão em melhor situação no longo prazo, quando a empresa está fazendo coisas boas para o mundo, embora possam ter que deixar passar alguns lucros no curto prazo."[236] Em sua "Carta dos Fundadores: 'Um Manual do Proprietário' para Acionistas do Google" dentro de seu arquivo IPO SEC (oferta pública inicial na Comissão de Valores Mobiliários americana), os fundadores também alertaram potenciais investidores de que não tomariam decisões operacionais baseados em lucros trimestrais projetados ou reais. "Vamos otimizar para o longo prazo, em vez de tentar produzir ganhos suaves para cada trimestre."[237]

Concluiremos esta parte com este pensamento: Wall Street é inerentemente tendenciosa contra o investidor de longo prazo, porque a maioria das pessoas e empresas que lá trabalham ganham dinheiro através da negociação, não da construção de valor. No conjunto, quanto mais negociações, mais dinheiro a maioria das empresas que trabalha em mercados de capitais ganha. A ironia nisso a partir da perspectiva de Wall Street é que a abordagem de longo prazo das Empresas Humanizadas parece ser um fator importante em seus retornos geralmente superiores no longo prazo. Na análise final, a perspectiva de longo prazo das Empresas

---

236 M. Lewis, "The Irresponsible Investor", *The New York Times Magazine*, 6 de junho de 2004.
237 SEC 8/13/04, File 333-114984, Accession Number 1193125-4-139655, p. 32.

Humanizadas faz com que sejam vistas pelos mercados acionários como investimentos mais atraentes.

Crescimento Orgânico

A maioria das Empresas Humanizadas poderia crescer muito mais rápido do que escolheram fazê-lo. Veja o exemplo da Wegmans. Ela recebe milhares de cartas todos os anos implorando para que abra lojas em locais próximos de onde vivem os remetentes dessas cartas. No entanto, a empresa opta por adicionar apenas duas a três lojas por ano. Essa lenta taxa de expansão cria uma tremenda expectativa por novas lojas no mercado, e garante que a abertura de cada nova loja seja um evento da comunidade. O ritmo de crescimento da Wegmans é influenciado pela sua insistência de que seus empregados sejam totalmente treinados antes da abertura de uma nova loja. Além disso, ela disponibiliza alguns de seus "melhores e mais brilhantes" funcionários de lojas existentes quando abre uma nova loja. Isso também limita o ritmo de crescimento, porque só assim muitos "melhores e mais brilhantes" podem ser tirados de seus empregos regulares. Em fevereiro de 2004, a Wegmans abriu uma loja perto do aeroporto Dulles, na área de Washington DC. Ela atraiu 15.500 compradores em seu primeiro dia, mais do que frequentam a maioria dos supermercados em uma semana. Todos os gestores vieram de diferentes lojas Wegmans, e dezenas de outros funcionários voaram para ajudar a loja a decolar sem problemas. A empresa gastou cerca de US$ 5 milhões em treinamento para esta loja. Ela poderia ter sido aberta meses antes (em tempo para as festas de fim de ano), mas a Wegmans insistiu em esperar até que estivesse completamente preparada.[238] (Outro exemplo de paciência das Empresas Humanizadas optando pela visão de longo prazo.)

---

238 Matthew Boyle e Ellen Florian Kratz, "The Wegmans Way", *Fortune*, 24 de janeiro de 2005, p. 62.

Combinando Trabalho e Diversão

Os marqueteiros gostam de falar de marcas como personalidades arquetípicas, como o Bobo da Corte e o Rebelde. Lee Lynch, que é a segunda metade da agência de publicidade da Harley-Davidson, Carmichael Lynch, disse uma vez, maliciosamente, a uma plateia em que um de nós estava: "Há um pouco de Harley-Davidson em cada um de nós". Pisca, pisca. Quase todo mundo gosta de experimentar a emoção de infringir uma regra de vez em quando. Há um pouco de Harley em CEOs de Empresas Humanizadas, com certeza. Quebras de regras acontecem regularmente nas Empresas Humanizadas, com o incentivo entusiástico da liderança.

A aura do Rebelde, que torna divertido para os funcionários construírem Harley-Davidsons, também torna divertido possuí-las. Não é mera curiosidade que a idade média de um novo dono de Harley é 47! Uma marca distintiva do curso da meia-idade é misturar trabalho com diversão e experimentar uma autonomia crescente, com um pouco de violação "legal" de regras de tempos em tempos. Com o maior bloco de adultos agora na meia-idade, faz muito sentido que a marca Harley-Davidson tenha se tornado um ícone dessa fase, significando a liberdade da estrada aberta com uma pitada do Rebelde.

Duro na fala, apreciador de bourbon, fumante inveterado, o cofundador da Southwest Airlines Herb Kelleher escolheu o Bobo da Corte como a personalidade arquetípica para a sua companhia aérea. Mas é um Bobo da Corte amoroso e cuidador, como o símbolo das ações da Southwest, LUV, sugere. As palhaçadas de Kelleher (como fazer um comissário de voo se esconder no compartimento de bagagem do avião) são lendárias, mas ele infundiu uma leveza saudável nos estilos de trabalho da família Southwest. Mas não se pode esquecer que a persona divertida da empresa também tem um lado sério. Voar é estressante para muitas pessoas. O antídoto de Kelleher é o humor. Então, os empregados da Southwest são apresentados à contribuição positiva que o humor pode fazer para aliviar as ansiedades do cliente, bem como para tornar o trabalho mais divertido. Imagine a reação dos clientes quando um piloto da Southwest anunciou pelo interfone: "Atingimos nossa altitude de cruzeiro agora, e eu estou desligando o sinal de cinto de segurança. Também estou colocando no piloto automático, para que eu possa ir aí atrás e fazer uma visita pelo resto do voo". Outro incidente ajudou viajantes ansiosos a darem um suspiro de alívio após o pouso, quando uma voz veio da cabine: "Isso, grandalhão... Para!"

Outro clássico arquétipo de marca é o Cuidador. Esse perfil se encaixa nas personalidades de muitas Empresas Humanizadas, especialmente a partir da perspectiva dos empregados. Por exemplo, a natureza de cuidados do Google se reflete nas refeições gratuitas o dia todo, que aproximam os funcionários para discutir projetos e se divertir enquanto comem um hambúrguer ou uma refeição completa. De fato, o mantra do Google "Não faça o mal" traz à mente o lema cuidador da profissão médica, "Em primeiro lugar, não fazer mal", expresso no Juramento de Hipócrates.

A empresa de design industrial IDEO prospera brincando. O fundador David Kelly e seu irmão Tom criaram uma cultura que permite aos empregados se sentirem como se não estivessem no trabalho. É aceitável tirar uma tarde de folga com sua equipe para assistir a um filme ou jogo. Pausas não planejadas são assuntos cotidianos. Diversões malucas e brincadeiras tolas incrementam as relações entre os empregados.[239] Os visitantes muitas vezes ficam meio ressabiados quando veem os funcionários jogando minigolfe ou bolas de espuma nos corredores de uma empresa reconhecida por *The Wall Street Journal, Fortune, Business Week* e outras publicações como uma das principais empresas de design do mundo.[240] Claramente, David Kelly acredita quando ele diz: "a brincadeira inflama o espírito inovador".[241]

Rejeitando Modelos Tradicionais de Marketing

Uma das vantagens mais importantes de ser uma Empresa Huma-

239 Tom Kelley e Jonathan Littman, The Art of Innovation (New York: Double Day 2001) p. 95.
240 Tom Kelley e Jonathan Littman, The Art of Innovation (New York: Double Day 2001), p. 4.
241 "Seriously Silly" (entrevista com David M. Kelley, CEO e Fundador da IDEO) *Business Week*, 13 de setembro de 1999, p. 14.

nizada são os custos de marketing reduzidos. Empresas Humanizadas são sustentadas pela experiência direta e grande boca-a-boca. Clientes, empregados e fornecedores encantados contam aos outros sobre essas empresas, reduzindo a necessidade de anunciar para criar conscientização. Considere que o Google tornou-se uma das marcas mais valiosas do mundo – sem qualquer tipo de publicidade. A Starbucks tornou--se uma marca internacional com praticamente nenhuma publicidade. Costco e Harley-Davidson construíram marcas poderosas sem publicidade. Empresas Humanizadas geralmente não dependem de vendas frequentes e outras promoções. Isso é um enorme poupador de custos, bem como uma fonte de conforto para os clientes, que não têm de esperar por uma liquidação para comprar o que eles precisam agora. Este tem sido um atributo essencial do modelo de marketing da Jordan's. Enquanto o varejista típico de móveis gasta cerca de 7% da receita bruta em marketing e publicidade, a Jordan's gasta apenas 2%. Contudo, ela lidera a indústria com vendas anuais de cerca de US$ 10.700 por metro quadrado, enquanto a loja média vende entre US$ 1.600 e US$ 2.000.[242]

Conclusões

Empresas Humanizadas oferecem uma infinidade de lições valiosas para o resto do mundo dos negócios. Neste capítulo, destacamos apenas sete lições relativas ao que vemos como as características mais distintivas dessas empresas. Em nossa estimativa, Empresas Humanizadas representam o modelo arquitetônico para um novo gênero de modelos de negócios que as empresas terão de adotar para prosperar no longo prazo na Era da Transcendência. Modelos de negócios com base na gestão de relacionamento com *stakeholders* serão cada vez mais essenciais para a sobrevivência e crescimento do negócio. Chame isso de uma nova forma de darwinismo social no mundo dos negócios.

Assim como os fundamentalistas do capitalismo, nós também acredi-

---

242 Arthur Lubow, "Wowing Warren", *Inc. Magazine*, março de 2000.

tamos na aplicação do darwinismo social em um contexto de negócios. No entanto, não interpretamos o termo para representar figurativamente concorrentes de dentes longos e garras vermelhas batalhando até o fim nos Coliseus do mercado. Em vez disso, os "mais fortes" que sobrevivem no longo prazo serão aqueles que melhor puderem se adaptar às novas condições em seus ambientes. Além da mudança do sistema de valores (ou centro de gravidade psicológico) causada pelo aumento da idade média em praticamente todas as sociedades, nada jamais mudou o ambiente em que as empresas devem trabalhar em um espaço de tempo tão curto e em tal magnitude como a Internet. Com a Internet como um recurso para aprender sobre o que acontece nas corporações, as empresas perderam o poder de manipular clientes, trabalhadores e outros *stakeholders* controlando o fluxo de informações. Elas agora estão sendo desafiadas a se adaptar às crescentes demandas de seus *stakeholders* por transparência e comportamento colaborativo, ou continuar na era dos dinossauros. Líderes de Empresas Humanizadas sentem isso nos ossos. Eles sabem que a forma mais eficaz para competir no mundo empresarial de hoje é operando em campo aberto e adicionando à sua base essencial de ativos o valor que todos os *stakeholders* trazem para a mesa. Isso, então, gera o valor aumentado que a empresa pode alavancar para o benefício de todos.

EMPRESAS HUMANIZADAS

11

O Outro Lado da Complexidade

Estamos nos aproximando do final da nossa jornada através dos campos humanisticamente floridos do cenário das Empresas Humanizadas. Ao escrever este livro, ficamos impressionados com o fato de que ninguém havia abordado este tópico como nós abordamos. Não é como se as Empresas Humanizadas representassem um modelo de negócios novo, radicalmente vanguardista. Uma série de empresas já cativam seus *stakeholders* há muitas décadas. Um exemplo que se tornou um nome familiar começou a fazer negócios como uma Empresa Humanizada em uma área remota do Maine, em 1912. Cansado de caminhar por neve e lama com calçados mal feitos, o entusiasta da caça Leon Leonwood Bean começou a fazer botas melhores em 1912. Desde a sua fundação, a L.L. Bean empregou um modelo de gestão de relacionamento com *stakeholders* que distingue as Empresas Humanizadas do rebanho corporativo. No decorrer de bons e maus momentos, a L.L. Bean manteve-se fiel ao ethos do negócio de Leon Leonwood por quase um século. Mas a L.L. Bean não foi a primeira Empresa Humanizada.

Alguns anos antes, em 1907, o adolescente James Casey e seu amigo Claude Ryan fundaram a American Messenger Company, em San Francisco. A AMC, agora UPS, era uma Empresa Humanizada desde os seus primórdios. Casey e Ryan acreditavam que a dedicação abrangente ao serviço ao cliente e a generosidade para com os empregados (juntamente com suas grandes expectativas), quando combinados com uma gestão saudável, fariam da rentabilidade uma certeza virtual. Eles intuitivamente não sentiam necessidade de focar excessivamente no resultado quando o lado humano da vida de uma empresa é bem cuidado.

Mesmo a UPS não é a Empresa Humanizada mais antiga no livro. O venerável Tata Group da Índia remonta a 1868. Naquela época, a Índia ainda era uma colônia britânica e o país tinha enormes necessidades de infraestrutura e outros desenvolvimentos. Para decidir em que negócios investir, o fundador Jamshedji Tata sempre se perguntava: "O que a Índia precisa?" Isso o levou a lançar as bases para a primeira usina de aço e a primeira hidrelétrica na Índia. Depois de ter a entrada negada em um hotel em seu próprio país, que era "apenas para britânicos", Jamshedji resolveu construir o melhor hotel do mundo, um que teria orgulho de servir os indianos, bem como qualquer outra pessoa. O Taj Mahal Hotel foi inaugurado em 1903 na atual Mumbai. Foi o primeiro edifício na Índia a ter eletricidade e apresentava os mais finos mobiliários e comodidades de todo o mundo. Desde este orgulhoso início, o Tata Group cresceu e se tornou uma das organizações mais amadas e respeitáveis do mundo. O grupo agora tem 100 empresas operacionais (incluindo 32 de capital aberto) em 80 países, com faturamento superior a US$ 100 bilhões e cerca de meio milhão de funcionários. Suas atividades abrangem uma gama extraordinária de negócios, incluindo aço, energia elétrica, carros, caminhões, chá, produtos químicos, software e muito mais. Através disso tudo, os Tata têm mantido uma profunda cultura humana de cuidados, uma reputação impecável de integridade, uma tradição de verdadeira liderança servidora, e contribuições extraordinárias na comunidade. A holding Tata Sons detém uma participação majoritária em todas as empresas de capital aberto do grupo, e, por sua vez, é dois terços propriedade de inúmeros fundos filantrópicos dedicados a uma ampla gama de atividades educacionais, de saúde, pesquisa e enriquecimento da comunidade.

Não apresentamos este livro como a teoria desta tríade de autores sobre gestão pós-moderna. Em vez disso, nós nos propusemos a apresentar um relatório sobre ideias de bom senso de um grupo seleto de empreendedores que, ao longo do século passado, partilharam uma visão do que é preciso para ser um bom empresário sem comprometer o que é necessário para ser um bom ser humano. Que venham os violinos, se você quiser, mas esta *é* uma história de interesse humano de um grande momento – e momentum. Ela reforça a transformação social do capitalismo na Era da Transcendência. Ou você está com este desenvolvimento e vitalmente animado por um sentimento de emoção em fazer parte de uma nova ordem,

EMPRESAS HUMANIZADAS

ou vai se sentir cada vez mais deixado para trás por um mundo totalmente novo. Mais uma vez, lembramos a admiração de Valentim na peça *Arcadia*, de Tom Stoppard, quando ele se maravilha com a escala de mudança que está ocorrendo e exclama: "É o melhor tempo possível para estar vivo, quando quase tudo o que você pensou que sabia está errado". Uma das coisas que pensávamos que sabíamos sobre fazer negócios que agora é errado é que as empresas não devem se preocupar com benevolência social.

É claro que a benevolência social nas mãos de líderes de negócios não é nova. Suas expressões mais dramáticas no passado se deram na forma de fundações com imensas dotações, doações institucionais e subvenções de montantes consideráveis para várias causas por homens muito ricos e velhos, geralmente após décadas de comportamento empresarial insensível. Todos sabemos os nomes de muitos desses homens, a quem passamos a chamar de "barões ladrões", que incluem John D. Rockefeller, J.P. Morgan, Cornelius e William Vanderbilt, Andrew Carnegie, e Jay Gould. Em seus anos finais, esses capitalistas à moda antiga passaram por uma metamorfose, como lagartas destruidoras de plantas se transformando em borboletas benignas, e deixaram o palco do mundo como homens de boa vontade e grande generosidade. Magnanimidade filantrópica foi a moeda que eles usaram para comprar grande aceitação social e autoperdão antes de darem seus últimos suspiros.

Empresas que começam como Empresas Humanizadas são iniciadas por homens e mulheres que desejam expressar seu próprio senso de benevolência social. Patagonia, Costco e Whole Foods Market são essas empresas. Algumas empresas que começaram a vida corporativa como oportunistas empenhadas em explorar tudo o que fosse explorável para os seus fins passaram, em algum lugar ao longo do caminho, por uma transformação social. A Toyota é uma empresa assim. Costumava ser tão comprometida com um ethos de exploração que penalizava os trabalhadores da linha de montagem por fazerem pausas para irem ao banheiro.

A fabricante de botas Timberland é outra empresa que mudou devido a uma epifania nas fileiras executivas que a transformou em uma Empresa Humanizada depois de décadas de uma existência isolada e egoísta.

Em 1989, o executivo de terceira geração da Timberland Jeffery Swartz (seu avô fundou a empresa) teve uma experiência de mudança de vida em uma conversa com um adolescente problemático em um centro de reabilitação. O adolescente perguntou a Swartz o que ele fazia.

> "Eu sou o diretor de operações."
>
> "O que você realmente faz?"
>
> "Eu sou responsável pela execução global da estratégia. E você, o que faz?"
>
> "Eu me esforço para melhorar."[243]

Swartz disse mais tarde com humildade genuína: "Aquela foi uma resposta que superou a minha". Ele ficou tão tocado pela experiência que resolveu transformar sua empresa em um instrumento para o bem social, e vendeu a ideia para seus empregados de que a Timberland tinha assumido a missão de mudar o mundo.

Os fundamentalistas do capitalismo podem atacar ferozmente a conversão de Swartz ao ativismo social. Eles podem ver o que consideram ser a subordinação desta empresa de capital aberto à agenda social privada de Swartz como um pecado imperdoável contra o dogma de Milton Friedman e as tradições ricamente honradas do capitalismo clássico. Mas esses fundamentalistas deveriam prestar extrema atenção ao que Don Tapscott e David Ticoll dizem em seu livro *The Naked Corporation*, quando nos lembram que "consumidores orientados por valores têm agendas que vão além do benefício pessoal. Eles sondam profundamente a cadeia de suprimentos de uma empresa para expor práticas ambientais e de direitos humanos; em seguida, demandam e forçam mudanças".[244] O desempenho da Timberland em nome de seus *stakeholders* tem sido nada menos do que excepcional desde a "conversão" de Swartz. Na Era da Transcendência, uma elevada consciência social corporativa é uma grande vanta-

---

243 Jennifer Reingold, "Walking the Walk", *Fast Company*, novembro de 2005, p. 83.
244 Don Tapscott e David Ticoll, *The Naked Corporation*, Free Press, 2003, p. xii.

gem, e parece ser cada vez menos opcional.

Os fundamentalistas capitalistas fixados nos resultados financeiros precisam chegar a um acordo com a realidade de que a ideia de construir e proteger a riqueza dos acionistas não é mais sustentável como a única lógica para o negócio. Sim, o ganho do acionista continua a ser um fator extremamente importante no negócio, mas ele não é mais o fator supremo na gestão das empresas. É apenas um de uma série de fatores, todos os quais devem levados em consideração para assegurar as melhores perspectivas para os mais altos níveis de prosperidade do negócio.

A nosso ver, os maiores vencedores daqui para frente serão geralmente as empresas com um forte senso de propósito social que valorizam o bem-estar de todos os seus *stakeholders,* ao invés de tratar alguns como meios e outros como fins. De todas as ideias que vimos, nenhuma supera em importância a de que com uma boa gestão em operação, focar no serviço a *todos* os *stakeholders* dá à empresa uma vantagem competitiva sobre aquelas que se concentram principalmente em acionistas e lucros. *Esta é a diferença cultural crucial* entre as Empresas Humanizadas e as não humanizadas. E, como temos demonstrado ao longo deste livro, o retorno aos acionistas resultante deste modo de ser tem sido geralmente extraordinário. Então, se esta é uma abordagem ao negócio tão vencedora, por que não temos visto uma série de escritos sobre esse fenômeno?

Oliver Wendell Holmes nos oferece uma pista em sua famosa declaração: "Eu não daria a mínima pela simplicidade deste lado da complexidade, mas eu daria a minha vida pela simplicidade do outro lado da complexidade". Em seu livro *The Executive's Compass: Business and the Good Society* (A Bússola do Executivo: Negócios e a Boa Sociedade), James O'Toole elabora sobre a sabedoria de Holmes:

> Para saírem da confusão da complexidade, os executivos devem abandonar sua busca constante pelo imediatamente prático e, paradoxalmente, procurar compreender as ideias subjacentes e os valores que moldaram o mundo em que trabalham. Gerentes que clamam por instruções de como fazer estão, por definição, presos do

lado mais próximo da complexidade.[245]

Quando se trata de negócios, a simplicidade deste lado da complexidade pode se transformar em uma compreensão *simplista* da natureza e do propósito do negócio: que o único propósito da empresa é maximizar os lucros. Todo mundo sabe que lucro é igual a receitas menos custos. Para maximizar os lucros, a empresa deve, portanto, maximizar as receitas e minimizar os custos. Para maximizar a receita, ela deve vender o máximo possível para o maior número de pessoas possível, cobrando um preço tão elevado quanto possível. Para minimizar os custos, deve pagar seus fornecedores e empregados o menos possível, e externar todos os custos que puder para a sociedade. Mas tal negócio não é uma bênção para o mundo. Ele pode criar valor financeiro para alguns, enquanto destrói muitos outros tipos de valor para todos os outros *stakeholders*. Tal negócio não é um criador de valor líquido; ao contrário, é um parasita que destrói muito mais do que gera. Sociedades humanas não podem mais arcar e não vão tolerar por muito mais tempo as empresas que operam desta maneira.

Ainda não existiu um livro do tipo que você agora tem em suas mãos, porque a maioria dos estudiosos de negócios, profissionais e observadores têm estado presos no lado mais próximo da complexidade, onde os prós e contras da gestão de relacionamento com *stakeholders* são debatidos em termos quantitativos derivados da forma racional. O lado emotivo qualitativo da gestão de relacionamento com *stakeholders*, mantido à margem, é o que dá o título a este livro. O que é mais complexo nos assuntos dos seres humanos do que as dimensões emocionais de suas vidas? No entanto, em vez de perseguir uma compreensão mais profunda desta dimensão em um contexto de negócios, a maioria dos estudantes e profissionais de negócios parece ter preferido ficar no aparentemente racional lado próximo da complexidade.

Para ter uma noção da importância das dimensões emocionais da vida,

---

245 James O'Toole, *The Executive's Compass: Business and the Good Society*, Oxford University Press, 1995.

EMPRESAS HUMANIZADAS

já que elas se relacionam com o desempenho do negócio, tente falar com clientes ardentemente leais de uma Empresa Humanizada sobre suas experiências com a empresa. A maioria vai dizer como a empresa os faz sentir, o que é um episódio de compras em termos subjetivos. Converse com os empregados de Empresas Humanizadas, como costumamos fazer, quando fizer compras em uma de suas lojas. Ninguém jamais nos disse que a empresa é ótima para se trabalhar porque paga mais do que seus concorrentes. Para nos contar por que gostam de ser um funcionário, dizem coisas como: "Eu sou parte de uma família", "Eles me respeitam", "É um lugar divertido para trabalhar" e "Eles me fazem sentir importante". Converse com qualquer outro *stakeholder* e você provavelmente ouvirá palavras como *confiança, responsabilidade, generosidade e confiável* quando eles descreverem por que apreciam seu relacionamento com uma empresa humanizada. Resumindo, o cérebro direito emocional dita as regras em matéria de relacionamentos em contextos empresariais, bem como em contextos pessoais.

Naturalmente, precisamos ser tolerantes com os investidores – especialmente *day traders* e outros especuladores – que veem suas conexões com uma empresa como nada além do que um investimento financeiro. Sugerir que eles têm um investimento emocional em uma ação é um insulto para muitos deles. No entanto, fatores emocionais estão mais em jogo em decisões de investimento do que comumente se admite. De que outra maneira poderia ser quando analistas frequentemente atribuem grandes oscilações no mercado de ações a fatores emocionais? Em uma visão de mundo extraída da simplicidade no lado mais próximo da complexidade, atender às necessidades de múltiplos *stakeholders* parece impossível sem um custo para os proprietários de ações de uma empresa. Afinal de contas, nem todos podem ganhar – ou esse é o raciocínio em uma visão de mundo restrita por uma perspectiva simplista racional ganha-perde em operações corporativas. Mas Empresas Humanizadas acreditam fervorosamente em um mundo no qual é possível todos ganharem, não fazendo alguém perder, mas através da criação de uma consonância de interesses.

Pessoas cujos pensamentos estão centrados nas perspectivas simples deste lado da complexidade podem grosseiramente rejeitar muito do que dissemos como sendo apenas palavras, ou talvez pior, *apenas uma teoria*. A gravidade também é uma teoria, mas melhorar a nossa compreensão sobre ela fez muito para nos dar o mundo moderno em que vivemos. Nossa reivindicação ao longo deste livro tem sido a de que o modelo de negócio de múltiplos *stakeholders* contribuirá para a melhoria do sistema capitalista e, por extensão, a melhoria da sociedade.

O Grande Desafio de Todos os Tempos: Transcender a Mentalidade de Soma Zero

Há poucos absolutos na Era da Transcendência. Isso significa uma profusão de oportunidades. Absolutos, que por definição são limitantes, são encontrados em todos os lugares no lado mais próximo da complexidade. Eles emergem da busca constante das pessoas por soluções convenientes, ou "balas de prata" como são por vezes descritos. A próxima vez que você entrar em uma livraria, dê uma olhada nos títulos nas prateleiras de negócios. Olhe particularmente para os livros classificados como marketing e vendas. A maioria dos títulos nessa categoria está fundamentada no lado mais próximo da complexidade. Muitos deles prometem grandes resultados aos leitores se eles seguirem os passos enumerados em torno dos quais o livro é estruturado. Editores e autores aprenderam que títulos como "*Dez Passos para...*" e "*Oito minutos para...*" podem aumentar as vendas de livros.

O pensamento que se baseia na simplicidade sedutora, mas superficial, encontrada em abundância no lado mais próximo da complexidade, reprime inovação e soluções criativas para os problemas. Essa forma de pensar cega o olho da mente para infinitas possibilidades. Ela é a fundação do pensamento de *soma zero* que sustenta a lógica para os modelos de negócios com viés de acionistas.

Uma mentalidade de soma zero leva à conclusão de que um *stakeholder* só pode se beneficiar em detrimento dos outros – ou reformulando um velho clichê, "Peter deve ser roubado para pagar Paul". Mas as oportunidades aumentam exponencialmente quando a mente se liberta do pensamento de soma zero.

Os adeptos de uma visão de negócios de soma zero tendem a ser crentes devotos do darwinismo social. No entanto, esses capitalistas fundamentalistas mantêm uma versão distorcida da mensagem de Darwin, que falou sobre a "sobrevivência do mais apto", não a "sobrevivência do vencedor". Entre os seres humanos, os "mais aptos" não são necessariamente aqueles que dominam, conquistam e controlam os outros. No longo prazo, os mais aptos tendem a ser aqueles que sabem como cooperar. No entanto, o espírito competitivo no negócio muitas vezes é tão dominante que a maioria dos *stakeholders* passa a ser tratada como adversários a serem dominados. Fornecedores se tornam objetos de exploração, em vez de parceiros. Os empregados passam a ser despesas pesadas que podem ser eliminadas à vontade quando a receita e os lucros estão baixos. Comunidades e governos são considerados macacos nas costas dos negócios. Os clientes são objetos de saque a serem conquistados, seduzidos, manipulados e controlados. Na visão fundamentalista do darwinismo social, o negócio é uma luta de vale tudo.

Uma visão de negócios de soma zero está se tornando insustentável. Para que um sistema de criação de valor prospere, cada participante deve ter lucro – isto é, cada um deve, no final, obter de volta mais valor do que inicialmente investiu. Se eles consistentemente falharem em fazer um lucro razoável, inevitavelmente, sairão do sistema.

Empresas Humanizadas operam a partir de uma visão de mundo de *soma positiva*. Isso desencadeia processos imaginativos que trazem para o foco novas maneiras para vincular as energias e os recursos de todos os *stakeholders*. É assim que as Empresas Humanizadas conseguem gerar maior valor para todos do que é possível quando a principal preocupação é maximizar o valor de curto prazo para os acionistas.

A capacidade de transcender a competição cruel e abraçar os frutos da cooperação é a essência da humanidade evoluída. Robert Wright, em um livro chamado *Nonzero* (Diferente de Zero), mostra como os seres humanos se beneficiaram grandemente ao se afastarem da competição bárbara, sem regras ou limites, para a cooperação civilizada. Sua pesquisa encontrou que as primeiras sociedades humanas tendiam a ter pouca confiança uns nos outros, e muitos estavam constantemente envolvidos em combates, traição, massacre e guerra. Quaisquer vitórias que eles alcançavam eram de curta duração e, com o passar do tempo, toda sociedade agressivamente competitiva foi dizimada através de matança ininterrupta. Pouco a pouco, as sociedades humanas aprenderam os benefícios da cooperação. Wright escreve sobre caçadores-coletores primitivos, os Shoshone, compartilhando alimentos: "Você dá comida a alguém quando a despensa dela está vazia e a sua está transbordando, ela retribui mais tarde, quando a sua despensa está vazia, e vocês dois lucram, porque a comida é mais valiosa quando você está com fome do que quando você está cheio".[246]

O mundo está se tornando cada vez mais hospitaleiro com o pensamento de soma positiva. As novas tecnologias, especialmente aquelas que lidam com a informação, são de natureza inerentemente soma positiva. Elas trazem à mente a declaração de Thomas Jefferson: "O conhecimento é como uma vela. Quando eu acendo a sua vela com a minha, minha luz não é diminuída".

No mundo dos negócios, as empresas de visão, nas últimas poucas décadas, já começaram a se beneficiar muito da cooperação com todos os seus *stakeholders* – mesmo com concorrentes diretos, em muitos casos. Por exemplo, os concorrentes no espaço da tecnologia da informação têm colaborado no desenvolvimento de muitas normas e, notadamente, têm trabalhado diligentemente juntos nos esforços para frear o indesejado. Indo além, as empresas que vigorosamente competem entre si estão reconhecendo que elas ainda podem ser parceiras de negócios. Um desses casos é o da Samsung, que emergiu como um dos principais fornecedores de componentes como chips de memória e painéis de LCD às suas concorrentes, como Apple e Sony.

As empresas estão descobrindo que quanto mais elas estão dispostas a fazer para seus *stakeholders*, mais elas tendem a receber de volta. O mais extraordinário sobre a ideia das Empresas Humanizadas de se esforça-

---

246 Robert Wright, *Nonzero: The Logic of Human Destiny*, Vintage, 2001.

rem para criar valor para todos os *stakeholders* é que a construção do valor desta forma é geralmente feita com pouca ou nenhuma despesa adicional para a empresa. Em vez de se preocupar sobre como dividir o bolo, as Empresas Humanizadas procuram assar o maior bolo possível.

Tudo isso pode parecer utópico e bucólico – até mesmo marxista, como o CEO da Cypress Semiconductor T.J. Rodgers parece pensar. Mas nós não estamos promovendo fantasia ou teoria econômica e social radical. Empresas Humanizadas tratam seus empregados melhor, têm fornecedores rentáveis, oferecem valor superior aos clientes, e investem pesadamente em suas comunidades. Elas fazem tudo isso enquanto entregam resultados excepcionais para os investidores.

Don Tapscott e David Ticoll nos contam em *The Naked Corporation* que "'Boas' empresas que otimizam as necessidades de todos os *stakeholders* provavelmente são boas para os investidores".[247] Nenhuma empresa exemplifica melhor essa ideia do que Whole Foods Market em sua "Declaração de Interdependência", redigida em 1997 por 60 membros da equipe. Hoje, a Declaração é exibida claramente em todas as lojas, e serve para unir os *stakeholders* e destacar a importância de cada um. Como afirmado no site da empresa, equilibrar os interesses, desejos e necessidades dos *stakeholders* "...requer participação e comunicação por todos os nossos *stakeholders*. Requer ouvir com compaixão, pensando com cuidado e agindo com integridade. Quaisquer conflitos devem ser mediados e soluções ganha-ganha encontradas. Criar e alimentar esta comunidade de *stakeholders* é fundamental para o sucesso da nossa empresa no longo prazo."

No Capítulo 8, "Sociedade – O Stakeholder Supremo", lembre-se do debate acerca dos méritos de um acionista versus a perspectiva dos *stakeholders* em que o visionário fundador e CEO do Whole Foods Market John Mackey se viu, realizado pela revista *Reason*.[248] Seus adversários retóricos foram o economista ganhador do prêmio Nobel Milton Friedman e T.J. Rodgers, fundador e CEO da Cypress Semiconductor. Um libertário

---

247 Ibid, p. 19.
248 John Mackey, Milton Friedman e T.J. Rodgers, "Rethinking the Social Responsibility of Business", *Reason*, outubro de 2005, pp. 79–87.

ardente, Mackey comandou o Whole Foods por 33 anos com um sucesso impressionante. Começando com um capital de US$ 45 mil, ele construiu um negócio com 72.000 empregados, quase US$ 13 bilhões em receitas anuais, e uma capitalização de mercado de mais de US$ 22 bilhões. De todos os varejistas de alimentos da *Fortune 500*, o Whole Foods Market tem o maior lucro como uma percentagem das vendas, o maior retorno sobre o capital investido, as maiores vendas por metro quadrado, e a maior taxa de crescimento sustentado. Então, quem poderia criticar John Mackey pelo seu sucesso? T.J. Rodgers, da Cypress Semiconductor.

No debate na *Reason*, Rodgers despeja sarcasmo sobre o "coletivismo e altruísmo" de Mackey e a suposta "subordinação da sua profissão como um homem de negócios aos ideais altruístas". Rodgers se revela um fundamentalista capitalista convicto quando ele fulmina: "Eu recuso a proposição de que os '*stakeholders*' da empresa (um termo frequentemente utilizado por coletivistas para justificar exigências descabidas) possam controlar a propriedade dos acionistas".

A grandiloquência de Rodgers continua à medida que ele sugere que a filosofia de negócios de Mackey é pouco diferente daquela de Karl Marx, mas quão bem-sucedido ele tem sido com a sua filosofia de negócios? Caso você tenha deixado escapar a resposta no Capítulo 8, a Cypress tem sido deficitária em grande parte dos seus 23 anos de história. Seu balanço reflete lucros acumulados negativos de US$ 408 milhões. A empresa perdeu muito mais dinheiro para os seus acionistas do que ganhou. Nós suspeitamos que os acionistas de Mackey estão um pouco mais felizes do que os acionistas de Rodgers. Ele parece considerar que manter intacta a pureza intelectual de seu fundamentalismo capitalista é mais importante do que construir valor para os seus acionistas.

A visão de mundo de Mackey é menos isolada, para se dizer o mínimo. Mackey se inspira no próprio Adam Smith – não apenas em *A Riqueza das Nações*, mas também na menos conhecida *Teoria dos Sentimentos Morais*. Nesse trabalho, que precedeu *A Riqueza das Nações*, Smith deixou claro que a natureza humana não é apenas, ou mesmo principalmente, sobre o autointeresse. Motivos como simpatia, empatia, amizade, amor

EMPRESAS HUMANIZADAS

e desejo de aprovação social são, para muitas pessoas, ainda mais fortes do que o autointeresse, especialmente à medida que elas atingem um nível mais elevado de maturidade psicológica.

Adam Smith separou a natureza humana da natureza corporativa. Mas no capitalismo consciente, tal cisão não precisa – e não deve – existir.

Não é mais o caso, se é que já foi, de as pessoas precisarem colocar sua humanidade em uma confiança cega a fim de serem bem-sucedidas no negócio. Claramente, Mackey e os outros líderes de empresas humanizadas não nutrem nenhuma dessas crenças. Ele concluiu o debate na *Reason* com estas palavras:

"Na Whole Foods, medimos o nosso sucesso pelo quanto de valor podemos criar para todos os seis de nossos *stakeholders* mais importantes: clientes, membros da equipe (empregados), investidores, fornecedores, comunidades e meio ambiente... Este é o nosso potencial como seres humanos, ficar felizes com o florescimento de pessoas em todos os lugares. Whole Foods dá dinheiro para as nossas comunidades porque nos preocupamos com elas e nos sentimos responsáveis em ajudá-las a florescer tão bem quanto possível... Estender nosso amor e cuidado para além do nosso próprio interesse não é antitético nem com a nossa natureza humana nem com o nosso sucesso financeiro. Pelo contrário, leva à melhor realização de ambos... Como a medicina, o direito e a educação, os negócios têm propósitos nobres: fornecer bens e serviços que melhoram a vida de seus clientes, gerar empregos e um trabalho significativo para os empregados, criar riqueza e prosperidade para os seus investidores, e ser um cidadão responsável e solidário... As ideias que eu estou articulando resultam em um modelo de negócios mais robusto do que o modelo de maximização de lucros com o qual ele compete, porque elas encorajam e exploram motivações mais poderosas que o autointeresse sozinho. Essas ideias triunfarão ao longo do tempo, não por persuadir intelectuais e economistas através de argumentos, mas por vencer o teste competitivo do mercado. Algum dia, empresas como a Whole Foods, que aderem a um modelo de *stakeholder* de um propósito mais profundo do negócio, dominarão o cenário econômico. Espere e veja".[249]

---

249 Mackey, *op. cit.*

Empresas Humanizadas Requerem Pensamento Holístico

Depois que as pessoas ultrapassarem a barreira do pensamento de soma zero ou/ou (por exemplo, escolhendo entre satisfazer investidores ou empregados), elas poderão continuar presas no debate "Quem vem primeiro?"

Geralmente, as empresas falam sobre clientes, investidores ou empregados vindo em primeiro lugar. Como observamos anteriormente, tais debates perdem o ponto. *Todos* eles vêm em primeiro lugar, e todos eles vêm por último. A realidade é que todos têm que estar satisfeitos, e cada *stakeholder* tem seu momento de ascensão no universo das Empresas Humanizadas.

John Mackey considera a satisfação de cada parte interessada como um fim, não um meio para um fim. Qualquer outra posição pode marcar uma empresa como uma manipuladora oportunista. Mackey diz: "No negócio centrado no lucro, a felicidade do cliente é apenas um meio para um fim. No negócio centrado no cliente, a satisfação do cliente é um fim em si mesmo, e será alcançado com maior interesse, paixão e empatia do que o negócio centrado no lucro é capaz de fazer". Ele se sente da mesma forma com relação a cada *stakeholder*.

Outra razão pela qual uma abordagem holística aos *stakeholders* se tornou essencial é que as paredes que costumavam separar as diferentes categorias deles estão derretendo. Mais e mais clientes querem apoiar ativamente as empresas que gostam em todos os sentidos. Muitos clientes hoje também são investidores ativos (por meio de fundos mútuos, ações, fundos de aposentadoria) que tomam suas próprias decisões sobre onde investir. Isso é muito diferente dos "velhos" tempos, quando os investidores dependiam fortemente de corretores para recomendações. Um segundo desenvolvimento importante é a sensibilidade ambiental aumentada. Muitas pessoas veem o meio ambiente como um recurso limitado que "pertence" a eles. Isso torna as ações da empresa em relação ao meio ambiente e outras questões sociais muito mais pessoais. Os cidadãos podem facilmente ter acesso a informações sobre como uma empresa se comporta e, por sua vez, também podem afetar o comportamento das empresas através de blogs, venda de ações, e assim por diante.[250]

Com sua inclinação holística para ver o mundo – ou, talvez, mais graficamente, vendo a floresta e não apenas as árvores – os líderes das Empresas Humanizadas assumem uma visão sistêmica de suas oportunidades, desafios, políticas e operações. Barreiras artificiais (por exemplo, "silos") entre funções e departamentos não são toleradas. A integração entre tecnologia, cultura e ambiente físico de trabalho é mais evidente do que na maioria das organizações que não são Empresas Humanizadas. *Alinhamento* tornou-se um termo usado em demasia na literatura de negócios, mas, provavelmente, é o melhor termo para descrever como essas empresas se tornaram amadas por todos os seus *stakeholders*. Elas alinharam suas estratégias com as necessidades e desejos dos múltiplos *stakeholders*.

Chegando ao "Outro Lado da Complexidade"

Tornar-se uma Empresa Humanizada depende do desenvolvimento de um tipo de mentalidade que atinge pleno desenvolvimento do outro lado da complexidade. O que Oliver Wendell Holmes quer dizer com o "outro lado da complexidade", o lugar que ele disse estar disposto a dar a sua vida para chegar? Nós vamos responder a essa pergunta deste modo: nenhum dos autores deste livro tem qualquer formação médica. Para nós, presos no lado mais próximo da complexidade médica, um transplante de coração parece quase que incrivelmente complexo. No entanto, para o cirurgião cardíaco experiente, que atravessou a complexidade para ganhar uma compreensão profunda do corpo, operações de transplante de coração são bastante simples – apenas intensas e cansativas.

Um pleno entendimento de Empresas Humanizadas não pode ser desenvolvido permanecendo na zona de simplicidade no lado mais próximo da complexidade. Transformar uma empresa em uma Empresa Huma-

---

250 Nós estamos em dívida com a estudante de MBA Diane M. Hartung , do Bentley College, por essas observações.

nizada é uma viagem através da complexidade que envolve muitos novos aprendizados. Não existem atalhos. Acima de tudo, uma empresa não pode desviar da complexidade e falsificar o seu caminho para se tornar uma empresa humanizada, como um universitário pagando alguém para assistir as aulas e fazer seus trabalhos. Autenticidade pulsa nas veias de uma Empresa Humanizada, seja porque os fundadores (os verdadeiros crentes) ainda estão no comando ou porque foram tomadas medidas para preservar a cultura após a sua saída (por exemplo, o Comitê de Cultura da Southwest Airlines).

Lembre-se, as pessoas não se mobilizam em torno de bandeiras falsas. Depois de ouvir uma discussão sobre a autêntica liderança que existe nas Empresas Humanizadas, um executivo de nível médio que trabalha para uma das maiores empresas de serviços financeiros dos EUA disse: "Nós nunca chegaríamos a ser uma Empresa Humanizada. Temos passado por workshops de mudança de cultura há quase um ano e todo mundo sabe que é um monte de besteira. Você passa a manhã inteira ouvindo sobre comunicação aberta e honesta e, em seguida, testemunha a manipulação do poder e a "massagem" de dados para alterar a verdadeira imagem naquela mesma tarde. Todo mundo valoriza a cultura da boca para fora nos workshops, mas todos sabemos que nossa cultura cruelmente gananciosa está aqui para ficar, e todos se comportam de acordo".

A pessoa que nos contou essa história disse que a empresa de seu amigo é financeiramente muito bem-sucedida, apesar de seu curso hipócrita. Ele, então, fez a seguinte pergunta: "Se ganhar dinheiro é tudo o que realmente importa, quem se importa como a cultura é? Como se vê, meu amigo se importa. Ele está deixando a empresa, o que é uma grande perda, porque ele é muito bom no que faz".

Chegar à simplicidade do outro lado da complexidade requer o investimento intelectual e o compromisso moral pleno da liderança da empresa, começando no topo. O CEO deve se dobrar como CTO (*chief transformational officer*) – diretor de transformação – e se tornar a personificação da nova visão corporativa. Ele ou ela tem de desempenhar um papel ativo e contínuo em guiar a transformação social da empresa, assim como Ricardo Semler fez em sua impressionante reconstrução da Semco (Capítulo 4, "Empregados – de Recursos a Fonte"), e Jeff Swartz, na transformação social da Timberland (discutido anteriormente neste capítulo).

O processo de se tornar uma Empresa Humanizada começa com uma autoavaliação que compara a atual cultura de uma aspirante a Empresa Humanizada com os atributos distintivos de suas culturas corporativas (discutidas no Capítulo 9, "Cultura – O Ingrediente Secreto"). Nenhum passo para chegar do outro lado da complexidade supera este em importância. Sem autoavaliação (como Semler e Swartz fizeram, por exemplo), não há como se tornar uma Empresa Humanizada.

Acima de tudo, lembre-se: *a cultura governa*. Todo CEO de Empresas Humanizadas sabe disso. Os membros da equipe executiva das Empresas Humanizadas não citam "superioridade do produto", "valor", "serviço", ou qualquer outra razão mundana quando perguntados sobre a principal vantagem competitiva da empresa. Eles quase que invariavelmente dizem que é a cultura da empresa. Rick Frazier, que reside e trabalha em Niantic, Connecticut, aconselhou uma série de empresas da *Fortune 500* a se reinventarem através de mudanças na cultura corporativa ao longo dos anos. Depois de ler o nosso manuscrito, Frazier resumiu o poder da cultura na elevação de uma empresa aos patamares de sucesso incomum através de seus empregados quando ele disse: "Muitos funcionários de Empresas Humanizadas sentem que estão tanto voluntariando por uma causa quanto indo trabalhar por um salário". Imagine construir a sua empresa com pessoas que amam seus empregos e vêm trabalhar porque sentem que estão contribuindo para tornar o mundo um lugar melhor. Claramente, os níveis de produtividade e satisfação do cliente vão atingir níveis mais elevados do que nas empresas onde a maioria das pessoas aparece para trabalhar todos os dias sem esse entusiasmo.

Uma vez que uma empresa atinge o outro lado da complexidade e começa a desabrochar como uma Empresa Humanizada, tudo está mudado. Clareza substitui a falsa simplicidade para a qual o venerável Presidente da Suprema Corte Oliver Wendell Holmes disse que não daria a mínima. Reflita por um momento sobre como sorrimos com indulgência quando as crianças retiram a complexidade de um assunto para descrevê-lo para nós de forma simplificada. Achamos essas reduções de complexidade à simplicidade encantadoras, apesar de sabermos que elas são distorções da realidade. Nós fazemos a mesma coisa no mundo adulto. Muitas vezes, para nosso pesar duradouro, abraçamos a simplicidade não autêntica, do tipo que Holmes deplorava. Nosso mundo está cheio de gurus autoproclamados em métodos de dieta, assuntos amorosos, maneiras de ganhar dinheiro, e outras dimensões de necessidade pessoal e desejo que nos seduzem com promessas ocas de simplicidades que corrompem a complexidade legítima. A indústria dos livros de autoajuda se beneficia muito disso (assim como, temos de admitir, a indústria dos livros de negócios).

Uma vez que tenhamos alcançado a "simplicidade do outro lado da complexidade", pouco do que está sendo deixado para trás se encaixa na nossa visão mais esclarecida do mundo. Thomas Jefferson estabeleceu um pensamento que pode ser apropriadamente aplicado ao que acontece às velhas maneiras, uma vez que atingimos o outro lado da complexidade:

"Eu não sou um defensor de mudanças frequentes nas leis e constituições, mas as leis e as instituições devem andar de mãos dadas com o progresso da mente humana. Conforme ela se torna mais desenvolvida, mais esclarecida, à medida que novas descobertas são feitas, novas verdades descobertas e costumes e opiniões mudam, com a mudança de circunstâncias, as instituições devem avançar também para acompanhar o ritmo dos tempos. Poderíamos exigir que um homem continuasse a usar o casaco que lhe servia quando era um menino, e que a sociedade civilizada permanecesse sempre sob o regime de seus antepassados bárbaros."[251]

E assim é na Era da Transcendência, quando nós, como uma sociedade, na verdade, como uma espécie, nos tornamos "mais desenvolvidos, mais esclarecidos". Devemos renunciar ao "regime de nossos antepassados", já que as visões de mundo e muitas das formas que lhes serviram bem não têm relevância para as condições que definem nossas vidas e o mundo em que vivemos hoje.

---

251 Citação no memorial de Jefferson, Washington D.C.

EMPRESAS HUMANIZADAS

Conclusões

Chegamos ao fim de nossa jornada. É um bom momento para recordar algumas palavras de Jonathan Rowe que apareceram na revista *The Washington Monthly* há alguns anos. O artigo começou com uma reflexão sobre a tecelagem de Aaron Feuerstein em Lawrence, Massachusetts. A fábrica tinha acabado de ser destruída por um incêndio. Feuerstein ganhou as manchetes nacionais com sua promessa de reconstruí-la, em vez de transferir suas operações para o México ou outro local mais barato. Além disso, ele pagaria os seus empregados por um mês, até o final da temporada de Natal. Ele não entendia o motivo do alvoroço sobre suas ações. "O quê?", ele perguntou. "Por fazer a coisa decente?"[252]

Como discutimos anteriormente, as primeiras corporações foram explicitamente criadas para fins públicos. Não foi até cerca de meados do século XIX que elas se tornaram os veículos egoístas de comércio que conhecemos. Hoje, poderíamos encher uma biblioteca de tamanho considerável com todos os livros e artigos que defendem a crença insular de que a única obrigação social de um empreendimento de negócios é a tomada legal de lucros para os seus proprietários. Nós perguntamos: "Quem estabeleceu essa lei? De onde vem a sua legitimidade?" Na medida em que tenha alguma, a sua legitimidade deve vir da sociedade, não dos homens e mulheres gerindo corporações ou de seus advogados. Porque as corporações empresariais se beneficiam do governo e de uma plenitude de instituições públicas e quase públicas, e porque os membros da sociedade apoiam as empresas comprando seus produtos e serviços, não há defesa moral para a ideia de que o isolamento corporativo das preocupações sociais é um princípio válido do capitalismo.

Quando afirmou em 1970 que a única responsabilidade social do negócio é maximizar seu lucro legalmente, Milton Friedman não tinha a evidência que temos hoje. Talvez houvesse muito poucas empresas com

---

252 Jonathan Rowe, "Reinventing The Corporation—Corporate Responsibility", *The Washington Monthly*, abril de 1996.

um forte sentido de responsabilidade pelos *stakeholders* para incentivar um sério exame da relação que pode existir entre preocupações mais amplas e resultados financeiros corporativos. Ou, talvez, uma visão mais esclarecida de propósito e operação corporativos tivesse que aguardar a maturação *coletiva* da sociedade hoje, ligada ao envelhecimento da população e ao rápido avanço da consciência humana. Isso tem desempenhado um papel incalculável no surgimento da Era da Transcendência. Lembre-se, na meia-idade e além – onde a maioria da população adulta agora está – as pessoas tendem a se preocupar mais com questões além de suas próprias peles. Espelhando essa disposição, há uma lista crescente de empresas preocupadas com as questões não diretamente relacionadas com o seu resultado financeiro. Essas empresas sabem que têm um mandato para assegurar resultados saudáveis para seus proprietários, mas elas aprenderam que esses resultados ficam ainda mais ricos por abraçarem este novo modelo de negócios de *stakeholders* que não é orientado pelo resultado. Quando Friedman fez sua famosa declaração sobre o propósito corporativo em 1970, ninguém tinha articulado plenamente o sistema estratégico de gestão de relacionamento com *stakeholders* que as Empresas Humanizadas praticam. O livro inovador de Ed Freeman sobre o assunto ainda estava 14 anos no futuro.

A posição de Friedman sugeria que você deveria tentar "Ganhar dinheiro ou ser socialmente consciente; você não deve tentar fazer as duas coisas". Por outro lado, os defensores de uma perspectiva mais ampla dizem: "Você não precisa vencer Wall Street, nem mesmo se sair tão bem quanto Wall Street se estiver também pastoreando suas responsabilidades pelos *stakeholders*". Nós dizemos "Não" para ambos os lados deste debate. Em vez disso, defendemos o modelo de negócio descrito neste livro, que permite às empresas "autorrealizadas" fazerem as duas coisas.

Vamos supor por um minuto que estamos de acordo com Friedman de que a única responsabilidade social das empresas é fazer um lucro (não estamos, mas vamos estipular para o momento). Daí resultaria que, como uma empresa, você gostaria de ser tão boa nisso quanto possível. Mostramos que o modelo de *stakeholders* das Empresas Humanizadas geralmente supera o modelo com viés de acionistas. Sendo esse o caso, se você é um "Friedmanista" racional (existe algum outro tipo?), sua melhor escolha como uma empresa é abraçar o modelo de negócio das Empresas Humanizadas. Se você sente um forte dever de aumentar o valor para os acionistas, você tem alguma outra escolha racional?

Relembre mais uma vez o debate acalorado sobre esta questão entre Milton Friedman, John Mackey do Whole Foods Market, e T.J. Rodgers de Cypress Semiconductors. Em uma edição posterior, a Reason publicou inúmeras cartas de leitores contribuindo apaixonadamente em ambos os lados da questão. Em uma das cartas, o autor diz: "Empresas como Starbucks, REI e Whole Foods se engajam em responsabilidade social explícita *porque isso lhes dá uma vantagem darwiniana.* Isso só reafirma as regras do capitalismo; não as substitui".[253] (destacado pelos autores) Em nossa opinião, no entanto, esta *não* é uma reafirmação das regras clássicas do capitalismo. Pelo contrário, é uma forte evidência de que as regras do capitalismo que dão vantagem darwiniana a uma empresa mudaram. Se você quiser estar entre os sobreviventes, você vai melhorar suas perspectivas de sobrevivência agindo mais como os líderes de Empresas Humanizadas.

Uma nova era despontou. Os fundamentalistas da teoria capitalista não podem mais se esconder impunemente atrás de argumentos que defendem o isolamento corporativo das preocupações sociais, inventados em nome do direito dos acionistas. Não é uma questão de moralidade, mas de gestão saudável do negócio no século XXI. Os defensores do argumento por modelos de negócios com viés de acionistas privam a si e às suas organizações de oportunidades mais ricas do que eles poderiam ter sonhado possível. Empresas líderes do futuro serão quase sempre aquelas que tenham atravessado para o outro lado da complexidade para transformar suas organizações em *empresas humanizadas.*

---

253 *Reason,* janeiro de 2006.

EMPRESAS HUMANIZADAS

Apêndice A

Um Breve Perfil das Empresas

Empresas Humanizadas de Capital Aberto dos EUA

3M

A 3M é uma líder industrial multinacional norte-americana, com US$ 30 bilhões em vendas e 88.000 empregados, operando em 65 países. A empresa é focada em inovação, produzindo 55.000 produtos diferentes. A liderança e a cultura enfatizam a inovação e buscam permear isso pela organização. A empresa também é fortemente preocupada com o impacto ambiental. Lançou o programa "Prevenção à Poluição se Paga" (Pollution Prevention Pays) em 1975, muito antes de a maioria das empresas se tornarem conscientes de seu impacto no meio ambiente. Através deste programa, a 3M se engajou em uma infinidade de inovações que reduziram a poluição enquanto economizaram dinheiro e/ou criaram valor em seus produtos. A empresa é famosa pela sua regra dos 15%, na qual todos os empregados são encorajados a usar 15% do seu tempo para desenvolver ideias para novos produtos ou melhorar os produtos existentes.

Adobe Systems

Um dos muitos ramos do Centro de Pesquisas da Xerox em Palo Alto, a Adobe foi criada em 1982 para desenvolver e vender a linguagem de descrição de página PostScript. Hoje, foca em multimídia e produtos que melhoram a criatividade. A Adobe é uma empresa baseada em inovação. A sua missão é ser a principal provedora de produtos e serviços para soluções de publicação profissional, publicação empresarial, documentação e imagem digital. Ela expressa seus valores e compromisso para seus *stakeholders* com a afirmação "operando com integridade e transparência, nós aprofundamos nossa credibilidade e confiança com empregados, clientes, fornecedores, parceiros acionistas e comunidade". A empresa está qualificada em altos padrões de sustentabilidade, ética e satisfação dos empregados. Ela se classifica continuamente em altas posições na lista de melhores empresas para se trabalhar. A empresa aboliu avaliações de desempenho anuais; em vez disso, dá aos empregados parecer contínuo de seu trabalho. Os funcionários têm Planos de Desenvolvimento individual personalizados e grande flexibilidade em escolher quanto querem aprender e crescer.

Amazon.com

Fundada em 1994, a Amazon.com se tornou a maior empresa de varejo virtual do mundo, com uma receita superior a US$ 60 bilhões, dezenas de milhões de consumidores e uma enorme seleção de todo o tipo imaginável de produtos. A Amazon se descreve como uma empresa atentamente focada no consumidor e esta abordagem é claramente observada em sua declaração de valores, que destaca princípios como "Obsessão pelo Consumidor", "Inovação" e "Viés para Ação". A Amazon também empodera criadores de conteúdo através de suas iniciativas como editora de livros e estúdios de produção audiovisual; enquanto isso, desenvolvedores têm acesso a plataformas tecnológicas como a Amazon Web Services. Este espírito de inovar e ajudar pessoas a melhorarem e avançarem está no cerne do que a Amazon.com representa como empresa.

Autodesk

Autodesk, Inc. é uma líder global em programas de computador para desenhos em 3D, engenharia e entretenimento. Estes programas permitem que seus clientes desenhem, visualizem e simulem ideias antes de criá--las ou construí-las. Ela tem mais de 10 milhões de clientes, incluindo cada

EMPRESAS HUMANIZADAS

uma das 100 maiores empresas listadas pela revista *Fortune*. O domínio da empresa é evidenciado pelo fato que seus programas de computador foram fundamentais no desenvolvimento de efeitos visuais que renderam 17 prêmios da Academia de Cinema americana. A Autodesk define seu propósito como ajudando as pessoas a imaginar, desenhar e criar um mundo melhor.

Boston Beer Company

A Boston Beer Company foi fundada em 1984 por Jim Koch, um cervejeiro da sexta geração e ex-consultor da Bain & Co. Dois meses após ter sido apresentada ao mercado, a cerveja Samuel Adams Lager foi escolhida como a melhor dos EUA no Grande Festival de Cerveja da América em Denver. O propósito da Boston Beer também é seu grande chamariz de vendas: produzimos as melhores cervejas, buscando a produção em forma de arte, não na forma industrial. Além disso, a empresa quer mudar a percepção que os americanos têm sobre a qualidade de sua cerveja. Isso significa educar os clientes para apreciarem uma boa cerveja.[254] Samuel Adams venceu mais prêmios internacionais de degustação de cerveja que qualquer outra cervejaria no mundo desde o ano 2000.[255] A empresa também é reconhecida como um dos melhores lugares para se trabalhar, investindo pesadamente em treinamento para permitir que seus empregados se desenvolvam e cresçam continuamente.

CarMax

Nomeada a "Empresa Mais Admirada no Varejo Automotivo", a CarMax tem sido reconhecida pela revista *Fortune* como uma das "100 Melhores Empresas para se Trabalhar" por oito anos consecutivos. De 2008

---

254 Kesmodel, David. "Revolutionizing American Beer." The Wall Street Journal, 19 de abril de 2010.
255 The Boston Beer Company, Investor Relations; About Us, http://www.bostonbeer.com/phoenix.zhtml?c=69432&p=irol-homeprofile (acesso em 19 de abril de 2013).

a 2012, estava entre as 125 empresas que mais investem em treinamento pela *Training Magazine* e pontuou alto no *Corporate Equality Index*. A empresa foi lançada com a ideia de transformar a experiência de comprar um carro usado, baseando-se em altos níveis de integridade e confiança. Eles entregam uma experiência única, sem aborrecimento e sem pechincha, com uma grande variedade de veículos confiáveis que passam por uma inspeção de 125 pontos e 12 horas de renovação. Também oferece aos consumidores uma garantia de devolução do valor pago em até cinco dias da data da compra.

Chipotle

Chipotle é a única rede nacional de restaurantes dos EUA servindo alimentos feitos de ingredientes de fontes sustentáveis, locais e orgânicas, onde o leite das vacas não é tratado com hormônios sintéticos. Ela é conhecida por oferecer produtos feitos de ingredientes orgânicos e sustentáveis e, ainda assim, manter preços competitivos com outras redes de *fast food*. A Chipotle possui e opera mais de 1.200 lanchonetes rápidas e casuais, servindo seu popular burrito e outros itens da cozinha mexicana. A operação da Chipotle valoriza todos os *stakeholders*. Para os clientes, eles procuram oferecer a "Experiência Chipotle", mudando a percepção associada ao *fast food*. A Chipotle se preocupa com o meio ambiente usando produtos produzidos de forma sustentável e incorporando programas em sua cadeia de produção que ajudam a apoiar produtores que produzem alimentos de forma sustentável.

Chubb

Chubb Corporation é uma seguradora global que trabalha com propriedades e acidentes. Fundada em 1882, ela consistentemente se esforça para prover a melhor experiência para todos os seus *stakeholders*. Isso inclui ir mais longe para honrar os compromissos com seus clientes através de consistentemente ajudá-los além das suas obrigações legais. A liderança da Chubb sempre demonstrou um compromisso em fazer a coisa certa, ao invés de focar apenas no lucro. Hendon Chubb, certa vez, disse: "Nós somos a empresa que vai além dos quatro cantos de um contrato para encontrar formas de pagar as nossas indenizações". Em 1906, um dos seus primeiros líderes, Percy Chubb, viajou pelo país com uma pasta cheia de dinheiro para pagar indenizações para aqueles que foram afetados pelo desastroso terremoto e subsequente incêndio em San Francisco. Isso acabou com as reservas da empresa a ponto de uma concordata, mas foi a única empresa que pagou as indenizações daquele desastre. O CEO John Finnegan certa vez disse: "Nós temos um orgulho particular de que nosso sucesso financeiro foi alcançado ao mesmo tempo em que somos amplamente reconhecidos por outros como a empresa que trata seus empregados, clientes e investidores consistentemente com dignidade, justiça e respeito".

Cognizant

A Cognizant foi fundada em 1994 como um departamento de tecnologia da Dun & Bradstreet e começou a atender clientes externos em 1996. O propósito da empresa é fazer os negócios de seus clientes mais fortes através da alavancagem de seus processos, know-how tecnológico, profundo conhecimento do setor e recursos globais. A Cognizant tem o mais alto nível de satisfação de clientes em seu setor. Em 2011, 97% de sua receita era oriunda de relacionamentos com clientes ativos, e, pelo quarto ano consecutivo, mais de 85% dos clientes expressaram seu alto grau de satisfação. A cultura da Cognizant enfatiza o empoderamento e o desenvolvimento pessoal. Empregados são encorajados a perseguir caminhos que permitam sua autorrealização pessoal e profissional, em vez de apenas alavancar seus talentos para atingir os objetivos da empresa. A Cognizant almeja alcançar um impacto positivo na humanidade através da educação gratuita e do uso da tecnologia.

Colgate-Palmolive

A Colgate-Palmolive vende uma infinidade de marcas icônicas e bem conhecidas em categorias de produtos como higiene oral, cuidados pessoais e ração para animais domésticos. A empresa articula cinco prioridades: promover vidas mais saudáveis, contribuir para suas comunidades, entregar produtos que encantem seus consumidores e respeitem o planeta, fazer com que toda gota de água conte e reduzir o impacto no meio ambiente. Cada uma dessas prioridades está refletida em múltiplas iniciativas. Por exemplo, em 1991, a Colgate-Palmolive iniciou uma campanha "Sorrisos Brilhantes, Futuros Brilhantes", que alcançou mais de 650 milhões de crianças com revisões odontológicas gratuitas e programas de educação. De 2005 a 2012, reduziram o uso de água por tonelada de produto produzido em 31%. Introduziram no mercado produtos concentrados que requerem menos embalagem, menos água e menos combustível para transporte. A companhia adere à filosofia de "Liderança com Respeito" e é altamente considerada pelo equilíbrio entre trabalho e prazer que seus empregados desfrutam.

Costco

Líder no varejo de atacado no mundo, com vendas anuais superiores a US$ 100 bilhões, a Costco oferece um dos melhores salários e condições de trabalho do setor. Também desfruta de um dos mais altos níveis de confiança e lealdade, com uma política de devolução sem-perguntas e uma política de limite de margens para todos os seus produtos. Os armazéns da Costco – 600 no mundo inteiro – estão estocados com uma enorme gama de produtos, desde eletrodomésticos e alimentos a roupas e artigos esportivos, disponíveis a 68 milhões de membros a preços consistentemente mais baixos que outros varejistas. Antes de se instalar em uma comunidade, representantes da Costco se reúnem com representantes de vários grupos de *stakeholders* da comunidade para atender a quaisquer preocupações. A Costco trata seus fornecedores com respeito

EMPRESAS HUMANIZADAS

e busca prover oportunidades iguais para empresários do sexo feminino e de minorias.

FedEx

Primeira empresa a oferecer entrega expressa noturna, a FedEx hoje
atende a mais de 220 países e territórios. Sua "rede integrada terrestre/
aérea" – usando caminhões e aviões ao mesmo tempo – ajudou a revolucio-
nar o mundo de entrega de cargas.[256] Ela está comprometida a prover seus
clientes com serviço de alta qualidade e desenvolver relacionamentos de
benefício mútuo com todos os *stakeholders*. O fundador e CEO Fred Smith
diz que a empresa tenta "fazer cada experiência FedEx memorável", ou o
que ele chama de "Promessa Roxa".[257] A empresa promove uma "cultura
de segurança" que se manifesta através de medições, como um programa
abrangente de educação de empregados para um ambiente de trabalho
seguro, equipes que propõem melhorias às iniciativas de segurança, e
equipamento e tecnologia de segurança para proteger os trabalhadores.[258]
De acordo com o CEO Smith, o sucesso da FedEx depende da melhoria
constante: "Não se passou um ano em que nós não tenhamos investido um
valor enorme para tentar fazer o nosso negócio melhor".[259]

Google

A revista *Fortune* nomeou o Google por duas vezes como a melhor empresa para se trabalhar nos EUA. Seus empregados desfrutam de uma cultura aberta e comunicativa "desenhada para encorajar interações... e gerar faíscas de conversa sobre o trabalho e o ócio", e têm benefícios como

---

256 "On the Record: FedEx CEO Frederick W. Smith." *SFGate*. San Francisco Chronicle,
22 de fevereiro de 2009.
257 Ibid.
258 Ibid.
259 Dumaine, Brian. "FedEx CEO Fred Smith on... everything." CNNMoney . CNN, 11 de
maio de 2012.

horário de trabalho flexível e creches.[260] Os usuários do Google recebem dezenas de produtos e serviços tecnológicos, de ferramentas de busca e contas de correio eletrônico a redes sociais, tudo dedicado para fazer a vida de seus consumidores mais fácil e eficiente. A lista da empresa das "das 10 coisas que sabemos que é verdade" mostra os princípios básicos de como ela opera, incluindo "focar no usuário e todo o resto seguirá" e "você pode ganhar dinheiro sem fazer o mal".

Harley-Davidson

Com mais de 100 anos de vida, a Harley-Davidson sobreviveu a várias reviravoltas, mudanças de proprietários, problemas de qualidade e competição global intensa para se estabelecer como uma empresa americana sem igual, com uma gama de motocicletas de desenho clássico. Seu propósito publicado é: "Nós realizamos sonhos de liberdade pessoal". A empresa cultivou uma grande e fanática base de clientes seguidores e leais. Ela oferece a novos clientes aulas de pilotagem que duram 25 horas por preços razoáveis. Harley-Davidson se tornou uma marca tão icônica que gera mais de US\$ 40 milhões em receitas de licenciamento de produtos para outras empresas. Buscando crescimento além da sua tradicional base de clientes, a empresa está focando em jovens adultos, mulheres, hispânicos a afro-americanos.

IBM

A IBM fabrica e vende programas e computadores, oferece infraestrutura, hospedagem e serviços de consultoria. Ela tem quase meio milhão de funcionários em mais de 170 países. Seus empregados já receberam Prêmio Nobel, Medalhas Nacionais de Tecnologia, Medalhas Nacionais de Ciência e muitas outras honras. A IBM detém mais patentes que qualquer outra empresa, alcançando o topo da lista todos os anos pelos

---

260 Google.com, "Our culture."

últimos 15 anos. Seu propósito é usar a tecnologia para ajudar o planeta a funcionar melhor nas áreas de saúde, educação, meio ambiente, desenvolvimento econômico e outras áreas relevantes. A satisfação dos empregados na IBM é bastante alta e a empresa é bem reconhecida pela sua ênfase na diversidade. Através de sua longa história, a empresa não só provou o poder de seu sucesso financeiro, mas o seu contínuo serviço por propósito, pessoas e planeta.

J. M. Smucker

Por mais de 115 anos, a J. M. Smucker Company tem proporcionado aos consumidores produtos de qualidade para promover encontros familiares ao redor das refeições. O *Parents Television Council* (Conselho Parental de Televisão) repetidamente reconheceu a empresa por ser uma das anunciantes mais responsáveis do país. Em 2014, foi classificada em primeiro lugar na lista das "100 Melhores Empresas para se Trabalhar" da revista *Fortune*. Os fortes valores éticos do fundador são hoje o padrão na empresa, e incluem honestidade, respeito, confiança, responsabilidade e justiça. O compromisso da empresa com os *stakeholders* é articulado com clareza: "Nosso compromisso entre nós e nossos constituintes – consumidores, clientes, empregados, fornecedores, comunidades e acionistas – tem sido a força motriz por trás de nosso sucesso em sustentar nosso propósito por mais de um século".[261]

Marriott International

A Marriott começou em 1927 como um ponto de venda de cerveja (*root beer*) e hoje é uma empresa de sucesso global com mais de 3.700 hotéis em 74 países. A empresa almeja ser a número um em hospitalidade no mundo. Para alcançar esse objetivo, foca em seus valores fundamentais: "colocando pessoas em primeiro lugar, busca contínua pela exce-

---

261 Página corporativa na internet.

lência, abraçar mudanças, agir com integridade e servir ao mundo".[262] Tem recebido extenso reconhecimento pela sua cultura e tratamento a seus empregados. O ex-CEO J.W. "Bill" Marriott, Jr. acredita que as quatro palavras mais importantes que um líder pode dizer a seus empregados são: "O que você acha?" A filosofia da empresa de "pessoas primeiro" é resumida por Bill Marriott desta maneira: "Cuide bem de seus empregados e eles cuidarão do cliente, que retornará várias vezes... [isso] leva a lucros e uma fatia de mercado maiores e, consequentemente, ao sucesso do negócio".[263]

MasterCard Worldwide

MasterCard é um negócio relacionado a dinheiro, mas eles sabem que nem tudo é dinheiro. Com uma campanha de grande sucesso "Não tem preço" (*Priceless*) ("Existem coisas que o dinheiro não compra. Para todas as outras, existe MasterCard"), a MasterCard reconhece que a maioria das coisas importantes na vida não podem ser compradas. Para o restante, a empresa trabalha em direção a "Um Mundo Além do Dinheiro". Ela é reconhecida como um excelente lugar para trabalhar, tem alta classificação em diversidade e treinamento, pontuou 100% em 2012 no *Corporate Equality Index*. Com abordagem de valores para o negócio, a MasterCard tem se movido consistentemente em direção à posição de liderança no seu setor.

Nordstrom

A Nordstrom foi fundada como uma pequena loja de calçados em 1901. Hoje, é uma das maiores redes de varejo de alto padrão e também de maior sucesso nos EUA, com 257 lojas em 35 estados, assim como comércio eletrônico com alcance global. Seus objetivos públicos são de "prover um serviço

---

262 Pagina corporativa do Marriott.
263 Schawbel, Dan. "J. W. Marriott Jr.: From Root Beer Stand to Global Hotel Company." Forbes, 4 de fevereiro 2013.

extraordinário todos os dias, um consumidor de cada vez", assim como "trabalhar duro para tomar decisões de melhor interesse para nossos clientes e para aqueles que os servem".[264] A Nordstrom tem a reputação de um excelente atendimento ao consumidor, incluindo uma política de devolução fácil de mercadorias, e trabalha com uma equipe capacitada e diversa. A empresa tem um programa chamado de *Nordstrom Cares* (Nordstrom se preocupa), que tem por objetivo apoiar veteranos e prover um programa de bem-estar para seus empregados.

Panera

O principal ingrediente da cultura da Panera Bread é o cuidado: cuida do sucesso, comunidade, indivíduos e do futuro de seus empregados. O cuidado que a empresa tem pelos seus funcionários é identificado na remuneração e benefícios oferecidos. Suas 1.708 padarias-cafés, localizadas em 44 estados e em Ontário, no Canadá, são dedicadas a "entregar autênticos pães artesanais frescos servidos em um ambiente acolhedor por associados comprometidos".[265] Ela tem o mais alto nível de fidelidade de clientes entre restaurantes rápidos e casuais e se mantém consistentemente no topo do ranking de melhores marcas de alimentação casual e atendimento ao cliente. A Panera doa seu estoque completo de pães não vendidos e produtos assados para agências e instituições de caridade que trabalham para reduzir a fome. Seus cafés Panera Cuida (*Panera Cares*) visam combater a fome, permitindo que os clientes paguem o valor que puderem.

Qualcomm

Fundada em 1985, a Qualcomm é uma empresa global que atua na área de semicondutores e se estabeleceu como líder mundial em desenho, produção e marketing digital para produtos de telecomunica-

---

264 retailindustry.about.com.
265 Panera.com: Our History.

ção. O objetivo da empresa é "desenvolver as soluções mais inovadoras do mundo na área de telefonia móvel". De acordo com a Qualcomm, "inovação é muito mais do que algo que fazemos, é quem somos". Seus esforços permitiram que a indústria de telecomunicações tivesse um crescimento a taxas extraordinárias e se tornasse o setor de maior crescimento no mundo, transformando milhares de vidas nesse processo. A Qualcomm é descrita como "um ambiente de trabalho diverso, inclusivo, seguro e inspirador".

Schlumberger

Com equipamentos e serviços para a indústria de petróleo, a Schlumberger foi nomeada como uma das empresas mais inovadoras do mundo pela revista Forbes.[266] Seu sucesso pode ser parcialmente creditado à qualidade de seus serviços e tecnologias quando comparada à de seus concorrentes, além da sua forte presença global (mais de dois terços de suas vendas vêm de mercados internacionais).[267] A empresa está comprometida em oferecer a seus clientes serviços do mais alto padrão possível, assim como manter uma forte reputação de integridade e justiça. A Faculdade para o Futuro da Fundação Schlumberger (*Faculty for the Future*) oferece bolsas de estudos para mulheres de países em desenvolvimento que busquem formação na área de ciências e engenharia.[268]

Southwest Airlines

A Southwest busca fazer coisas diferentes das outras companhias aéreas. A experiência Southwest é baseada na simplicidade e diversão, dos

---

266 "Schlumberger on the Forbes World's Most Innovative Companies List." *Forbes*, maio de 2013.
267 Sreekumar, Arjun. "Why Schlumberger's Profits Soared." *Fool.com*. The Motley Fool, 22 de outubro de 2013.
268 Ibid.

balcões de check in até a seleção do seu próprio assento no voo e os salgadinhos e bebidas não alcóolicas servidas a bordo. Os comissários e outros empregados estão comprometidos em prover um serviço de alto padrão e se unem ao redor desse objetivo, consequentemente, criando um ambiente divertido para todos. Os funcionários podem frequentar a Universidade para Pessoas (*University for People*), que serve a missão de promover o desenvolvimento pessoal, profissional e de liderança, enquanto também oferece programas customizados.

Starbucks

Starbucks é a maior empresa de casas de cafés do mundo, com aproximadamente 21.000 lojas em 62 países, incluindo 13.279 nos EUA. Desde a sua fundação em 1971, como uma torrefadora e varejista de café de Seattle, a empresa cresceu rapidamente. A partir de 1987, ela abriu em média duas novas lojas por dia. Tem uma receita superior a US$ 13 bilhões e emprega mais de 150.000 pessoas. Starbucks é muito mais do que somente café, chá ou doces; é um lugar de encontro. Todo café vendido nas suas lojas é adquirido de forma ética, e a empresa fomenta o desenvolvimento de produção sustentável de café através de programas como o C.A.F.E. A empresa é considerada um excelente local de trabalho, com uma cultura de cuidado e respeito pelos seus empregados, independentemente de sua posição. Ela também desfruta de uma tremenda fidelidade de seus clientes.

T. Rowe Price

T.Rowe Price é um nome de alta credibilidade no setor de serviços financeiros e fundos de investimentos. Seu fundador é considerado o pai do investimento. Ele acreditava firmemente que se seus clientes florescessem, a sua empresa também prosperaria. Como resultado desta crença, Price sempre considerou os interesses de seus clientes como sendo o aspecto mais importante de seu negócio. A empresa acredita que responsabilidade social no mundo do investimento significa prover as pessoas de conhecimento e habilidades para que possam tomar boas decisões financeiras para si próprias e suas famílias. Ela desenvolveu jogos online para crianças aprenderem sobre dinheiro e economia. A T. Rowe Price enxerga seu propósito como promotores de bons conselhos financeiros para seus clientes e pessoas comuns para ajudá-las a alcançar um futuro próspero.

United Parcel Service

A UPS foi fundada em 1907 como uma empresa mensageira e hoje é a maior empresa de entrega de encomendas do mundo e a líder em serviços de transporte e logística em mais de 200 paí ses. A empresa é lendária pela eficiência de suas operações e é reconhecida como um excelente lugar para se trabalhar. Tem um forte compromisso pela sustentabilidade, com inúmeras inovações e realizações neste sentido, e está listada no DJSI (*Dow Jones Sustainability Index*). Mesmo crescendo, conseguiu reduzir suas emissões de gases do efeito estufa. Tem iniciativas para plantar um milhão de árvores até o final de 2013. Seus empregados e famílias acumularam 1,8 milhão de horas de trabalho voluntário em 2012, e as contribuições financeiras para caridade totalizaram aproximadamente US$ 100 milhões. A empresa recebeu inúmeros prêmios e reconhecimentos, tais como Top 125 em Treinamento pela revista *Training Magazine*, Top 10 em Reputação pela Harris Interactive e número 1 na categoria Entregas das empresas mais admiradas da revista *Fortune*.

Walt Disney

O propósito básico da Disney é fazer as pessoas felizes. A forma primordial para alcançar esse objetivo é através de seu excepcional cuidado com clientes e criando conteúdo que tenha uma mensagem positiva. A empresa mantém seus parques impecáveis para que sempre estejam "prontos para o show". Todos os clientes são tratados de forma que se sintam importantes com "afabilidade assertiva" (ativamente abordando clientes que pareçam precisar de ajuda antes que eles peçam).[269] A sua cultura sem igual é focada em quatro valores: inovação, apoio organizacional, educação e entretenimento.[270] Todo novo funcionário dos parques passa pelo programa de treinamento do "Instituto Disney", que é bem conhecido pelo treinamento para entregar serviço excepcional. Este tipo de investimento em seus empregados compensa tanto em termos do nível de serviço oferecido quanto pelo sentimento de comunidade e orgulho inspirado nos empregados.

Whole Foods Market

Fundado em 1978 como "Safer Way" (Forma mais Segura), Whole Foods Markets é comprometida em proporcionar a seus clientes "a melhor qualidade disponível em alimentos naturais e orgânicos". A empresa apoia a produção de alimentos orgânicos, usa diversas fontes de energia e contribui com pelo menos 5% de seus lucros para instituições de caridade. Aparece na lista das 100 Melhores Empresas para se Trabalhar, publicada pela revista *Fortune*, todos os anos desde 1998 (quando a lista começou). Os valores fundamentais da empresa incluem a satisfação de seus clientes, apoio aos membros das equipes, criação de valor através do lucro e do crescimento, apoio a comunidades locais e globais, promoção de práticas ambientais, criação de parcerias ganha-ganha com fornecedores e outros envolvidos (*stakeholders*). Whole Foods Markets tem equipes autogeridas em cada loja que têm a autoridade para tomar decisões relacionadas ao dia a dia operacional da loja. Sua "Declaração de Interdependência" retrata a importância de todos os *stakeholders* em sua operação.

---

269 Gallo, Carmine. "Customer Service the Disney Way." *Forbes*, 14 de abril de 2011.
270 Lipp, Doug. "The Four Circumstances Driving Disney's Organizational Culture." *CommPRO.biz*. N.p., 10 de abril de 2013.

Empresas Humanizadas de Capital Fechado dos EUA

Barry-Wehmiller

Barry-Wehmiller é um conglomerado industrial do Centro-Oeste dos EUA com mais de US$ 1,5 bilhão de receita anual. A empresa é notadamente única em sua abordagem de liderança centrada em pessoas e em sua ênfase na busca contínua pela "disciplina na estratégia operacional e no crescimento conduzido por propósito".[271] Eles desenvolveram uma filosofia chamada de "liderança centrada em pessoas", que, acreditam, possibilita que empresas e organizações sejam uma poderosa força de mudança para um mundo melhor. Os princípios fundamentais da liderança da Barry-Wehmiller estão pautados na criação de um ambiente de confiança, orgulho, comunicação positiva e tratamento justo aos empregados.[272] A visão do CEO Robert Chapman é promover a autor-realização dos empregados e trazer todo o potencial deles para a empresa. "O propósito pelo qual nós nos unimos é para construir grandes pessoas."[273]

Bon Appetit Management Co.

A Bon Appetit Management Co. fornece serviços de alimentação e cafés para empresas, universidades e outros locais de reunião. Ela é conhecida pela sua especialidade culinária e profundo compromisso pelas práticas de responsabilidade social. Oferece alimento saudável e nutritivo que é preparado a partir de ingredientes frescos, autênticos e da época. A empresa foi fundada em 1987 para atender a uma nova geração de empresas mais preocupadas com a qualidade do alimento servido aos seus funcionários. Em 1999, abraçou a ideia de abastecer suas

---

271 Página da internet da empresa Barry-Wehmiller.
272 Ibid.
273 Marchwinski, Chet. "Robert Chapman, Chairman e CEO da Barry-Wehmiller Companies, Inc: "Guiding Principles of Leadership"" *Lean.org*. Lean Enterprise Institute, n.d.

operações através de fornecimento local que não apenas tivesse melhor aspecto, mas também sabor superior. Esse foi o início de sua iniciativa "Do Campo à Mesa" (*Farm to Fork*) e também de seu compromisso com uma série infindável de iniciativas relacionadas à sustentabilidade dos alimentos. A empresa tem recebido inúmeros prêmios e reconhecimentos pelo seu esforço pioneiro. Foi nomeada pela revista Princeton Review como o melhor serviço de alimentação de universidades dos EUA por vários anos. A Bon Appetit Management Co. é controlada pela empresa Compass Group plc, uma multinacional britânica de capital aberto de prestação de serviços de alimentação e suporte.

Clif Bar

Clif Bar produz barras de alimentos altamente energéticas para atletas, montanhistas e pessoas ativas. A empresa vem aumentando seu uso de ingredientes orgânicos e empreendendo inúmeras iniciativas a favor da sustentabilidade ambiental. Ela segue o modelo de cinco resultados (*Five Bottom Lines*): Sustentabilidade do negócio, da Marca, das nossas Pessoas, da nossa Comunidade e do Planeta. A empresa encoraja seus empregados a se engajarem em serviços comunitários e lhes oferece grandes benefícios, como treinamento, massagens e corte de cabelo durante o trabalho. Clif Bar tem cinco valores fundamentais de comunicação pessoal: Criar, Inspirar, Conectar, Tomar Posse e Ser Você Mesmo. Durante 10 anos, a empresa cresceu a uma taxa composta de 17%, com a rotatividade de empregados abaixo de 1%.

Driscoll's

A Driscoll's está comprometida em prover a seus clientes "as frutas vermelhas mais frescas, de melhor sabor e da mais alta qualidade, o ano inteiro".[274] Para alcançar esse objetivo, eles usam métodos naturais de

---

274 Página da internet da empresa Driscoll's.

produção, como polinização cruzada, para assegurar que suas frutas sejam "saborosas, atrativas, resistentes a pragas e firmes".[275] O Programa Global de Segurança do Alimento da empresa, fundamentado nas Boas Práticas Agrícolas estabelecidas pela agência FDA (*Food and Drugs Administration*) dos EUA, assegura que tudo seja produzido de forma segura e não tóxica.[276] O CEO da Driscoll's J. Miles Reiter diz que a missão da empresa é "continuamente deleitar os consumidores de frutas vermelhas através do alinhamento entre consumidores e produtores".[277]

GSD&M Idea City

A agência de propaganda GSD&M tem trabalhado para clientes como Southwest Airlines, AT&T e L.L. Bean. Eles acreditam em "Marcas baseadas em Propósito". Veem o seu próprio propósito como fazer "tudo o que for preciso para nosso cliente crescer, de maneira que ele possa cumprir o seu propósito". A afirmação é suportada por seis valores fundamentais: liberdade e responsabilidade, curiosidade, vencer, comunidade, integridade e inquietação. GSD&M também contribuiu para fazer a diferença através de serviços de propaganda pública como "Eu sou Americano" (*I Am an American*), logo após o ataque de 11 de Setembro; e "Esperança é mais Forte que um Furacão" (*Hope is Stronger than a Hurricane*), após o furacão Katrina. Em 1986, a mensagem contra o lixo nos espaços públicos no Texas "Não mexa com o Texas" (*Don't mess with Texas*) se tornou icônica, com um lugar no Hall da Fama da Propaganda (Advertising Hall of Fame).[278] A empresa também criou o "Instituto do Propósito" (*Purpose Institute*) para ajudar empresas de clientes a descobrirem o seu próprio senso de um propósito maior.

---

275 Ibid.
276 Ibid.
277 "Driscoll Announces Organizational Changes." *The Produce News*.N.p., n.d.
278 Página da internet da empresa.

Honest Tea

Honest Tea se empenha para criar um chá puro, natural e saudável. Sua missão é "criar e promover bebidas saborosas, realmente saudáveis e orgânicas" e "crescer nosso negócio com a mesma honestidade e integridade com a qual produzimos, de forma sustentável e com excelente sabor para todos" (da "Missão" da Honest Tea). A empresa está comprometida com cidadania corporativa exemplar, que ela define como sustentar os ideais de honestidade e integridade, e manter fortes relacionamentos com seus trabalhadores, fornecedores, clientes e comunidades. Em 2010, o jornal *The Huffington Post* a nomeou uma das oito "Empresas Revolucionárias da Responsabilidade Social". Honest Tea faz doações para a pesquisa sobre o câncer, e é parceira de organizações como Green America, Organic Trade Association e City Year.[279]

IDEO

Com estabelecimentos ao redor do globo, a empresa de design IDEO é considerada uma das mais inovadoras do mundo. A IDEO descreve sua metodologia como sendo "centrada no ser humano" e "baseada no design". A empresa busca maneiras de ajudar pessoas e empresas "revelando necessidades, comportamentos e desejos latentes" e ajudando a desenhar "produtos, serviços, espaços e experiências interativas". O Presidente e CEO Tim Brown descreve o enfoque da empresa de "*design thinking*" como "um processo de inovação centrado no ser humano" que integra "a necessidade das pessoas, as possibilidades da tecnologia e os requerimentos para um negócio de sucesso".[280]

---

279 Página da internet da empresa.
280 Página da internet da empresa.

Interstate Batteries

Interstate Batteries é uma empresa de 62 anos baseada em Dallas, que vende baterias e tem um profundo senso de propósito enraizado nos princípios bíblicos, como liderança servidora, empatia e compaixão por todos os envolvidos (*stakeholders*), incorporando a Regra de Ouro. Ela é conhecida pelo seu compromisso em prover aos seus clientes um serviço "Escandalosamente Confiável". A empresa tem uma cultura muito forte de servir as suas comunidades, largamente embasada na fé religiosa de seus empregados. Conduz pesquisas extensivas para entender o que seus *stakeholders* necessitam e são intencionalmente focados em eliminar o modelo de barganha (*trade-off*) na maneira de se relacionar com eles. A empresa proporciona um excelente ambiente de trabalho. Funcionários recebem generosos benefícios médicos e são intensamente fiéis, com 90% deles acreditando que a empresa opera com fortes valores éticos e morais. A Interstate tem um forte compromisso ambiental. Ela recicla uma vez e meia o que vende, e é reconhecida como líder no processo de reciclagem, transporte e coleta de baterias usadas em todos os cantos dos EUA.

Jordan's Furniture

Um dos varejos de móveis de maior sucesso no país, a Jordan's Furniture, baseada em Boston, oferece uma combinação única entre compras e entretenimento, apelidada de "comprentretenimento" (*shoppertainment*). Todas as suas lojas têm opções de entretenimento do tipo cinemas IMAX, passeios de montanha-russa, paradas de carnaval Mardi Gras, acrobatas e outras atrações. Em vez de seguir o padrão da indústria de práticas de liquidações frequentes e intensa atividade de promoções, a Jordan's oferece preços baixos todos os dias ("Underprices") para que os consumidores não precisem esperar pelas liquidações. A empresa gasta muito menos que a média do setor em marketing, e, mesmo assim, tem vendas por metro quadrado várias vezes superior. Ela cuida bastante de seus empregados, tem parcerias mutuamente benéficas com seus fornecedores, e é bastante ativa na comunidade. Quando foi comprada pela empresa Berkshire Hathaway em 1999, cada empregado recebeu um presente de 50 centavos de dólar por cada hora que haviam trabalhado para a empresa até então.

L.L. Bean

L.L. Bean vende roupas e equipamentos para atividades ao ar livre de alta qualidade desde sua fundação em 1912. O fundador Leon Leonwood Bean dirigiu a empresa com a sua regra de ouro: "Venda produtos bons com uma margem razoável, trate seus clientes como seres humanos, e eles sempre voltarão para mais". De acordo com o presidente e CEO Chris McCormick, a ênfase no excelente atendimento ainda é o ponto central do sucesso da empresa. L.L. Bean está comprometida em conduzir seus negócios de "forma ambientalmente responsável, usando as melhores práticas da indústria" e focando na redução de embalagem, em reciclagem corporativa, uso de combustíveis alternativos para o transporte, conservação de energia e gestão sustentável dos recursos naturais como papel. L.L. Bean também apoia uma quantidade enorme de organizações beneficentes envolvidas em atividades de recreação ao ar livre, saúde e serviços sociais, educação, arte e cultura.[281]

Method

Amigos de infância, Adam Lowry e Eric Ryan começaram a Method, uma empresa de sabões e produtos de limpeza ambientalmente amigáveis, após notar o aborrecido e monótono – também ambientalmente agressivo – padrão dos produtos de limpeza. Eles focaram em inovação e um "compromisso de tentar coisas novas", desenhando embalagens e frascos que fossem exclusivos e funcionais.[282]Também estão comprometidos em criar produtos biodegradáveis e não tóxicos, com um ob-

---

281 Página da internet da empresa.
282 Adler, Carlye. "Method Home Cleans Up With Style and (ToxicFree) Substance." *Time*, 3 de maio de 2011.

jetivo de "assegurar que cada produto que despachamos mundo afora seja um pequeno agente de mudança ambiental, usando materiais seguros e sustentáveis e fabricados com responsabilidade".[283] O sistema da Method de "casar design de alta qualidade com ciência ambiental" resultou em grande sucesso. Em 2012, a sua estimativa de vendas era de US$100 milhões.[284]

Millennium Oncology

Millennium: The Takeda Oncology Company é uma empresa biofarmacêutica que, de acordo com a presidente Anna Protopapas, objetiva "estender a fronteira do tratamento do câncer". Para este fim, ela trabalha para "iniciativas científicas de alto nível de desempenho" que requerem "alto desempenho pessoal por parte dos nossos cientistas e uma intolerância à sabedoria convencional". A revista *Fortune* a classificou como uma das 100 melhores empresas para se trabalhar, destacando seus ótimos salários e pacotes de benefícios. A cultura da empresa é baseada em uma paixão genuína: seus empregados veem seu trabalho como sendo mais do que um trabalho e são "motivados pela paixão do progresso e da inovação". A Millennium oferece bolsas para programas educacionais e de saúde e grupos de defesa de pacientes.[285]

New Balance

A New Balance Athletic Shoes acredita em "liderança responsável", que, para a empresa, está baseada em "retribuir, avançar o tema ambiental e encorajar pessoas a agirem como catalisadores e treinadores". Esta empresa, que "funciona com o apelo de cada homem (e cada mulher)", também está comprometida com a produção doméstica: 25% dos seus calçados

---

283 Página da internet da empresa.
284 White, Martha. "Eric Ryan, Cofundador da Method." *Slate Magazine,* 18 de julho de 2011.
285 Página da internet da empresa.

EMPRESAS HUMANIZADAS

são produzidos nos EUA, o que a torna a única das grandes fabricantes de sapatos esportivos a fazer isso.[286] A New Balance coloca a segurança de seus trabalhadores em alta prioridade e só trabalha com fornecedores que concordem em seguir o seu Código de Conduta de Fornecedores. A empresa também tenta reduzir a sua pegada de carbono usando "materiais preferencialmente ambientais", como caixas de sapato de papel 100% reciclado. Através da Fundação New Balance, a empresa foca em causas como prevenção de obesidade na infância.[287]

Patagonia

A Patagonia foi fundada por Yvon Chouinard como uma pequena empresa que produzia equipamentos para atividades ao ar livre, como o montanhismo. Hoje, ela ainda é motivada pelo seu amor às atividades ao ar livre; trabalha ativamente para ajudar o meio ambiente doando "tempo, serviços e, pelo menos, 1% de suas vendas para centenas de grupos ambientalistas de base em todo o mundo". Na fabricação de suas roupas, a Patagonia usa poliéster reciclado e algodão orgânico, seguindo sua missão de "produzir os melhores produtos, não causar danos desnecessários, usar a empresa para inspirar e implementar soluções para a crise ambiental".[288]

prAna

Nome que em Sânscrito significa "vitalidade e fôlego", a prAna tem suas raízes na escalada e na yoga. A empresa é hoje líder do setor de vestuário para atividades ao ar livre. Ela é particularmente focada em uma consciência maior e na sustentabilidade nas práticas de produção. A empresa está eliminando gradativamente tecidos de "rayon" e aumentando a sua participação em algodão orgânico. A prAna traz professores

---

286 Perfil da empresa no Yahoo Finance.
287 Página da internet da empresa.
288 Página da internet da empresa.

budistas de meditação para ajudar seus empregados a abraçarem maior nível de consciência em suas tarefas diárias. Uma prática: um gongo soa às 15h00 todos os dias para os funcionários observarem um minuto de silêncio. Em 2012, ela foi reconhecida pela Free2Work, como sendo uma das empresas no 1% do topo de marcas com as melhores condições de trabalho, rastreabilidade e saúde geral da cadeia de abastecimento, e o Global Sourcing Council recentemente reconheceu a prAna com o prêmio Sustainable and Socially Reponsible (Sustentável e Socialmente Reponsável) de empresa mais inovadora para a sustentabilidade.[289]

REI

A REI é uma cooperativa de consumidores de varejo. REI Gear and Apparel, sua linha de materiais e vestuário, combina "qualidade, performance, estilo e funcionalidade" para atividades ao ar livre. A empresa apoia as comunidades promovendo projetos voluntários para atividades ao ar livre e doando recursos para entidades sem fins lucrativos. Também é comprometida em ajudar o meio ambiente através de seu programa de Operações Sustentáveis – descrito como "uma abordagem enfocada em reduzir nosso impacto ambiental" –, que foca em problemas como redução da emissão de gases do efeito estufa, reciclagem e uso de energia. A REI já apareceu várias vezes na lista das 100 Melhores Empresas para se Trabalhar da revista *Fortune*.[290]

SAS Institute

SAS Institute consistentemente se classifica como um dos melhores locais de trabalho do mundo. Empregados recebem inúmeros benefícios, como creche subsidiada, número ilimitado de dias de ausência por doença, e um centro de saúde no campus da empresa. A empresa de aná-

---

289 Nós gostariamos de agradecer a Frank Polleti pela ajuda neste perfil.
290 Página da internet da empresa.

lise de negócios ajuda outras organizações a "antecipar oportunidades de negócio, empoderar ações e incentivar impacto" através de "análises avançadas" que levam a "decisões baseadas em fatos e inegável impacto no resultado". A SAS é comprometida com seus clientes e, consequentemente, desfruta de uma forte fidelidade por parte deles. Seus programas são usados por 80% das empresas *Fortune 500*. Por focar em valores – "acessível, orientado para os clientes, rápido e ágil, inovador, confiável" – a SAS ajuda a "fomentar a inovação e a melhorar o desempenho" das organizações ao redor do mundo.[291]

SC Johnson

Fundada em 1886, a marca SC Johnson de materiais de limpeza é vendida em mais de 110 países. A empresa sempre foi comprometida com a integridade nos negócios, como se pode ver em sua filosofia: "Isto nós Acreditamos" (*This We Believe*), que nomeia "os cinco grupos de *stakeholders* pelos quais somos responsáveis e de quem precisamos merecer a confiança": empregados, consumidores, público em geral, vizinhos e anfitriões, e a comunidade global. A SC Johnson trabalha continuamente para melhorar seus produtos e torná-los tão ambientalmente amigáveis quanto possível usando seu processo Greenlist, que ajuda a selecionar "as melhores matérias primas ecologicamente responsáveis que mantenham alto desempenho e sejam eficientes do ponto de vista de custo". Quando se trata de ingredientes, a SC Johnson está comprometida com a transparência – consumidores podem ir à página da internet whatsinsidescjohnson.com para obter informações detalhadas sobre o que vai na composição de seus produtos. De 2006 a 2011, a empresa reduziu a emissão de gases do efeito estufa em 26%.[292]

---

291 Página da internet da empresa.
292 Página da internet da empresa.

Stonyfield Yogurt

A Stonyfield Yogurt iniciou suas atividades como uma "fazenda escola que ensinava práticas agrícolas sustentáveis". Seus fundadores Samuel Kaymen e Gary Hirshberg começaram a vender iogurte para ajudar a financiar suas atividades, mas logo perceberam que a empresa de iogurte poderia fazer uma diferença maior que a escola. Hoje, a empresa deles ajuda "a manter centenas de produtores familiares" e está comprometida em fazer produtos saudáveis, orgânicos, sem o uso de agroquímicos ou fertilizantes químicos. Em 2010, a Stonyfield lançou as Ferramentas de Produção Sustentável (Grower Sustainable Toolkit), que estabeleceu um padrão superior "de como nossos fornecedores tratam seus trabalhadores, seu uso de energia e água, e problemas com outros ativos".[293] A empresa recebeu vários prêmios, tanto pelo iogurte quanto pelo trabalho de sustentabilidade. Desde 1993, a sua entidade beneficente Profits for the Planet (Lucro para o Planeta) doou US$ 15 milhões para organizações ambientalistas. Tudo o que faz visa aprofundar seu compromisso com "alimentos saudáveis, pessoas saudáveis, planeta saudável e empresa saudável".[294]

TDIndustries

Um dos fatores que separa a TDIndustries de seus concorrentes é seu foco nos seus empregados, ou parceiros. Esta é uma razão pela qual a empresa aparece com frequência na lista das Melhores Empresas para se Trabalhar da revista *Fortune*; em 2011, a revista escreveu: "a maioria das empreiteiras contrata empregados com base nos projetos disponíveis. Isso não acontece na TDIndustries, uma empresa de propriedade dos empregados que os mantém em tempo integral, oferecendo uma gama completa de benefícios".[295] Em

---

293 Kaplan, Melanie D.G. "Stonyfield Farm CEO: How an Organic Yogurt Business Can Scale." *SmartPlanet*. CBS Interactive, 17 de maio de 2010.
294 Página da internet da empresa.
295 *Fortune*, "Best Companies to Work For 2011".

sua operação, a TDIndustries sustenta os seguintes valores: preocupação com e crença em seres humanos individuais; valorização das diferenças; honestidade; construção de relações de confiança; justiça; comportamento responsável; e alto padrão de ética nos negócios.[296] A empresa acredita que os líderes e parceiros devem escutar e se respeitar a fim de que os negócios corram de maneira serena. O compromisso da TDIndustries de cuidar de seus empregados fez com que eles alcançassem os melhores índices de segurança no setor.

The Container Store

Empregados que recebem por hora na The Container Store recebem o dobro do que o padrão pago pelo setor, uma das razões pelas quais a empresa está classificada consistentemente entre as melhores para se trabalhar. A empresa foi estabelecida em valores fundamentais – os quais ela chama de Princípios Fundamentais – que focam em "tratar empregados, clientes e fornecedores com respeito e dignidade". Outros princípios incluem sua filosofia de que "1 excelente pessoa = 3 boas pessoas", o que leva a empresa a ser altamente seletiva no recrutamento e a tratar seus empregados muito bem, o que, em troca, leva a um maior comprometimento e fidelidade para com a empresa. The Container Store também acredita que "Comunicação é Liderança" e que seu foco em "comunicação aberta, honesta, cuidadosa e transparente" é fundamental para o sucesso do negócio. Quando se trata de atender os consumidores, The Container Store se empenha em oferecer a "melhor seleção, serviços e preços". Eles buscam manter um "ar de animação" em suas lojas entre consumidores e empregados.[297]

---

296 Página da internet da empresa.
297 Página da internet da empresa.

The Motley Fool

Empresa de serviços financeiros, The Motley Fool se "dedica a construir a maior comunidade de investimento do mundo". Faz isso ao "defender o valor para os acionistas e proteger incansavelmente o investidor individual". Os valores fundamentais da empresa incluem colaboração, inovação, diversão, honestidade e competitividade. The Motley Fool alcança seus clientes através de sua coluna semanal em jornal, um programa nacional de rádio e livros, vários dos quais se tornaram campeões de vendas. A cultura na The Motley Fool é "tão irreverente quanto seu próprio nome" e dá a seus empregados "a liberdade de seguirem suas paixões todos os dias". Sua "Foolantropia" (Foolantropy) provê apoio a entidades beneficentes na área de educação financeira e apoio jurídico, para que possam "ajudar as pessoas a tomar controle de suas vidas financeiras" e investir melhor.[298]

Timberland

Empresa de calçados e vestuário de atividades ao ar livre, a Timberland foi fundada na "crença de que os negócios podem criar um impacto positivo no mundo". A empresa acredita na importância da cidadania corporativa e na integração "dos valores pessoais e da missão no trabalho diário".[299] Para este fim, foca principalmente em "pessoas, valores, propósito e paixão", o que significa assegurar que todos os seus empregados estão felizes, engajados e inspirados. A empresa se esforça para tratar cada um deles como um indivíduo – ou, como o ex-CEO Jeffrey Swartz definiu: "sondando o ser humano dentro da concha".[300] O programa de voluntariado da Timberland paga aos membros da equipe até 20 horas (para empregados de tempo parcial) e 40 horas (para os

---

298 Página da internet da empresa.
299 Bonamici, Kate. "TIMBERLAND: THE SHOE-IN." *CNNMoney*, 23 de janeiro de 2006.
300 Bryant, Adam. "What Makes You Roar? Jeffrey Swartz Wants to Know." *The New York Times*, 19 de dezembro de 2009.

EMPRESAS HUMANIZADAS

de período integral) por serviços comunitários. Seu programa de Ambiente de Vida Sustentável (Sustainable Living Environment) ajuda a assegurar que os empregados que produzem seus produtos são capazes de atender às suas necessidades básicas de vida.[301]

TOMS

Quando foi criada em 2006, a TOMS ficou rapidamente conhecida por seu inspirador programa Um para Um (One for One): Toda vez que ela vende um par de sapatos, outro par é doado para uma criança em necessidade. Na primavera de 2013, a empresa já havia doado 10 milhões de pares de sapato em mais de 60 países. Toda vez que eles vendem um par de óculos, parte do lucro vai para prover óculos de grau ou tratamento médico para pessoas em países em desenvolvimento. Desde 2011, a TOMS ajudou a recuperar a visão de mais de 150.000 pessoas. O fundador Blade Mycoskie diz que a empresa permite que ele combine suas paixões por "viajar, ajudar na prática e empreendedorismo criativo".[302] A empresa "trabalha duro para integrar práticas sustentáveis e responsáveis em tudo o que faz"; para este fim, oferece sapatos produzidos a partir de materiais sustentáveis e veganos (como linho, algodão orgânico e poliéster reciclado) e caixas de sapato feitas com 80% de materiais reciclados.[303]

Trader Joe's

A Trader Joe's elevou as compras de supermercado de "uma tarefa entediante para uma experiência cultural".[304] Ela se diferencia das outras lojas de varejo por abraçar uma "abordagem e atitude não conven-

---

301 Página da internet da empresa.
302 Bates, Karen Grigsby. "'Soul Mates': Shoe Entrepreneur Finds Love in Giving." *NPR*, 26 de novembro de 2010.
303 Página da internet da empresa.
304 Kowitt, Beth. "Inside the Secret World of Trader Joe's." *CNNMoney*, 23 de agosto de 2010.

cionais": seleção exclusiva de produtos, sinalização inteligente e feita a mão; boletim mensal engajador e divertido; e sem liquidações – em vez disso, mantém os preços consistentemente baixos ao comprar diretamente dos fornecedores sempre que possível.[305] Talvez o ponto mais importante, a empresa encoraja e escuta os comentários feitos pelos clientes. Para os fornecedores, a Trader Joe's é um "cliente dos sonhos: paga em dia e não incomoda com taxas extras... que os supermercados tradicionais cobram".[306] De acordo com a empresa, o verdadeiro segredo de seu sucesso são seus trabalhadores, e ela mantém uma atmosfera na qual seus empregados se sentem respeitados e estimulados: "Nós não podemos crescer sem proporcionar à nossa equipe um ambiente que permita que eles tenham a liberdade para se expressar e dar o seu melhor".[307] Como resultado, seus funcionários são amigáveis e parecem gostar do que fazem, o que é percebido pelos consumidores. A empresa tem altos níveis de fidelidade de seus empregados e baixos níveis de rotatividade.

Union Square Hospitality Group

A Union Square Hospitality Group é dona de vários restaurantes populares altamente elogiados, que juntos receberam 25 vezes o prêmio James Beard (às vezes chamado de "Oscar do Setor de Alimentos"). A filosofia da empresa é baseada no conceito de "Hospitalidade Elevada" (Enlightened Hospitality), que ela define como um "círculo virtuoso que perpetua a energia positiva". A ideia de criar uma energia "quente e aconchegante" dentro da empresa é que ela se estenda para os "consumidores, para a comunidade, para seus fornecedores, e, finalmente, para os investidores da empresa".[308] O conceito de "empregados primeiro" é crucial nesse mé-

---

305 Llopis, Glenn. "Why Trader Joe's Stands Out From All the Rest in the Grocery Business." *Forbes*, 5 de setembro de 2011.
306 Kowitt, Beth. "Inside the Secret World of Trader Joe's." *CNNMoney*, 23 de agosto de 2010.
307 Lewis, Len. "Fostering a Loyal Workforce at Trader Joe's." *Workforce*, 2 de junho de 2005.
308 Cardwell, Diane. "Spreading His Gospel of Warm and Fuzzy." *The New York Times*, 23 de abril de 2010.

EMPRESAS HUMANIZADAS

todo. Em 2010, a empresa começou o Quociente de Hospitalidade, uma consultoria com o intuito de propagar as filosofias e os métodos que a tornaram tão bem-sucedida: "a arte de fazer as pessoas se sentirem importantes e cuidadas".[309] A USHG também tem "dedicado tempo e recursos para apoiar iniciativas de assistência ao combate à fome e ao embelezamento de ambientes urbanos, dentre várias outras causas".[310]

USAA

USAA é provedor de serviços financeiros para a comunidade militar. A sua missão é "facilitar a segurança financeira de seus membros, associados e familiares". Ela foi fundada nos valores de "serviço, fidelidade, honestidade e integridade". Sua organização sem fins lucrativos, The USAA Educational Foundation, ajuda consumidores através do "fornecimento de informações sobre gestão financeira, preocupações de segurança e eventos de grande impacto nas vidas". A empresa também é ambientalmente consciente e comprometida com os temas de conservação de energia, reciclagem, redução do uso de papel e água. Faz doações para a instituição de caridade United Way, que suporta programas de apoio e serviços para crianças e famílias de veteranos e idosos.[311]

Wegmans

Um dos varejos de alimentos mais amados nos Estados Unidos, a Wegmans se esforça para criar uma atmosfera na qual "a prioridade é cuidar e respeitar a nossa gente". A empresa enfatiza altos padrões, fazer a diferença, respeito e empoderamento. Ela acredita que, para servir os consumidores da melhor forma possível, deve satisfazer a necessidade de seus empregados primeiro. Oferece generosos benefícios para funcionários de meio período e período integral e mantém um

---

309 *Op. cit.*
310 Página da internet da empresa.
311 Página da internet da empresa.

ambiente que apoia a todos. Comparadas com a maioria dos supermercados, as lojas da Wegmans são maiores e trabalham com uma seleção de produtos muito mais abrangente (mais de 70.000 produtos versus 40.000, a média de um supermercado). A Wegmans devolve à comunidade através de doações de alimentos, serviços para idosos e aulas de culinária de alimentação saudável para crianças.[312]

WL Gore

Empresa de tecnologia e manufatura, a WL Gore tem uma cultura única e igualitária. Existem poucos títulos funcionais tradicionais e nenhum "chefe" na forma convencional.[313] Sua cultura é baseada no trabalho em equipes e encoraja a iniciativa e potencial do indivíduo. Empregados têm a oportunidade de se tornarem acionistas após um ano de trabalho, o que lhes dá um senso de propriedade e autodireção. A empresa é conhecida por criar soluções tecnológicas inovadoras em eletrônicos, tecidos, indústria e produtos médicos. A Gore tem um forte Padrão Ético de Conduta. Ela tem usado a sua tecnologia para criar produtos que ajudam a solucionar problemas ambientais, como uso de energia alternativa, gestão de resíduos e filtragem do ar.[314]

Empresas Humanizadas de Outros Países

BMW (Alemanha)

Uma das mais admiradas e bem-sucedidas empresas do setor automotivo do mundo, a BMW almeja produzir "a máquina de dirigir definitiva". A empresa se destaca pela maneira como lidera a indústria por uma abordagem sustentável. Em junho de 2012, a BMW foi nomeada a empresa número 1 em reputação no mundo pela revista Forbes.com,

---

312 Página da internet da empresa.
313 *Fortune*, "100 Best Companies to Work For 2012."
314 Página da internet da empresa.

com base em fatores como "desejo das pessoas comprarem, recomendarem, trabalharem para, investirem na empresa, 60% estimulados por suas percepções da empresa e 40%, por suas percepções de seus produtos".[315]

Cipla (Índia)

A Cipla se estabeleceu em 1935 com a visão de fazer da Índia um país autoconfiante e autossuficiente em assistência médica. Hoje, é uma das maiores empresas farmacêuticas do mundo, com presença em mais de 170 países. Reconhecida por fabricar remédios de padrão internacional a preços acessíveis, que atendem as necessidades dos pacientes ao longo das terapias, a Cipla também oferece serviços de consultoria, treinamento, engenharia de fabricação, transferência de conhecimento e suporte. É particularmente conhecida pelo seu revolucionário impacto no tratamento de pacientes com AIDS na África e ao redor do mundo, trazendo acessibilidade a remédios proibitivamente caros.

FabIndia (Índia)

A FabIndia é uma empresa tradicional de varejo indiana dedicada ao vestuário e artesanato tradicional. Possui 137 lojas na Índia e mais 33 em outros países. A empresa foi fundada "com a crença de que existe uma necessidade para um veículo de marketing para a vasta e diversa tradição artesanal da Índia e, desse modo, a necessidade de prover e sustentar empregos". Ela combina desenhos contemporâneos com técnicas artesanais indianas para criar produtos acessíveis que atraem o consumidor de hoje.[316]

---

315 Smith, Jacquelyn. "The World's Most Reputable Companies." Forbes.com, 7 de junho de 2012.
316 Página da internet da empresa.

FEMSA (México)

FEMSA é a maior empresa de bebidas do México e da América Latina, assim como a maior engarrafadora independente de Coca-Cola do mundo. Ela também opera uma grande rede de lojas de conveniência no México. A empresa é reconhecida por sua forte gestão e cultura humanista, "enraizada em uma filosofia humanista que reconhece que não existe consideração econômica que se sobreponha à dignidade humana". Ela criou uma plataforma de recursos humanos estruturada, chamada de "Proposta Interna de Valor para os Empregados" (Internal Value Proposition for Employees), que tem oito níveis: segurança financeira, saúde e bem-estar, ambiente seguro, capacitação, liberdade de agir, reconhecimento, desenvolvimento e transcendência.[317]

Gemalto (France)

A Gemalto é uma empresa líder no setor de segurança digital, provendo aplicativos, dispositivos de segurança pessoais do tipo "smart cards" e "tokens", assim como serviços terceirizados. A empresa "traz confiança e conveniência para o mundo digital", dando às pessoas a "segurança para serem livres". O seu CEO Oliver Piou declarou: "Trazer confiança e conveniência para este novo mundo é a contribuição que assumimos entregar. É um papel nobre e social".[318]

Honda (Japão)

A Honda é uma líder na fabricação de carros e a maior fabricante de motocicletas do mundo. Também é a maior fabricante de motores de combustão interna. A empresa sempre foi conhecida pelo seu forte conhecimento em engenharia e tradição em inovação. A Honda tem

---

317 Página da internet da empresa.
318 Página da internet da empresa.

um excelente histórico em satisfazer a todos os seus *stakeholders*. É um excelente lugar para se trabalhar, com uma cultura aberta, grande satisfação e fidelidade de seus consumidores, e é altamente respeitada pela sua relação com seus fornecedores.

IKEA (Suécia)

Essa empresa sueca é o maior varejo de móveis do mundo, com mais de US$ 38 bilhões em vendas anuais e 332 lojas em 38 países. A empresa revolucionou a indústria, oferecendo produtos com design e estilo a preços altamente atrativos. Ela oferece uma experiência de compras única, com creche nas lojas e opções de alimentação. A empresa é considerada um excelente lugar para se trabalhar e tem um forte histórico de cuidado com o meio ambiente.

Inditex (Espanha)

Inditex é uma empresa espanhola de produção e varejo de roupas com mais de 6.000 lojas espalhadas pelo mundo, operando sob várias marcas. Ela desenha e produz quase todos os seus produtos, despachando-os diretamente para as lojas duas vezes por semana e, assim, mantendo uma tendência de moda bastante atual. Em 2010, a empresa adotou uma "estratégia social" que inclui diálogos com todos os principais *stakeholders*, um código de conduta interno e auditorias sociais de todos os seus fornecedores.

Mahindra & Mahindra (Índia)

Mahindra & Mahindra tem uma grande variedade de negócios, de automóveis a resorts de férias. Os negócios são unidos por um propósito em comum – possibilitar a ascensão das pessoas. Sua motivação vem de seu propósito, expressado como: "Nós desafiaremos a forma convencional de pensar e usaremos de forma inovadora nossos recursos para impulsionar as mudanças positivas na vida de todos os *stakeholders* e comunidades ao redor do mundo, para possibilitar a sua ascensão".[319]

Marico (Índia)

A Marico é uma empresa de produtos de consumo indiana de alta inovação e propósito. A empresa tem uma organização plana, com poucos níveis hierárquicos entre o CEO e os empregados da linha de frente. Está focada em "transformar a vida de todos os *stakeholders*, sejam eles fornecedores, produtores, distribuidores ou acionistas, ajudando-os a maximizar seu verdadeiro potencial".[320] Um grande exemplo desta abordagem é a marca Saffola de óleos de cozinha e outros produtos, todos baseados na ideia de "Cuidado com o Coração". A Marico adotou o propósito maior de reduzir a incidência de doenças cardíacas na Índia.

Novo Nordisk (Dinamarca)

A Novo Nordisk é uma empresa farmacêutica global de mais de 90 anos, com sede na Dinamarca, cujo propósito primordial é "derrotar a diabetes", o que inclui prevenção, tratamento e, fundamentalmente, curar a doença. Ela tem escritórios em 76 países e vende seus produtos em mais de 180 países. A empresa é conhecida por seu compromisso com ética e qualidade, e uma cultura baseada no respeito e responsabilidade. Foi uma das primeiras empresas a adotar o enfoque de negócios "Triple Bottom Line", e tem se esforçado para criar valor para todos os seus *stakeholders*. A Maneira Novo Nordisk (Novo Nordisk Way) descreve "quem somos, onde queremos chegar e como trabalhamos".[321] A empresa usa os empregados mais antigos como "facilitadores", que viajam ao redor do mundo cuidando da cultura para assegurar que todos adiram à Maneira Novo Nordisk e compartilhem boas práticas transversalmente pela empresa.

---

319 Página da internet da empresa.
320 Página da internet da empresa.
321 http://www.novonordisk.com/about_us/novo_nordisk_way/nnway_about.asp.

POSCO (Coreia do Sul)

A metalúrgica mais admirada no mundo, de acordo com a revista *Fortune*, POSCO é uma das maiores, mais eficientes e mais ambientalmente amigáveis empresas de aço do mundo. A empresa adotou os princípios de gestão baseada nos *stakeholders*, buscando criar valor e ser adorada por todos. Ela é particularmente notável pelas inúmeras maneiras de ajudar seus fornecedores a se tornarem mais fortes ao longo do tempo. A empresa criou um método significativamente melhor para produzir aço que reduz enormemente o consumo de energia e a poluição, e suas fábricas compartilham a tecnologia com outras empresas no setor siderúrgico global.

TCS (Índia)

Parte do altamente admirado Grupo Tata da Índia, a Tata Consultancy Services é a maior empresa indiana por valor de mercado. Tem 258.000 empregados e opera em 44 países ao redor do mundo, provendo serviços de tecnologia da informação, soluções e consultoria. Foi reconhecida pela *Forbes* como uma das Empresas mais Inovadoras do Mundo. Seus valores e cultura derivam da lendária "Maneira Tata" (Tata Way), que assegura um alto nível de integridade, respeito por todos os indivíduos e um forte compromisso com as comunidades nas quais opera.

Toyota (Japão)

A maior montadora de carros do mundo, Toyota é reconhecida por seus métodos de manufatura e por produzir carros eficientes, confiáveis e duráveis. O modelo Prius tornou-se o líder na popularização de modelos de carros híbridos de alta eficiência. A sólida reputação de qualidade da empresa sofreu um escorregão nos últimos anos, quando começou a buscar objetivos de ganhos de mercado, mas tudo indica que esses problemas foram corrigidos e ela agora voltou à sua maneira de operar conduzida por valores.

Unilever (Reino Unido)

Em qualquer dia, dois bilhões de pessoas pelo mundo usam produtos Unilever. A empresa reconhece que seus consumidores a estão convidando para as suas casas e vidas quando escolhem as suas marcas. Ela sempre acreditou no poder delas para melhorar a qualidade de vida das pessoas e fazer o que é certo. Sob a liderança de Paul Polman, a Unilever reconhece que desafios globais como pobreza, acesso à água e degradação ambiental preocupam a todos nós e está tomando ações tangíveis visando cada um deles. Considerar o impacto abrangente de suas ações é algo que está incorporado nos seus valores e é uma parte fundamental da identidade da empresa.

Apêndice B

Entrevista com Rick Frazier

Reconhecer as contribuições e o apoio recebidos de amigos e colegas foi, para os autores, uma das tarefas mais gratificantes de escrever o livro *Firms of Endearment*. À época da publicação da primeira edição, três desses colaboradores, Rick Frazier, Jeff Cherry e Peter Derby, decidiram se dedicar à ideia de criar um portfólio de investimentos composto de empresas guiadas pelo conceito de sistema operacional *multistakeholder* ou "empresas humanizadas" (firms of endearment). Nesta entrevista com Raj Sisodia, Rick Frazier, sócio-fundador da empresa Concinnity Advisors, LP, nos oferece uma atualização do estado dessa jornada.

Vocês estão nisso há um bom tempo, Rick, portanto, seu compromisso certamente não pode ser questionado. Vocês também estão sendo motivados por um propósito maior?

Já faz seis anos agora e, ao longo do caminho, enfrentamos um bom número de desafios. Não seria possível permanecer no curso se não tivéssemos um propósito maior de criar esse negócio. Uma boa dose da força para continuarmos veio da crença que o capitalismo é o alicerce para reduzir a pobreza e elevar o padrão de vida. Assim, acreditamos que é fundamental que o capitalismo seja praticado de uma forma que o torne mais atrativo e mais fácil de defender. E as empresas orientadas por um sistema operacional sistêmico (*multistakeholder*s) estão estabelecendo os exemplos. Elas estão mostrando que você pode criar riqueza para os acionistas sem negligenciar os outros *stakeholder*s (envolvidos). Nosso objetivo é provar que elas são dignas de um apoio maior por parte dos investidores.

Então, vocês resolveram criar produtos de investimento que permitiram aos investidores prover esse suporte.

Isso mesmo. Nós sempre vislumbramos a possibilidade de um círculo virtuoso onde as empresas pudessem ter acesso a custos de capital menores e a recompensa de mais investidores por operarem desta forma, que, por sua vez, influenciaria mais empresas a praticarem capitalismo dessa maneira. E quando eu falo em investidores, quero dizer investidores institucionais, visto que eles têm maior capacidade de mudar o sistema de remuneração do capitalismo que qualquer outro *stakeholder*.

Quão confiantes vocês estão de que esse tipo de círculo virtuoso irá se materializar?

Bem, do lado corporativo da equação, nós estamos convencidos que o sistema operacional *multistakeholder* está deixando de ser uma opção. Todas as forças de mercado que fazem isso acontecer, muitas das quais descritas no livro *Empresas Humanizadas*, são poderosas demais para serem ignoradas.

Certamente, o que nós esperamos das empresas das quais compramos, para quem trabalhamos e que deixamos operar em nossas comunidades está mudando. Assim, essa nova realidade de mercado está obrigando as empresas a adotarem o sistema operacional *multistakeholder* antes de qualquer demanda geral por parte dos investidores. Mas, obviamente, o ritmo de adoção iria acelerar se os investidores provessem mais recursos para empresas que operassem nesse sistema e menos para as que não. E talvez exista aqui uma causa para certo otimismo à luz dos movimentos de maior responsabilidade social e melhor governança. Mas é compreensível que a maioria dos investidores ainda precise se preocupar mais com a taxa de retorno do que com qualquer outra coisa.

Assim, no final das contas, investidores precisam de fortes evidências de que serão recompensados por investir em empresas operando em um sistema *multistakeholder*. Nosso trabalho é mostrar que eles não precisam barganhar (*trade-off*) – que eles podem ter os resultados que precisam e também influenciar a forma que o capitalismo é praticado. Se fizerem isso, o círculo virtuoso que vislumbramos terá uma chance.

Quão boa precisa ser a taxa de retorno? Vocês serão obrigados a alcançar resultados maiores por estarem propondo algo novo?

Eu acho que precisamos estar entre as melhores performances dos fundos ativamente gerenciados, para sermos levados a sério. Eu não sei se seremos cobrados para estar em um patamar mais alto. Imagino que seremos por aqueles que veem nosso enfoque de investimento como um pouco não convencional.

Há quanto tempo vocês estão investindo e qual é a performance da sua taxa de retorno?

Estamos investindo em empresas dos EUA há mais de três anos e nossa performance está onde achamos que deve estar. Nós sempre confiamos que o sistema operacional *multistakeholder* impulsiona o desempenho do resultado financeiro. Vimos isso acontecer em primeira mão em nosso trabalho anterior como consultores. Assim, não pensamos que seria um grande salto esperar que o valor das ações eventualmente seguisse aquele desempenho. E, claro, o resultado de longo prazo das empresas citadas em *Empresas Humanizadas* proporcionou mais forragem para criar uma estratégia de investimento baseada nessas hipóteses.

Quantas empresas de capital aberto nos EUA vocês acham que realmente seguem o modelo operacio-nal *multistakeholder*?

Não sabemos com certeza, pois ainda não avaliamos todas as empresas de capital aberto dos EUA – e, provavelmente, nunca o faremos. Contudo, o uso da palavra "verdadeiramente" é a chave. Se você escolher aleatoriamente uma amostra de 50 nomes da lista S&P 500 e consultar seus websites, concluirá que quase a metade ou mais já adotou esse modelo. Entretanto, minha estimativa é que apenas cerca de 5% estão efetivamente alcançando os requisitos de consonância (*concinnity*).

Nós usamos o termo *concinnity* neste livro. É por isso que vocês o escolheram para dar o nome à sua empresa?

Sim, nós confiscamos esta palavra sem o menor escrúpulo. É uma grande palavra e eu não sabia o que significava até que a vi definida no livro. Nós a escolhemos porque reflete o que empresas com a mentalidade *multistakeholder* alcançam e também é descritivo do nosso processo integrado de pesquisa.

Como o seu enfoque se diferencia de investimento em responsabilidade social?

Investimento em responsabilidade social vem em diversas formas. Eu acredito que nós alinhamos bem com a maioria dos investidores nesta linha de aplicação. Nossa premissa básica é que independentemente de como você define investimento socialmente responsável, a probabilidade de que empresas irão atingir as expectativas incorporadas na definição depende em grande parte se são guiadas pelo sistema operacional *multistakeholder*.

Quanta ênfase você coloca nas atividades filantrópicas da empresa?

Nós assumimos uma posição neutra. Filantropia está baseada na noção de devolver algo, o que implica que você pegou alguma coisa antes. Nós estamos mais interessados em empresas que agreguem valor para todos os *stakeholder*s como um processo natural. Mas, como se pode notar, é raro encontrar uma empresa que opera no sistema de *multistakeholder* que também não tenha uma forte inclinação filantrópica. Se não estou enganado, você fez uma observação semelhante no livro *Empresas Humanizadas.*

Nós gostamos da maneira como Peter Drucker separou a responsabilidade social em impactos sociais, ou o que uma empresa *faz* para a sociedade, e problemas sociais, ou o que as empresas podem *fazer* pela sociedade. Abordar ou eliminar impactos sociais negativos é algo que todas as empresas deveriam fazer. Nosso ponto de vista é que as empresas orientadas para *multistakeholder*s têm maior probabilidade de fazer isso. Nós não penalizamos empresas por escolherem não enfrentar problemas sociais, mas nós as penalizamos por não enfrentarem impactos sociais.

Você mencionou que enfrentou inúmeros desafios nessa jornada. Qual foi o maior desafio que você teve que superar?

Essa é difícil de responder. Vários casos me vêm à mente, mas nenhuma como começar esse empreendimento justo no momento em que a crise financeira começava a se manifestar. Mas eu também diria que foi o desenvolvimento do processo do modelo de pesquisa. Foi um exercício de humildade que se estendeu por um par de anos.

Eu estou surpreso de ouvir que isso foi um desafio. Você é uma das pessoas mais qualificadas que eu conheço quando se trata de avaliação de modelos *multistakeholder*. O que tornou isso tão difícil?

Bem, todo nosso aparato de contabilização e relatórios foi desenhado para dar aos investidores informações sobre ativos tangíveis. O que é efetivamente uma loucura, uma vez que os ativos intangíveis representam 80% do valor da capitalização do mercado das empresas que compõem o índice S&P 500. E quase tudo que precisávamos avaliar eram ativos intangíveis. Então, tivemos que desenvolver um sistema de informações do zero.

Mas pelo menos você sabia o que estava procurando, certo?

Sim, isso está correto. E isso também era parte do problema. Nós sabíamos precisamente o queríamos medir como resultado de nossa experiência anterior como consultores quando podíamos avaliar minuciosamente a realidade das empresas em seu dia a dia. Quão afinados estavam os sistemas de escuta dos *stakeholders*. Como era a cultura. Como os empregados se sentiam em relação ao trabalho. A qualidade das relações com clientes e fornecedores, e assim por diante. Essa era nossa base ideal de comparação (*benchmark*), e era um padrão bastante alto.

O desafio era como podíamos avaliar o que realmente acontecia dentro das empresas sem estar presente? Nós nos sentimos cegos e mal preparados de início, mas você está certo. Como nunca estivemos confusos sobre o que procurar, sabíamos que estávamos qualificados para tentar. Um par de anos depois, nós sentimos que tínhamos algo que nos permitia selecionar empresas com certo grau de confiança.

Você poderia descrever um pouco do seu processo sem entregar demais o seu molho secreto?

Nosso processo de pesquisa é basicamente uma aproximação por não termos como avaliar a empresa do lado de dentro. Isso não significa que toda informação que usamos é uma aproximação para ou por si só. Por exemplo, nós não usamos aproximações para determinar como os consumidores se sentem em relação a uma empresa. Nós podemos ainda determinar como os consumidores se sentem em relação à empresa. Nós podemos determinar isso diretamente como agentes externos. Por outro lado, nossa análise do sentimento dos empregados em relação à empresa requer uma aproximação, assim como a análise da cultura corporativa.

Vou lhe dar uma rápida visão geral do que fazemos. O primeiro passo é um filtro que produz um universo de empresas que parecem merecer uma investigação adicional. Usamos aproximadamente 40 fontes diferentes de informação que reconhecem empresas por alcançarem certos resultados que nós esperamos de empresas orientadas por um sistema operacional *multistakeholder*. Alguns exemplos são empresas reconhecidas como sendo éticas e ótimos lugares para se trabalhar. As empresas que recebem as notas mais altas com base no nosso sistema de relevância são então avaliadas em nosso sistema de ponderação.

A análise ponderada incorpora dados, classificações e insights de aproximadamente 20 especialistas diferentes, que fornecem avaliações associadas a *stakeholders* específicos. Ela integra também classificações ASG (Ambiental, Social, Governança) (em inglês ESG – *Environmental, Societal, Governance*) de diversos provedores dessa classificação. Em resumo, os principais blocos de análise são cultura, relação com fornecedores, relação com empregados, relação com clientes, relação com comunidades, gestão de ativos intangíveis, integridade da gestão e análise fundamental. Estou passando por cima de muitos detalhes. Seria conteúdo demasiado para cobrir se eu fosse entrar em detalhes.

A análise completa enxerga a empresa através de inúmeras lentes, e ela precisa se sair muito bem em cada uma dessas avaliações para poder fazer parte de nosso portfólio. Os finalistas são lançados em um modelo quantitativo para construção do portfólio e da gestão de risco. E, depois, esse processo é repetido a cada ano.

Como vocês usam um modelo quantitativo, isso significa que vocês estão oferecendo um produto de investimento quantitativo?

Eu acho que David [Wolfe] deu a melhor definição quando o descreveu como uma estratégia de investimento holística. Aproximadamente 70% da nossa performance é atribuída a nomes selecionados pelo nosso processo de pesquisa, e cerca de 30% é relativa às técnicas quantitativas de gestão de portfólio. David sempre nos advertiu para não deixar o quantitativo exceder o qualitativo – especialmente os irritantes fatores intangíveis humanos. Ele insistia para que mantivéssemos um enfoque mais holístico, e eu acho que o fizemos.

Mas não foi fácil. Wall Street, de uma maneira geral, tem uma tendência decididamente voltada para o lado esquerdo do cérebro – especialmente os analistas quantitativos. Assim, quando você começa a falar sobre critérios de investimentos intangíveis como cultura, fidelidade de clientes, comprometimento de empregados, reputação corporativa, para não mencionar valores e confiança, você não necessariamente transmite credibilidade aos olhos deles. Mas eu acho que isso está mudando.

Você está sugerindo que Wall Street está pendendo mais para o lado direito do cérebro? Eu devo ter perdido esse desenvolvimento.

Não a passos largos e, certamente, não de forma rápida, mas existem alguns rumores sobre uma mudança sutil. Até certo ponto, eu acho que isso está acontecendo por necessidade. Acho que a crise de crédito expôs as limitações do excesso de confiança das técnicas quantitativas. Gestores de risco corporativo estão começando a explorar como eles podem combinar componentes qualitativos com técnicas quantitativas para melhor gerir o risco. Eles ainda podem estar imaginando se a cultura organizacional é relevante para a mistura. Alguns podem argumentar que eles estão atrasados para a festa, certo?

Outro indicador é que mais analistas de investimento que se apoiam em modelos quantitativos estão olhando como integrar indicadores intangíveis com técnicas quantitativas de investimento. Novamente, eu acho que isso está nascendo da necessidade. Todos eles têm fatiado e picado os mesmos 20% de informações sobre ativos tangíveis há muito tempo. Neste momento, parece que todos eles estão tentando espremer sangue alfa (*alpha blood*) da mesma rocha de informação (*"alpha"*, em termos financeiros, simplesmente significa o desempenho de um investimento relativo a um *benchmark*, como o S&P 500). Enquanto isso, as pilhas de informações dos ativos intangíveis que compõem 80% dos valores corporativos ainda são um território inexplorado.

Então a sua análise é primariamente concentrada nos 80%?

Sim, principalmente, e isso porque o sistema operacional *multistakeholder*, por sua própria natureza, é um ativo intangível. E também porque reconhecemos que a performance financeira corporativa e a prosperidade econômica cada vez mais derivam dos ativos intangíveis.

Mas, de forma alguma, reivindicamos ter conseguido decifrar o código dos ativos intangíveis. O máximo que ousamos dizer é que, pelo menos, estamos vislumbrando formas e sombras em áreas que a maioria dos analistas ignora por completo. Nós olhamos a informação financeira também, mas somente depois que a empresa tenha se qualificado como proficiente no modelo *multistakeholder*.

O que nos diferencia, eu acho, é que independentemente de quão atrativos sejam o desempenho financeiro de uma empresa e de seus indicadores, ela pode não fazer parte de nossa seleção porque também nos interessa como ela consegue tal performance. Isso ocorre em detrimento de outros *stakeholders*? É porque se tornou especialista no jogo de relatórios trimestrais? Está sacrificando desempenho de longo prazo para cumprir com dividendos de curto prazo?

Nós nunca realmente entendemos por que os fatores qualitativos não são considerados elementos básicos da análise fundamental. Quero dizer, o que pode ser mais fundamental à habilidade de uma empresa de criar fluxo de caixa futuro do que clientes que continuam a comprar ou empregados que dedicam seus melhores esforços? Esses são os elementos a montante com potencial para serem os principais indicadores. Os resultados financeiros, por comparação, são sempre defasados.

Você mencionou que o processo de pesquisa sempre recomeça ou é refeito todo ano. Eu assumo que isso significa que algumas empresas podem ser descartadas do seu portfólio depois de um ano. Isso significa que, em alguns casos, você é um investidor de curto prazo?

Tenha em mente que, nos dias de hoje, manter uma ação por mais de um ano significa que você é um investidor de longo prazo. A maioria dos nomes em nosso portfólio está conosco desde o início. Mas todos precisam se qualificar novamente a cada ano.

Nós somos investidores de longo prazo desde que as empresas continuem a demonstrar o seu compromisso ao sistema operacional *multistakeholder*. Temos certa rotatividade anual, principalmente porque todo ano aumentamos o número de nomes que passam pela nossa análise holística. Isso significa que estamos capturando novos nomes que se classificam melhor em nossa avaliação que nomes dos anos anteriores. E alguns nomes continuam a melhorar a cada ano, a ponto de que em um ano possam até superar alguns nomes atualmente em nosso portfólio.

Quanto a remuneração dos executivos influencia a sua visão sobre o interesse dos executivos em salvaguardar a saúde de longo prazo da empresa?

Nós incorporamos opiniões de especialistas que avaliam remuneração de executivos. Mas em nossa visão, uma vez que você ultrapassa o padrão de empresas como Whole Foods, Costco e alguns outros exemplos nessa categoria, existe um enorme vão e todo o resto acaba em um lugar comum.

A maioria das chamadas para resolver esse problema de remuneração de executivos me parecem ajustes marginais. Até que consideremos seriamente abandonar o sistema atual de remuneração que está principalmente focado no desempenho de resultados de curto prazo e no preço das ações, não devemos esperar muitas mudanças nessa área. Concordo com aqueles que acreditam que existe uma falha fundamental na teoria que embasa o sistema atual de remuneração. Eu sei que o ex-CEO da IBM Sam Palmisano argumentou bastante recentemente em uma entrevista para Michael Useem, em Wharton; Roger Martin (reitor da Rotman School of Management, Universidade de Toronto) tem defendido o caso

EMPRESAS HUMANIZADAS

por pelo menos uma década; e Sumantra Ghoshal ruidosamente desacreditou a governança corporativa baseada na teoria de agência (*agency theory*) em um artigo que você me enviou há vários anos.

Aquele artigo era "As Más Teorias de Gestão Estão Destruindo as Boas Práticas de Gestão".

É isso mesmo. O ponto é que algumas pessoas bastante inteligentes estão se manifestando a esse respeito, mas é muito provável que viveremos com o que existe hoje por mais algum tempo. Vamos ver. Mas vamos encarar o fato, todo mundo sabe que alguma coisa está muito fora da realidade quando um CEO ganha mais dinheiro em um dia que a média dos empregados em um ano.

Em *Empresas Humanizadas* nós fizemos um esforço para identificar empresas que encontram caminhos para evitar demissões em momento de baixa atividade econômica. Em uma de nossas discussões anteriores por telefone, você mencionou o impressionante recorde do SAS Institute para evitar demissões. Você avalia o histórico de demissões e políticas das empresas em suas análises?

Eu amo o exemplo da Southwest Airlines no livro, onde você descreve como ela foi a única das principais empresas aéreas a não demitir imediatamente após o 11 de Setembro. Vamos voltar para o círculo virtuoso que discutimos anteriormente. O que aconteceria se investidores institucionais começassem a devorar as ações da Southwest após saberem que a empresa estava determinada a não demitir empregados. Isso seria uma grande oportunidade para enviar uma mensagem que se você decide por visões de longo prazo, você será recompensado por um custo de capital mais baixo. Se as ações da Southwest se mantivessem inalteradas enquanto as das outras empresas que anunciaram demissões caíssem, isso teria enviado uma poderosa mensagem. Normalmente, o que ocorre é o inverso; o mercado aposta em empresas que anunciam grandes demissões. E aqui está o problema: quanto mais empregados uma empresa demitiu, mais os clientes demoraram para voltar. Mas mesmo agora você encontra analistas reclamando que a Southwest paga demasiado a seus empregados... e seus custos trabalhistas são muito altos.

Então, veja, por um lado nós procuramos executivos que aparentam preocupação com o longo prazo, enfoque holístico de uma empresa e seu lugar na sociedade. Mas se apenas investíssemos nas empresas que nunca demitem pessoas, não teríamos muitas opções. Nós entendemos que existem momentos em que a sobrevivência depende da redução de custos. Mas quando consumidores estão temporariamente incapazes de pagar durante uma recessão, podemos ver um processo de demissão como míope e não valendo o preço da dor que inflige. Mas, acima de tudo, nós olhamos se os líderes compartilham o sofrimento das demissões.

Eu me lembro de estar em Pittsburg uns 15 a 20 anos atrás lendo um artigo em um jornal sobre o CEO da Heinz, que pagou milhões por um anel de diamantes para a sua esposa. Em outra parte do jornal, estava um anúncio das demissões ocorridas em uma das fábricas da Heinz. Eu nunca vou me esquecer daquilo. Estou querendo dizer que cabos de 19 e 20 anos de idade implicitamente entendem que nenhum recruta os respeitará a menos que liderem compartilhando o sofrimento. Por que essa verdade simples é tão difícil de ser entendida por um executivo de 50 anos de idade, com inteligência acima da média, alguns diplomas e anos de experiência?

Índice

Símbolos e números

3M xiv, 21, 132, 257

11 de Setembro 76, 144, 145, 212, 274, 305

20% do tempo 84

A

Aaron Feuerstein 253

Abigail Trafford 104

Abílio Diniz xi, 104

Abraham Maslow 35, 104

acionista 37, 40, 52

acionistas iii, xvi, xviii, 1, 4, 9, 15, 24, 25, 27, 37, 39, 41, 43, 47, 49, 62, 65, 72, 76, 86, 98, 111, 124, 126, 129, 133, 138, 139, 148, 155, 156, 158, 163, 164, 167, 196, 200, 205, 211, 213, 224, 227, 228, 239, 242, 243, 246, 255, 258, 265, 284, 288, 292, 295

A crença segue a necessidade 48

Adam Lowry 277

Adam Smith xix, 4, 37, 50, 59, 246, 247

Adidas 107, 108, 149, 220, 221

Adobe 21, 132, 257

A Ecologia do Comércio 58

afeto 5, 7, 8, 20, 25, 28, 49, 51, 53, 63, 118

A.G. Lafley 55

AIDS 166, 289

Albert Einstein 6

Al Dunlap 164, 165

Alec Baldwin 67

alegria 6, 8, 18, 27, 28, 74, 193, 194, 199, 201

Alexander Graham Bell xx

Alex Romeo xi

Alfred P. Sloan xxi

algodão 175, 176, 279, 285

alinhamento 8, 10, 158, 222, 223, 274

alma 4, 23, 26, 28, 31, 106, 110, 116, 117

alquimia 41, 222, 227

Altria 18

Amazon 21, 26, 132, 187, 215, 226, 258

American Airlines 212

American Messenger Company 235

AMF 147, 148

amor 1, 5, 7, 8, 9, 99, 101, 105, 118, 141, 146, 147, 183, 194, 200, 214, 215, 247, 279

Amul Dairy Products 25

André Kaufmann v

Andrew Carnegie 237

Andrew Delbanco xvi

Anita Roddick 65

Anna Protopapas 278

Anne Davis 26, 102

Antonio Damasio 51

Apple 31, 244

aprendizado 207, 208

arranjo harmonioso 10, 138

A Sabedoria das Multidões xvii

aura 230

autêntica liderança 250

autenticidade 8, 20, 202

autênticos 96, 267, 272

autoatualização 35, 38, 39

autoavaliação 251

Autodesk 21, 132, 258, 259

SISODIA, WOLFE & SHETH

autorrealização xxvii, 35, 36, 38, 39, 58, 103, 104, 139, 146, 184, 261, 272

Ayn Rand xvii

B

baby boomers 35, 92, 103

Barganha xii, 226

barganhas 219, 226

Barry-Wehmiller 21, 26, 91, 92, 272

bem-estar xviii, xxi, 7, 27, 29, 52, 58, 77, 111, 136, 138, 152, 167, 175, 177, 178, 179, 183, 186, 188, 203, 239, 267, 290

benchmark 300, 302

benchmarking 220

benefícios xx, xxii, xxiv, 9, 11, 41, 52, 68, 69, 72, 73, 76, 77, 82, 87, 88, 90, 92, 96, 97, 98, 110, 111, 113, 115, 126, 136, 144, 150, 151, 182, 185, 189, 199, 204, 214, 221, 225, 227, 244, 263, 267, 273, 276, 278, 280, 282, 287

benevolência 237

Berkshire Hathaway 124, 277

Beta 130, 131

biodegradáveis 136, 277

Blade Mycoskie 285

Blink xvii

Bloomberg 129, 130

BMW 21, 59, 94, 173, 209, 288

Bob Chapman 26, 91

Bob Dylan xxii, 159

boca a boca 154

Body Shop 65

Bon Appetit 21, 272, 273

bônus 10, 68, 116, 127, 182, 199

boomers 35, 92, 103, 179

Boston Beer 21, 128, 132, 259

Brasil v, ii, 7, 85

brilhantes 75, 93, 229

Bruntland 35

Buda 125

Busca do Futuro 143, 222

C

C.A.F.E. 136, 137, 269

Calvin Coolidge 29

Campbell's 112

Canon 180, 181, 182, 183, 184, 185

capital aberto v, xiv, xxviii, 10, 16, 17, 19, 20, 21, 37, 41, 70, 127, 129, 154, 221, 228, 236, 238, 273, 297

Capital Fechado xii, 21, 272

capital humano 97, 212

capitalismo consciente 247

capitalismo natural 38, 58, 59

CarMax 22, 75, 132, 259

Casa Branca 32

causa ou efeito 73

CBS 67, 282

celebração 25, 90, 91

Charles Handy 195

Charles O'Reilly 74

Chiapas 135, 137

China 150

Chipotle 22, 132, 161, 260

Chris McCormick 277

Chubb 22, 132, 260, 261

Churchill 31

cidadania xviii, 195, 275, 284

Cipla 21, 26, 165, 166, 167, 289

EMPRESAS HUMANIZADAS

Claude Ryan 235

Clean Air-Cool Planet 176

C-level 30

Clients for Life vi

Clif 21, 273

Clínica Lahey 85

CNN xiv, 167, 263

Coca-Cola xiv, 290

Cognizant 22, 132, 261

Colgate-Palmolive 22, 132, 262

Colleen Barrett 90, 212, 215

compaixão 8, 121, 245, 276

Competitividade 171

Complexidade xii, xxviii, 235, 249

compromisso i, v, xviii, 12, 21, 84, 88, 155, 157, 161, 175, 198, 207, 224, 251, 257, 261, 265, 270, 272, 273, 276, 277, 282, 283, 292, 293, 295, 304

comunicação iii, xxiv, 1, 60, 62, 87, 121, 190, 212, 245, 250, 272, 273, 283

comunidade 16, 18, 24, 25, 28, 38, 52, 114, 120, 121, 141, 158, 161, 168, 170, 177, 183, 194, 204, 224, 229, 236, 245, 258, 262, 267, 271, 274, 277, 281, 284, 286, 287, 288

Concinnity xxviii, 19, 21, 138, 295

conclusões 71, 165

conduta 15, 172, 291

Confiança x, 78, 113, 188, 207, 208

consciência 36, 37, 45, 48, 51, 52, 71, 99, 106, 107, 108, 110, 114, 137, 138, 157, 214, 238, 254, 279, 280

consciência social 36, 45, 137, 138, 157, 238

conscientização 81, 102, 232

Conservation International 136

consonância 138, 139, 141, 143, 241, 298

Contenha-se 82

contrato emocional xxvii, 24, 25, 26

contrato legal xxvii, 24

contratos 23, 24, 26, 212

coração v, xix, xxii, 9, 12, 99, 142, 199, 202, 213, 227, 249, 250

coragem 26, 28

Coreia do Sul 21, 22, 293

Cornelius 237

Costco 10, 22, 26, 41, 42, 43, 94, 97, 114, 115, 116, 117, 118, 132, 140, 141, 170, 193, 205, 206, 207, 226, 227, 232, 237, 262, 304

crença 25, 48, 51, 68, 80, 158, 159, 212, 253, 269, 283, 284, 289, 295

crescimento i, xxiv, 7, 9, 39, 95, 97, 108, 116, 121, 123, 126, 131, 141, 154, 156, 178, 204, 219, 220, 229, 232, 246, 264, 268, 271, 272

críticos ix, 26, 27, 163, 188

Cuisinart 43

cultura i, v, xvi, xvii, xviii, xix, xx, xxi, xxiii, xxiv, xxv, xxvi, xxviii, 2, 3, 7, 12, 13, 31, 34, 38, 39, 42, 57, 70, 74, 78, 82, 84, 85, 87, 90, 91, 94, 96, 101, 102, 103, 104, 110, 112, 114, 117, 146, 150, 163, 170, 173, 176, 187, 190, 191, 192, 193, 196, 201, 203, 209, 213, 214, 216, 217, 223, 225, 231, 236, 249, 250, 251, 257, 261, 263, 266, 267, 269, 271, 276, 277, 278, 284, 288, 290, 291, 292, 293, 300, 301, 302

cultura da vida ao ar livre 112

culturas vi, 3, 13, 20, 27, 31, 90, 92, 116, 133, 186, 187, 196, 207, 208, 217, 219, 251

SISODIA, WOLFE & SHETH

curto prazo 9, 13, 24, 28, 44, 77, 123, 124, 125, 126, 127, 128, 155, 208, 212, 213, 216, 227, 228, 243, 303, 304

CVCC 173

C. William Pollard 198

Cypress Semiconductor 155, 245, 246

D

Daniel Levinson 103

Daniel Pink xxv, 3, 6, 38, 63, 117

Danny Meyer 26

Danny Wegman 68, 222

Darwiniano xxii

darwinismo 232, 233, 243

David Kelly 83, 231

David Letterman 67

David Lindley xv

David Packard 197

David Simpson xv

David Ticoll 211, 238, 245

Declaração de Interdependência 10, 58, 120, 121, 245, 271

desempenho ix, xxvii, 13, 15, 16, 18, 23, 24, 36, 42, 47, 58, 60, 75, 80, 85, 95, 96, 97, 102, 105, 107, 111, 119, 120, 125, 126, 130, 145, 148, 150, 161, 168, 174, 191, 192, 201, 208, 210, 217, 225, 238, 241, 258, 278, 281, 297, 302, 303, 304

Desenvolvimento x, 88, 105, 258

desenvolvimento da personalidade xxiii, 104

design thinking 275

desordem xv, xix, 55, 64, 65

Deutsche Bank 41

Dinamarca 21, 22, 292

dinheiro ix, 10, 17, 19, 31, 41, 57, 70, 77, 83, 86, 91, 108, 114, 122, 125, 127, 143, 145, 155, 161, 166, 170, 178, 183, 189, 191, 197, 199, 200, 212, 224, 225, 227, 228, 246, 247, 250, 252, 254, 257, 261, 264, 266, 270, 305

diversão xxvi, 82, 83, 113, 117, 201, 206, 215, 216, 223, 230, 268, 284

DJSI 270

DNA xi, 102, 216

doação 99, 161

dólar 68, 110, 112, 147, 166, 215, 277

Don Tapscott 211, 238, 245

Doug Conant 112

Dove 108, 109

Driscoll's 21, 273, 274

Dun & Bradstreet 261

E

Earl Sasser 111

Edgar H. Schein 24

educação xxiii, 32, 71, 81, 168, 247, 261, 262, 263, 265, 271, 277, 284

Edward Freeman x, 1, 2, 40

efeito estufa 270, 280, 281

egoísta 164, 237

egoístas ix, 138, 163, 253

Eike Batista 29

Emotional Intelligence 44, 45, 46, 49, 90, 113, 200, 201, 202

empatia xxvi, 6, 8, 45, 63, 99, 201, 247, 248, 276

Enron 29

epifania 237

equilíbrio xxv, 48, 58, 59, 77, 85, 107, 121, 152, 224, 262

Era Conceitual xxv, xxvi, 63, 117

Era da Transcendência xvi, xix, xxii, xxiii, xxv, xxvi, xxvii, 3, 33, 53, 63, 71, 101, 116, 117, 139, 165, 232, 236, 238, 242, 253, 254

Era do Conhecimento xx, xxi

Era do Empoderamento xix, xx

Era do Iluminismo xx

Eric Fromm 33

Eric Ryan 277, 278

Erik Erikson 34

Erwin Pohlenz 135

Escandalosamente Confiável 276

escassez 190

ESOP 127, 128

Espanha 21, 22, 291

estratégia social 291

ética 100, 178, 205, 258, 269, 283, 292

Europa xiv, xx, 109, 176

Excelência 1

existência vi, xx, 10, 70, 94, 103, 112, 177, 197, 213, 237

experiência iv, 11, 21, 34, 38, 67, 69, 79, 80, 86, 88, 110, 112, 117, 139, 161, 173, 209, 226, 232, 238, 260, 263, 268, 285, 291, 300, 306

explorar 1, 9, 56, 57, 123, 182, 237, 302

F

FabIndia 289

falência 30, 135, 150

falsificar 250

família ii, xvii, 3, 10, 12, 38, 61, 82, 92, 96, 116, 135, 137, 162, 191, 213, 214, 230, 241

fanática 264

fast food 260

Favelas xxii

fazer a diferença 74, 165, 188, 274, 287

FDA 274

Federal Reserve 122

FedEx 22, 132, 263

Feitas para Vencer ix, 17

FEMSA 21, 290

filosofia i, xxvii, xxviii, 21, 67, 78, 83, 91, 98, 112, 120, 121, 133, 146, 147, 149, 155, 156, 168, 172, 180, 181, 188, 208, 210, 213, 221, 223, 246, 262, 266, 272, 281, 283, 286, 290

financeiro v, 4, 15, 23, 46, 49, 72, 96, 111, 114, 119, 125, 240, 241, 247, 254, 261, 265, 297, 303

First Affirmative Financial 122

florescer 63, 247

focar no usuário 264

fonte xxvi, 9, 12, 35, 41, 93, 95, 96, 103, 232

foodies 11, 75, 112, 113, 217

Forbes 68, 152, 167, 266, 268, 271, 286, 288, 289, 293

Ford xxi, 40, 193

Forest Stewardship Council 172

Fortune xiv, 31, 39, 67, 69, 78, 88, 91, 156, 179, 180, 229, 231, 246, 251, 259, 263, 265, 270, 271, 278, 280, 281, 282, 288, 293

França 21

Francis Fukuyama xv, 208

Frederick Reichheld 52, 123, 124

Frederick Winslow Taylor xxi

Fred Smith 263

Fundamentalistas 131

Future Search 143, 222

G

Gail Sheehy 103

Gary Hamel 220

Gary Hirshberg 282

Gemalto 21, 290

General Electric 39, 43

General Motors xiv, xxi

Generatividade 34, 35

generosidade 235, 237, 241

genuína 12, 65, 238, 278

George H. W. Bush xxiv

George Lakoff 47, 48

Gestão de Relacionamento com Stakeholders 2, 72, 148, 149

GFK 30

Goleman 44, 45, 46, 47, 49, 52, 202

Good to Great 17, 18, 23, 40, 120, 129, 130,
131, 142

Google 11, 12, 22, 26, 56, 80, 82, 84, 85, 87,
91, 132, 150, 159, 187, 189, 215, 228, 231, 232,
263, 264

Greenlist 281

Gregg Easterbrook xxii

GSD&M 21, 274

Guerra do Golfo 64

H

Harley-Davidson 11, 22, 63, 72, 76, 79, 94,
132, 147, 148, 167, 168, 208, 222, 230, 232,
264

Harley Owners Group 148

harmonia 138, 139, 141, 142, 162, 165, 204,

208, 213

Harris EquiTrend 161

Harris Poll 30

Harvard xiii, xvi, 37, 38, 47, 51, 52, 88, 96,
111, 124, 168, 171, 175, 182, 191, 193, 195,
212, 215, 220

Harvard Business Review xiii, 38, 47, 171,
182, 193, 195, 220

Harvard Ira Jackson 37

Harvey Hartman 116

HBR 185

Health 161, 166

Heinz 306

Henry Ford xxi

Herb Kelleher 26, 76, 82, 146, 191, 201, 205,
206, 212, 230

Hewlett Packard 197

high-tech 6

high-touch 6

holística xxvi, 2, 58, 210, 248, 249, 301, 304

Holístico xii, 248

Home Depot 179

Honda ii, 10, 12, 22, 63, 94, 97, 151, 152, 153,
168, 173, 174, 210, 224, 225, 226, 290

Honest Tea 22, 275

Howard Gardner 44

Howard Schultz 138, 214

hub-and-spoke 221

I

IBM xiii, 22, 132, 151, 264, 265, 304

IDEO 22, 75, 79, 80, 83, 87, 89, 171, 172, 175,
191, 231, 275

IE 44, 45, 46, 89, 90, 113, 200, 201, 202

EMPRESAS HUMANIZADAS

IKEA 12, 22, 84, 96, 117, 140, 141, 156, 157, 170, 171, 172, 173, 214, 215, 291

Ilya Prigogine xvi, xxv

IMAX 276

Índia 21, 22, 25, 38, 165, 166, 235, 236, 289, 291, 292, 293

Inditex 22, 291

Ingvar Kamprad 214

inovação 126, 225, 242, 257, 268, 271, 275, 277, 278, 281, 284, 290, 292

Instituto Disney 271

Instituto Gallup 29, 71

intangíveis 143, 195, 299, 301, 302, 303

integridade 38, 48, 49, 121, 151, 197, 206, 210, 211, 236, 245, 258, 260, 266, 268, 274, 275, 281, 287, 293, 301

inteligência emocional 44, 45, 47, 49, 89, 113, 200

inteligente 224, 286

interconectados 209

interdependência 121, 209, 210

internet 197, 204, 205, 207, 215, 265, 272, 273, 274, 275, 277, 278, 279, 280, 281, 282, 283, 284, 285, 287, 288, 289, 290, 292

Interstate Batteries 22, 276

investidores v, xxvii, 4, 9, 10, 16, 17, 18, 27, 29, 31, 41, 43, 119, 120, 122, 123, 126, 127, 128, 129, 131, 133, 143, 150, 155, 156, 179, 191, 192, 196, 212, 225, 227, 228, 241, 245, 247, 248, 261, 286, 295, 296, 298, 299, 304, 305

J

Jack Welch 37, 39

James Autry 5, 7

James O'Toole 239, 240

James Parker 191, 192

James Surowiecki xvii

Jamshedji Tata 236

Japão ii, 21, 22, 174, 185, 193, 290, 293

Jay Gould 237

Jayme Garfinkel iv

Jeff Bezos 26, 215

Jeff Cherry xi, 19, 295

Jeff Immelt 39

Jeff Swartz 26, 251

Jim Collins 15, 17, 40, 120, 129, 142

Jim Davis 60, 98, 102, 104, 107, 148, 149, 221

Jim Goodnight 26, 188, 189

Jim Heskett 111

Jim Koch 128, 259

Jim Senegal 10

J&J 61, 62

J. Miles Reiter 274

J. M. Smucker 22, 132, 265

Johannes Gutenberg 59

John D. Rockefeller 237

John Finnegan 261

John Horgan xv

John Kay 124, 163, 165

John Mackey vii, xi, 26, 38, 64, 77, 121, 155, 156, 198, 200, 245, 246, 248, 255

John Mayer 44

John Naisbitt 6

John Perry 32

Johns Hopkins xxi

Johnson & Johnson 60, 166

John Warden xi

Jonathan Rowe 253

Jordan's Furniture 12, 22, 26, 56, 80, 83, 97, 116, 117, 140, 201, 206, 209, 215, 223, 276

J.P. Morgan 237

J. Walter Thompson xxi

K

kaizen 89, 208, 225

Kaku 181, 182, 183, 184, 185

Karen Southwick 33

Karl Marx 50, 246

Kathy Dragon v

Katrina 179, 180, 200, 274

Kenexa 111

Kenneth Purdy 149

Kevin Kelly 57, 204

Kevin Roberts 7, 8, 25, 141

Kip Tindell xi, 26

Konosuke Matsushita 196, 197

Kyosei 181, 182

L

Lamborghini 31

Larry Page 26

lealdade 1, 5, 8, 26, 41, 52, 53, 62, 63, 67, 69, 72, 83, 99, 111, 114, 150, 158, 168, 212, 215, 222, 223, 262

legitimidade 253

Leon Leonwood Bean 235, 277

liderança primordial 202

liderança servidora 195, 198, 236, 276

Liderança Verdadeiramente Humana 91

Líderes servidores 198

Lincoln xx

litígios 25

L.L. Bean 22, 57, 63, 75, 79, 94, 112, 114, 115, 217, 235, 274, 277

lobby 185

longevidade xxiii

longo prazo 5, 24, 41, 43, 44, 45, 48, 51, 110, 113, 121, 123, 124, 125, 126, 127, 128, 129, 133, 137, 152, 157, 204, 208, 210, 213, 217, 219, 221, 227, 228, 229, 232, 233, 243, 245, 297, 303, 304, 305, 306

Lou Dobbs xiv

Love 5, 6, 7, 141, 214, 215, 285

Lovemarks 7, 8, 141

lucro v, ix, x, 5, 6, 20, 41, 51, 73, 75, 92, 111, 112, 115, 116, 125, 133, 159, 163, 167, 173, 182, 183, 223, 226, 240, 243, 246, 248, 254, 255, 261, 271, 285

lucros vi, 10, 16, 30, 36, 37, 38, 59, 70, 85, 113, 124, 125, 126, 127, 137, 139, 155, 156, 157, 181, 182, 184, 185, 187, 189, 227, 228, 239, 240, 243, 246, 247, 253, 266, 271

LUV 146, 215, 230

M

mãe 50, 67, 87, 210

Mahatma Gandhi 165

Mahindra & Mahindra 22, 291

maior valor 26, 191, 243

mais aptos 243

malabarismo 125

Malcolm Gladwell xvii

manipulados xxii, 51, 243

mão invisível 50

marcas ix, 8, 12, 25, 26, 50, 56, 107, 118, 148,

EMPRESAS HUMANIZADAS

210, 230, 232, 262, 267, 280, 291, 294

Marc Benioff 33

Mardi Gras 276

Marico 22, 292

Mark Crowley 188

marketing vi, xiii, xxi, xxvi, xxvii, 1, 2, 7, 8, 12, 50, 55, 56, 70, 99, 100, 101, 102, 104, 105, 106, 107, 108, 109, 110, 139, 148, 154, 217, 220, 221, 232, 242, 267, 276, 289

Marriott xiv, 22, 132, 265, 266

Mary Kellerman 60

MasterCard 22, 132, 266

McKinsey Quarterly 37, 125, 126

meio ambiente v, xxi, 13, 27, 28, 29, 120, 167, 172, 175, 176, 213, 247, 249, 257, 260, 262, 265, 279, 280, 291

melhores práticas 137, 220, 277

Melinda Davis 100

Method 22, 277, 278

México 21, 135, 137, 170, 253, 290

Michael Eskew 212, 222

Michael Useem 304

Mihaly Csikszentmihalyi 33

Milagre Mississippi 73

Millennium Oncology 22, 278

Milton Friedman xvii, 37, 40, 58, 139, 142, 155, 171, 238, 245, 254, 255

minorias 263

MIT 24, 145

modelo xi, 1, 2, 14, 27, 40, 41, 43, 55, 58, 84, 87, 100, 102, 118, 119, 120, 123, 137, 138, 139, 146, 151, 155, 156, 158, 183, 184, 190, 193, 198, 221, 222, 232, 235, 242, 247, 254, 255,

273, 276, 293, 297, 298, 299, 301, 303

Money Watch 67

moral xviii, 9, 10, 30, 31, 32, 43, 46, 84, 100, 107, 142, 158, 163, 168, 200, 213, 251, 254

moralidade xviii, 31, 33, 255

Mudanças Climáticas 172

multistakeholders 295, 299

Myra Stark 3

O

Oliver Piou 290

Oliver Wendell Holmes 239, 249, 252

opções de ações 39, 52, 115, 127, 128, 199, 228

Oportunismo x, xxvii, 99

oportunista 248

orgânico 15, 175, 176, 219, 279, 285

organizações não governamentais xxviii, 13

otimizar 228

P

paixão ix, x, 12, 40, 75, 115, 192, 193, 194, 199, 248, 278, 284

Pamela Fiori 5

Panera 22, 26, 132, 150, 161, 162, 267

paradigma xxvii, 38, 99, 100, 106

Para que Serve um Negócio 195

Patagonia 11, 22, 43, 51, 59, 72, 75, 79, 84, 87, 88, 112, 157, 169, 175, 193, 210, 213, 217, 227, 237, 279

Paul Hawken 37, 58

Paul Polman 294

PBS 101

P/E 129, 131, 154

Peggy Noonan xxiv

SISODIA, WOLFE & SHETH

pensamento unitivo xxvi

Pensar Fora da Caixa 82

perfil xvi, 231, 280

performance 2, 4, 13, 15, 18, 40, 119, 120, 280, 297, 301, 303

Pernille Spiers-Lopez 84, 96, 140

Persuadir 99

pertencimento 104, 183, 213

pessoas vii, i, ii, iii, v, vi, xi, xvii, xx, xxi, xxii, xxiii, xxv, 3, 4, 7, 11, 15, 25, 27, 28, 31, 32, 33, 34, 35, 36, 38, 39, 46, 48, 49, 50, 60, 61, 62, 63, 64, 67, 69, 71, 74, 80, 81, 83, 84, 86, 88, 91, 92, 95, 96, 97, 98, 102, 104, 106, 107, 110, 112, 113, 114, 116, 117, 121, 124, 125, 135, 137, 142, 152, 153, 155, 158, 159, 162, 163, 164, 165, 166, 167, 169, 171, 179, 184, 185, 187, 188, 189, 191, 194, 196, 197, 198, 202, 204, 206, 207, 208, 213, 214, 215, 217, 224, 226, 228, 230, 240, 242, 247, 248, 249, 250, 251, 254, 258, 259, 265, 266, 269, 270, 272, 273, 275, 278, 282, 283, 284, 285, 287, 289, 290, 291, 294, 299, 305, 306

Peter Derby xi, 19, 295

Peter Drucker 123, 125, 198, 299

Peter Salovey 44

Peter Senge 58

Petrobrás 29

Philip Morris 18

pioneiro 273

Porto Seguro i, iv

POSCO xiii, 22, 293

prAna 279, 280

Prana 22

prazer xxvi, 9, 117, 199, 262

Prêmio Nobel xv, 37, 38, 264

Prime Tanning 149

problema 10, 31, 42, 43, 48, 52, 60, 61, 62, 78, 80, 84, 86, 94, 106, 146, 148, 150, 151, 196, 300, 304, 306

Procter & Gamble 18, 55

procurement 151

produtividade iii, xxi, 9, 12, 24, 41, 68, 69, 72, 87, 90, 97, 98, 108, 111, 112, 149, 152, 157, 158, 164, 168, 182, 183, 196, 208, 211, 223, 227, 251

propósito vi, ix, x, xvi, xxiii, 6, 10, 19, 20, 27, 32, 47, 75, 80, 81, 112, 121, 139, 142, 158, 167, 186, 187, 190, 192, 195, 196, 198, 202, 203, 213, 219, 239, 240, 247, 254, 259, 261, 264, 265, 270, 272, 274, 276, 284, 291, 292, 295

Puma 108

Q

QE 47

Qualcomm 22, 132, 267, 268

qualidade xxi, xxii, 12, 40, 43, 74, 82, 87, 94, 112, 120, 122, 124, 135, 136, 137, 148, 152, 153, 157, 171, 174, 182, 183, 194, 196, 203, 205, 206, 214, 224, 225, 226, 227, 259, 263, 264, 265, 268, 271, 272, 273, 277, 278, 280, 292, 293, 294, 300

R

Rainforest Alliance 136

Ransom E. Olds xxi

REACH 224, 225

reciclagem 184, 276, 277, 280, 287

Reebok 108, 149, 220, 221

316

EMPRESAS HUMANIZADAS

Regras ix, xxvii, 29, 220, 221

REI 22, 72, 75, 79, 93, 112, 167, 169, 217, 255, 280

Reino Unido 22, 98, 109, 201, 294

religião iii, 32

René Descartes xxvi, 49

rentabilidade 9, 12, 96, 151, 152, 173, 235

reputação 71, 88, 126, 151, 179, 216, 236, 267, 268, 288, 293, 302

respeito 1, 40, 42, 47, 52, 76, 78, 97, 156, 170, 190, 204, 206, 213, 215, 217, 261, 262, 265, 269, 283, 287, 292, 293, 305

responsabilidade 1, 7, 30, 31, 36, 37, 40, 72, 82, 114, 156, 157, 162, 163, 165, 173, 176, 184, 185, 241, 254, 255, 265, 270, 272, 274, 278, 292, 296, 298, 299

responsabilidade social 1, 36, 37, 40, 72, 114, 156, 157, 165, 254, 255, 270, 272, 296, 298, 299

responsabilidade social corporativa 1, 36, 72, 156

resultados financeiros xxi, 69, 120, 239, 254, 303

RH x, 89, 93, 94, 95, 96

Ricardo Semler 85, 251

Richard Barrett 33

Richard Dobbs 125, 126

Richard Teerlink 147

Rick Frazier xii, xi, xxviii, 19, 251, 295

Rick Warren 32

riqueza xvi, 3, 36, 98, 138, 155, 167, 185, 195, 196, 197, 239, 247, 295

Riqueza das Nações xix, 4, 37, 50, 59, 246

Robert Chapman 272

Robert Wegman 70

Robert William Fogel 38

Robert Wright 243, 244

Roger Martin 304

Ronald W. Clement 1

rotatividade 11, 15, 41, 44, 67, 68, 69, 70, 75, 79, 86, 90, 97, 98, 111, 124, 152, 158, 189, 222, 227, 273, 286, 304

Rotman School of Management 304

Roy Spence xi

Rua Oscar Freire 43

rumo 23, 62, 122

S

Saatchi & Saatchi 3, 7, 8, 141

Sam Palmisano 304

Samsung 244

Samuel Kaymen 282

Sam Walton 216

Sânscrito 279

SAS Institute 22, 26, 97, 187, 280, 305

Schlumberger 22, 132, 268

Scientific Certification Systems 136

SC Johnson 22, 281

Semco 85, 86, 251

sensibilidade iv, 6, 103, 138, 249

Sergey Brin 26, 91

ser tudo o que você pode ser 57, 139

servicemarks 8

ServiceMaster 198

serviço extraordinário 266

share of heart 9, 227

share of wallet 8, 227

Sheth vii, i, vi, xiii

shoppertainment 116, 276

silos 249

simplicidade xxviii, 64, 214, 239, 240, 241, 242, 250, 252, 268

simplista 240, 241

Sindicato x, 75

Sisodia vii, i, xi, xiii, 38, 295

sistêmico 75, 295

Soma Zero xii, 242

Southwest Airlines 11, 12, 22, 57, 76, 82, 91, 96, 117, 132, 144, 145, 191, 192, 201, 206, 212, 215, 221, 222, 230, 250, 268, 274, 305

S&P 500 17, 23, 36, 120, 129, 130, 131, 298, 299, 302

SPICE 13, 14, 15

Spiers-Lopez 84, 96, 140

SRM 2, 40, 43, 44, 120, 148, 149

Stakeholder Supremo xi, xxviii, 115, 161, 245

Starbucks 22, 56, 59, 132, 136, 137, 138, 150, 175, 214, 227, 232, 255, 269

Steve McIntosh xxiii

Steven J. Schueth 122

Stonyfield 13, 22, 282

sucesso xviii, xxviii, 4, 5, 9, 25, 28, 32, 44, 45, 49, 52, 73, 74, 88, 91, 92, 101, 103, 105, 106, 119, 120, 121, 124, 136, 137, 139, 142, 146, 161, 187, 188, 190, 192, 199, 203, 213, 219, 220, 224, 226, 245, 246, 247, 251, 261, 263, 265, 266, 267, 268, 275, 276, 277, 278, 283, 286

Suécia 21, 22, 177, 291

Sumantra Ghoshal 193, 305

Supremo xi, xxviii, 115, 161, 245

sustentabilidade 35, 36, 59, 137, 258, 270, 273, 279, 280, 282

T

Taj Mahal Hotel 236

Tata xiii, 235, 236, 293

Tata Group 235, 236

Tata Way 293

Tatelman 26, 201

TCS 22, 293

TDIndustries 22, 282, 283

Teoria dos Sentimentos Morais 50, 246

Terri Kelly 26

The Container Store xiii, 11, 22, 26, 60, 78, 79, 82, 88, 89, 191, 193, 208, 211, 227, 283

The Huffington Post 275

The Motley Fool 22, 268, 284

The Naked Corporation 211, 238, 245

The New York Times xiii, xiv, 29, 44, 91, 163, 228, 284, 286

The Purpose Driven Life 32

The Rule of Three xiii

The Theory of Buyer Behavior vi

The Washington Monthly 253

Thomas Edison xx, 216

Thomas Jefferson 244, 252

Timberland xviii, 22, 26, 84, 87, 169, 176, 237, 238, 251, 284

Timberland Jeffrey Swartz xviii, 84

Tim Berners-Lee xxiv

Tim Brown 175, 275

Tim Sanders 7, 141

EMPRESAS HUMANIZADAS

U

Titleist 43

T.J. Rodgers 155, 245, 246, 255

TOMS 22, 285

Tom Stoppard xv, 55, 237

Toolkit 282

Toro 25

Toyota 22, 81, 87, 89, 97, 117, 178, 193, 197, 203, 204, 206, 208, 210, 213, 214, 216, 217, 226, 227, 237, 293

trabalho i, iii, iv, vi, xi, xxvii, 1, 4, 7, 9, 11, 44, 45, 46, 57, 71, 73, 74, 76, 80, 81, 82, 83, 84, 85, 87, 89, 90, 92, 93, 94, 95, 96, 98, 101, 105, 110, 114, 138, 140, 145, 147, 148, 151, 162, 164, 168, 169, 173, 175, 188, 189, 190, 192, 194, 199, 200, 202, 203, 204, 206, 209, 212, 214, 215, 217, 220, 221, 223, 225, 230, 231, 246, 247, 249, 258, 262, 263, 264, 268, 269, 270, 273, 276, 278, 280, 282, 284, 288, 297, 300

trademarks 8

trade-off 10, 227, 276, 297

Trader Joe's 11, 22, 64, 75, 80, 113, 117, 206, 217, 227, 285, 286

Training Magazine 260, 270

transformar 93, 101, 105, 137, 148, 222, 238, 240, 256, 260, 292

transparência xxv, 60, 61, 62, 78, 122, 154, 211, 212, 225, 233, 258, 281

transtorno de personalidade limítrofe 142

triple bottom line 36, 222

T. Rowe Price 22, 132, 269, 270

Tyco 29

Tylenol 60, 61, 62

U

Unicidade 207, 213

Unilever 22, 108, 109, 294

Union Square Hospitality 22, 26, 286

United Parcel Service 22, 270

United Way 287

UPS 43, 89, 92, 93, 97, 132, 212, 214, 222, 223, 235, 270

USAA 22, 63, 64, 287

U.S. Airways 212

USHG 287

V

Valero 180

valor v, vi, ix, x, xxvi, xxviii, 2, 4, 14, 18, 26, 27, 37, 40, 41, 43, 44, 49, 52, 63, 64, 70, 91, 97, 106, 115, 117, 118, 123, 124, 126, 127, 128, 137, 139, 140, 146, 152, 156, 157, 158, 176, 189, 190, 191, 193, 195, 196, 200, 203, 209, 210, 211, 212, 215, 219, 222, 223, 224, 225, 226, 227, 228, 233, 240, 243, 245, 246, 247, 251, 255, 257, 260, 263, 267, 271, 284, 292, 293, 297, 298, 299

valores xviii, xxv, 2, 4, 10, 24, 32, 33, 36, 38, 40, 51, 55, 90, 96, 102, 104, 105, 107, 114, 116, 122, 156, 163, 164, 192, 193, 194, 196, 201, 205, 206, 214, 216, 222, 233, 238, 239, 257, 258, 265, 266, 271, 273, 274, 276, 281, 283, 284, 287, 293, 294, 302

Varghese Kurien 25

visão inspiradora 91

voluntários 169, 280

vulnerabilidade 60, 61, 63

vulnerável 16, 62, 63

W

waigaya 10, 63, 94

walk the talk 205

Wall Street xiv, 5, 26, 41, 52, 96, 114, 121, 143, 154, 221, 227, 228, 231, 254, 259, 302

Walmart xiii, 40, 43, 116, 117, 156, 179, 216

Walt Disney 22, 132, 270

Walter Cronkite 61

Walter Wegman 70

Warren Buffett 116, 123, 215, 224

Wegmans 11, 22, 43, 67, 68, 69, 70, 75, 79, 92, 113, 116, 213, 217, 221, 227, 229, 287, 288

Wharton 96, 304

Whole Foods xi, v, vii, xiii, 10, 11, 22, 26, 34, 58, 63, 64, 75, 76, 77, 101, 112, 113, 116, 117, 119, 120, 121, 132, 143, 150, 155, 156, 191, 198, 199, 213, 217, 222, 227, 237, 245, 246, 247, 255, 271, 304

Whole Foods Market v, vii, xiii, 10, 11, 22, 34, 58, 63, 64, 76, 77, 101, 112, 113, 116, 117, 119, 120, 121, 132, 150, 155, 156, 191, 198, 199, 213, 217, 222, 227, 237, 245, 246, 255, 271

William Greider 33

William Henry Vanderbilt 163

William J. Riley 102

William Vanderbilt 237

Winston Churchill 31

Wired 57, 204

W.L. Gore 26

Wolfe vii, i, v, xiv, xvii, 23, 38, 50, 221, 301

WorldCom 29

World Wide Web xxiv, xxv

Y

Yahoo 7, 38, 101, 141, 279

Yankelovich xvii, 3, 30

Yusuf Hamied 26

Yvon Chouinard 279

Z

zeitgeist xvi, xxiv, 116

Zen xi, 124, 125

Sobre o Instituto Capitalismo Consciente Brasil

O Instituto Capitalismo Consciente Brasil é uma associação sem fins lucrativos, com o propósito de promover a geração de prosperidade de forma humanizada. Buscamos inspirar, transformar e educar empresários, líderes, empreendedores e estudantes.

Oferecemos o compartilhamento de práticas de capitalismo consciente, publicações, casos brasileiros, palestras e workshops.

Caso tenha interesse em algumas das opções acima, entre em contato através do email contato@capitalismoconscientebrasil.org.

Para adquirir um exemplar do livro Empresas Humanizadas – Pessoas, Propósito e Performance, faça uma doação de R$ 85,00.

Para adquirir exemplares dos livros Empresas Humanizadas – Pessoas, Propósito e Performance e Liderança e Consciência, faça uma doação de R$ 125,00.

Para adquirir um número maior de cópias, entre em contato com o Instituto Capitalismo Consciente Brasil.

Conheça mais sobre o movimento acessando a palestra do TEDx Laçador sobre capitalismo consciente e sobre uma empresa com práticas conscientes e conduzidas por valores.

CONHEÇA OUTROS LIVROS DA ALTA BOOKS!

Negócios - Nacionais - Comunicação - Guias de Viagem - Interesse Geral - Informática - Idiomas

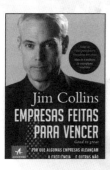   

Todas as imagens são meramente ilustrativas.

SEJA AUTOR DA ALTA BOOKS!

Envie a sua proposta para: autoria@altabooks.com.br

Visite também nosso site e nossas redes sociais para conhecer lançamentos e futuras publicações!

www.altabooks.com.br

/altabooks • /altabooks • /alta_books

ALTA BOOKS
E D I T O R A

CONHEÇA OUTROS LIVROS DA ALTA BOOKS!

Negócios - Nacionais - Comunicação - Guias de Viagem - Interesse Geral - Informática - Idiomas

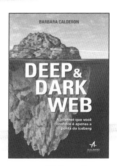

Todas as imagens são meramente ilustrativas.

SEJA AUTOR DA ALTA BOOKS!

Envie a sua proposta para: autoria@altabooks.com.br

Visite também nosso site e nossas redes sociais para conhecer lançamentos e futuras publicações!
www.altabooks.com.br

/altabooks ▪ /altabooks ▪ /alta_books

ALTA BOOKS
E D I T O R A

CONHEÇA OUTROS LIVROS DA ALTA BOOKS!

Negócios - Nacionais - Comunicação - Guias de Viagem - Interesse Geral - Informática - Idiomas

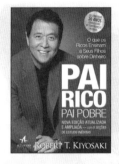  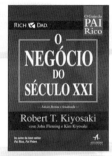 

   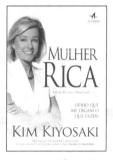

Todas as imagens são meramente ilustrativas.

SEJA AUTOR DA ALTA BOOKS!

Envie a sua proposta para: autoria@altabooks.com.br

Visite também nosso site e nossas redes sociais para conhecer lançamentos e futuras publicações!
www.altabooks.com.br

/altabooks ▪ /altabooks ▪ /alta_books

ALTA BOOKS
E D I T O R A

ROTAPLAN
GRÁFICA E EDITORA LTDA
Rua Álvaro Seixas, 165
Engenho Novo - Rio de Janeiro
Tels.: (21) 2201-2089 / 8898
E-mail: rotaplanrio@gmail.com